ちくま学芸文庫

哲学の誕生

ソクラテスとは何者か

納富信留

筑摩書房

目次

哲学の誕生——ソクラテスとは何者か

まえがき

古代ギリシアで哲学が始まった、と言われる。では、哲学はどのように始まったのか。哲学が「始まる」とは、そもそも何を意味するのか？　哲学の始まりを考えることは、その営みに参画する私たち自身のあり方を、起源から問うことであろう。

二十一世紀を生きる私たちにとって、哲学は新たな力を持ちうるのか？　本書は、哲学本来の力を現代に、そして未来に再生させるために、古代ギリシアにおける哲学の始まりを旧来の見方から解放し甦《よみがえ》らせる、ささやかな試みである。

紀元前五世紀半ば、アテナイ・アクロポリスの丘にはペリクレスによりパルテノン神殿が再建され、麓《ふもと》のディオニュソス劇場ではソフォクレス、エウリピデスの悲劇やアリストファネスの喜劇が上演されていた。東方の大国ペルシアの侵攻を退け、ギリシアの政治・経済の中心となったアテナイには、多彩な人々とともに新たな知的活動のうねりが押し寄せていた。叙事詩、悲劇・喜劇、自然探究、医学、歴史、弁論、政治論などと並んで、「フィロソフィア（哲学）」と呼ばれる営みが知的活況を生み出していた。

アテナイの繁栄は、ペロポネソス戦争と民主政の混乱を経て、前四世紀前半には新たな状況を迎える。世紀を隔てて、カオス的な活況からより明確な対立へと「哲学」が形を成していく。

「始まり（アルケー）」は多元的、重層的であった。前六世紀初めに小アジア・イオニア地方の中心都市ミレトスで活躍したタレスを「哲学の創始者」とするのは、アリストテレスの有名な言である（『形而上学』第一巻三章）。また、サモス島出身で後に南イタリアへ亡命したピュタゴラスが最初の「哲学者」である、とする古代の伝承もある。彼らの同時代人たち、アナクシマンドロス、ヘラクレイトス、パルメニデスら、強靭で個性的な思索者のそれぞれにも、哲学の始まりが語られうる。

しかし、前五世紀半ばから前四世紀前半にアテナイに生を送ったソクラテスとプラトン、この二人の間で何らかの哲学が始まり、一つの大きなうねりとなって西洋文明を形作ったことを疑う人はいない。ソクラテスの裁判と刑死を焦点とするプラトンの対話篇は、私たちに絶えず「哲学とは何か」を問いかけている。

従来、ソクラテスが突発的にアテナイの街角で対話を開始し、その弟子プラトンが奇跡的にそれを哲学に完成させたかのように思われてきた。ソクラテス、プラトン、その弟子アリストテレス、この三人の天才が哲学を確立し、彼ら巨人のみが哲学の遂行者であったかのように考えられがちであった。

そのような私たちの理解は、西洋から日本に連綿と受け継がれた、その実、大きく歪んだ哲学史観にほかならない。彼らはそれぞれ自らの時代を生きた哲学者であり、その状況から切り離されては、硬直した偶像と化してしまう。

この時代のギリシアでは、ほぼ同時代中国の「諸子百家」と同様に、さまざまな思想家たちが互いに刺激を与えあい対決しながら、それぞれの思索をより強靭に、より過激に鍛え上げていた。ソクラテス、プラトンはそのうねりの中の一つの渦《うず》に過ぎない。彼らを孤立した英雄と神聖化することなく、歴史の文脈においてその姿を精確に浮かび上がらせることが、哲学への刺激として今求められている。彼らの哲学は、何よりも彼らが生きた時代の緊張のなかで形作られ、始まったからである。

新たな知的状況が生み出される様を追うことは、探偵小説のようにスリリングで、歴史小説のように心躍るものとなるはずである。これから描く人々の姿は、生きた思索がぶつかり合い、そこで哲学が始まる様を示してくれる。

本書では、ソクラテスその人ではなく、むしろソクラテスをめぐる人々の活動を追っていく。前三九九年に起こったソクラテスの裁判と刑死は、プラトンら遺された仲間たちを論争の渦に投げこむ。

ソクラテスとは何者であったのか?

逆説に聞こえるかもしれないが、ソクラテスが哲学者であったのではない。ソクラテスの死後、その生を「哲学者」として誕生させたのは、ソクラテスをめぐる人々であった。

そして、不在のソクラテスをめぐる言論が、プラトンらそれぞれを哲学の始まりへと誘《いざな》ったのである。

私たちに伝承された資料は限られているが、時に想像力を逞《たくま》しくしてその時代を生き生きと再現させたい（人名や年代については、巻末の「人名解説」「関連年表」を適宜参照されたい）。

二千四百年前に起こった哲学の始まりを楽しみながら、私たち自身が哲学を始める可能性を探る、そのような哲学をここに始めてみたい。

それでは、最初に、プラトンが「ソクラテスの死」を描いた対話篇『パイドン』を取り上げてみよう。

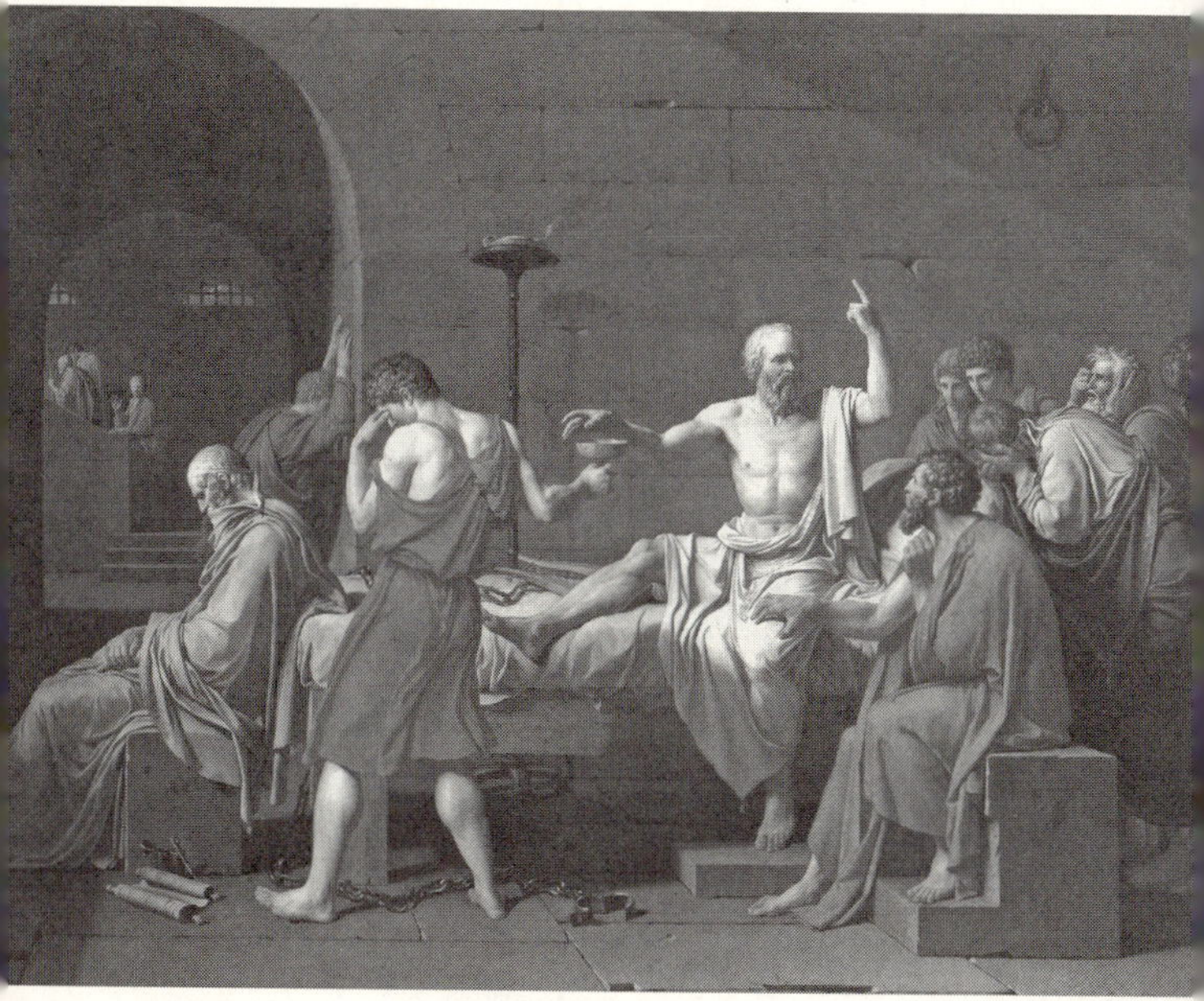

第一章

ソクラテスの死

——プラトン『パイドン』の語り

J. L. ダヴィド作「ソクラテスの死」(1787年、ニューヨーク・メトロポリタン美術館蔵)。
フランス古典主義で描かれた『パイドン』の一場面

「哲学者」はどのように誕生したのか？　哲学者の生は、記憶として織り成され、それを語りつぐ人の生を形づくっていく。ここでは、プラトンの代表作『パイドン』を取り上げ、その語りの構造を分析することで、ソクラテスに焦点を結ぶ「哲学者」像成立の謎に迫っていく。

牢獄での最期の一日、ソクラテスは何を語り、何を為したのか？　ソクラテスを囲む人々の対話を報告するパイドン、彼の言葉に聴きいるフレイウスの人々、そして、その対話を書く著者プラトン。このような重層的な設定は、どのような意図によるのか？　また、プラトンはなぜ自らの姿を消して、友人パイドンにこの重要な語りを託したのか？

精緻に重ねられた記憶の糸を解きほぐすと、旅路を紡ぎながら自らの哲学者としての生を始める人々の姿が浮かび上がる。哲学者、それは死において自己を実現する人間の生のあり方であった。

†ソクラテス最期の一日

「エケクラテス　あなたご自身が、パイドンよ、ソクラテスの傍《そば》におられたのですか。牢獄で毒薬を飲まれたあの日に。それとも、他の誰かからお聞きになったのですか。
パイドン　私自身がおりました。エケクラテス。
エケクラテス　それでは、あの方が死を前にして語られたのは、どんなことだったのでしょう。そして、どのように最期を迎えられたのでしょう。私は喜んでお聞きしたいのです。と申しますのは、実際、フレイウスの市民たちはだれも、今ではほとんどアテナイに赴いておりませんし、私たちにこのことで何か明瞭なことを伝えることができたはずの外国の方は、どなたもかの地からいらしてはいないからです……。」
（プラトン『パイドン』57A-B）

ソクラテスの弟子パイドンは、ペロポネソス半島北東部、山間の小ポリス・フレイウスを訪ね、エケクラテスを始めとするその地の人々に「ソクラテスの死」を語り始める。死刑の評決を受けたソクラテスが、刑執行のその日に、何を語り、そして、何を為したのか？　エケクラテスと交わされるパイドンの言葉に、フレイウスの人々は静かに聴き入る。
ソクラテスを無二の仲間と慕ったプラトンは、対話の語り手の名から『パイドン』と題する対話篇を、ソクラテスの死からおそらく二十年あまり後に著した。「対話篇」とは、プラトンが三十あまりの著作に採用した形式である。そこでは、ソクラテスを始めとする登場人物たちが、対話の形式で哲学的な議論を交わす。

対話篇『パイドン』は、パイドンという人物を共通項とする二重の構造をもつ。語り手パイドンと聴き手エケクラテスがなす対話を外枠として、その内でパイドンを含む親しい人々がソクラテスと交わした最後の対話が報告されるのである。「魂について」という副題で知られるこの有名な対話篇は、「ソクラテスの死」を描いていく。これこそが、古代ギリシアにおける「哲学者の誕生」を記す最大の出来事であった。

引用した対話篇冒頭のやりとりの後でパイドンが語るのは、今から二千四百年ほど遡《さかのぼ》る、前三九九年春の出来事である。アテナイの人ソクラテスは、突然、メレトス、アニュトス、リュコンという三名の告発により、不敬神の罪で法廷に引き出される。裁判の訴状は、

「ソクラテスは、ポリスの信ずる神々を信ぜず、別の新奇な神霊《ダイモーン》のようなものを導入することのゆえに、不正を犯している。また、若者を堕落させることのゆえに、不正を犯している。」

というものであった。ソクラテスは法廷での弁明の末、アテナイ民衆によって有罪、つい

で死刑の評決を受ける。

折しも、アテナイに春を告げる恒例の使節が、裁判の翌日にデロス島に派遣される。アテナイの英雄テセウスによる怪物ミノタウロス退治に由来する祭使は、毎春アテナイからアポロン神の島デロスに送られていた。その神事は、死刑判決をうけたソクラテスを一カ月にわたって獄中に留めることになる。使節が戻ってくるまでは、浄《きよ》めのために一切の処刑が中止されていたからである（『パイドン』58A-C）。

ソクラテスへの死刑判決に不満をいだく仲間たちは、その間に、獄吏を買収して彼を他国に脱出させる算段を立てていた。そのために必要な資金は、テーバイの人シミアスが用立てて、すぐに使える状態にある（『クリトン』45A-B）。このことは、クリトンらアテナイの仲間たちがそのような金を払うことが政治的に危険な行為であったことを意味する。しかし、ソクラテスは脱獄をすすめに来たクリトン――一説によれば、別の弟子アイスキネス――に対して、法に従って判決に服することを、逆に説得する。

デロス島に派遣されていた船も、スニオンの岬をまわってアテナイの外港ペイライエウスに入ったとの報が入る。ソクラテスの処刑はいよいよ翌日に迫る。

それまでも毎日のように獄舎に集まりソクラテスと対話していた彼の仲間たちは、死刑当日には一層早くから牢獄の前に参集していた。パイドンらは係官に導かれて部屋に入り、ソクラテスとの最後の対話にその一日を過ごすこととなる。

束縛を解かれたソクラテスは、哲学者が死を喜んで迎えることを語り、それを契機に、集まった人々と「魂の不死」を論じる。その対話を『パイドン』は語っていく。

プラトン対話篇の最高傑作とも目され、私たちにとっては、何よりソクラテスが毒杯をあおぐ感動的な場面で知られる『パイドン』。その対話設定を、ここで新たなギリシア哲学理解への手掛かりとして分析してみよう。

†フレイウス——「哲学者」誕生の地

パイドンがフレイウスの町を訪れて、エケクラテスを始めとするその地の人々にソクラテス最期の一日を語るのは、ソクラテス刑死のしばらく後——数カ月くらい後であろうか——とされている。では、対話篇の著者プラトンは、なぜフレイウスという場所で、パイドンにこの出来事を語らせているのか？

フレイウス（現・フリウス）という小さなポリスを知る者は、今日ではほとんどいない。古典期のギリシアでは、アテナイ、スパルタ、コリントス、テーバイといった有力ポリスが対立・拮抗する狭間で多数の小ポリスが点在し、合従連衡をつうじて独立を保っていた。ゼウス神域での競技会で有名なネメアに近く、シキュオンからコリントス湾へと注ぐアソポス川の上流に位置するフレイウスも、そのような小ポリスの一つであった（地図1参照）。

地図１　ギリシア本土中心部

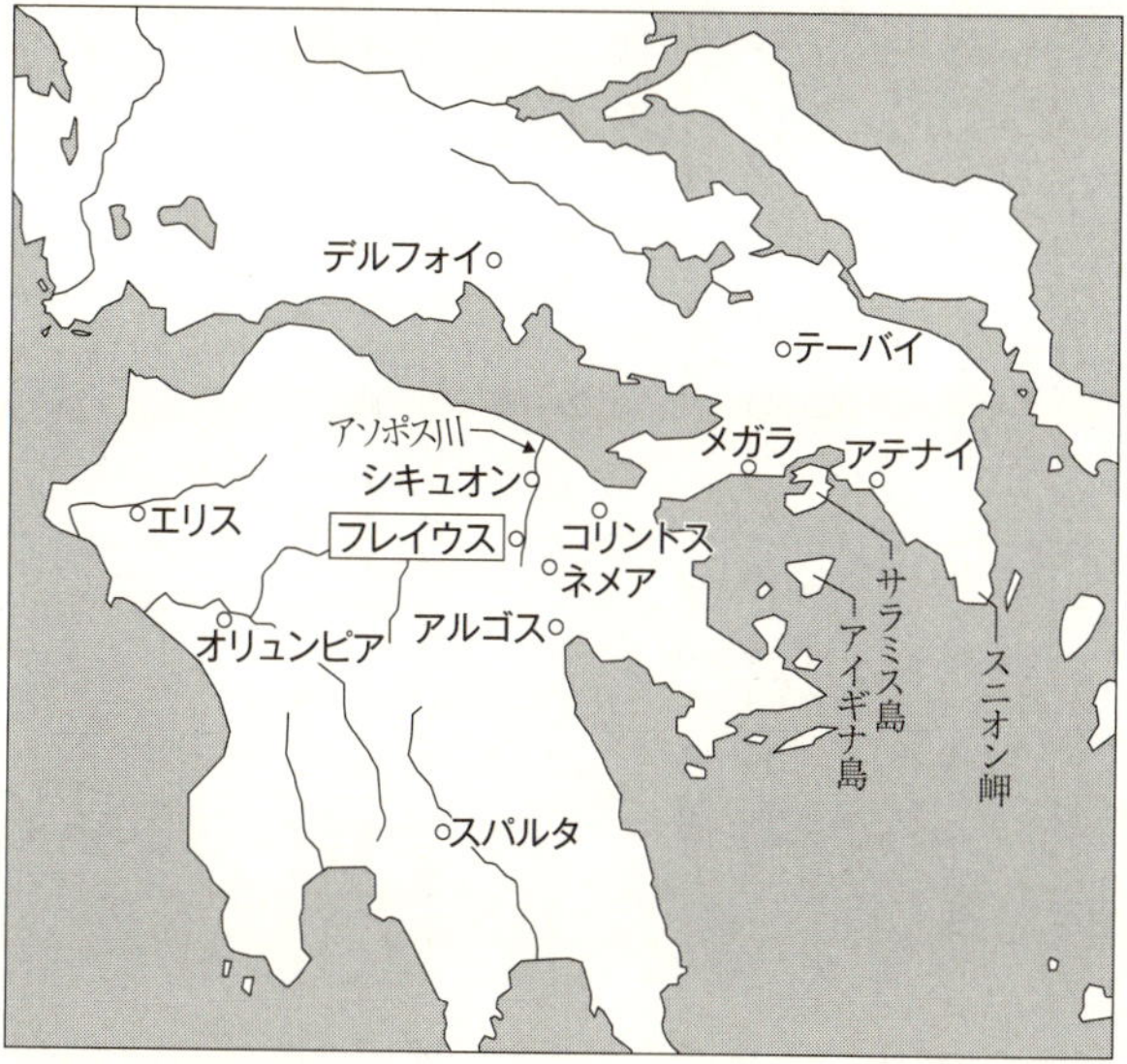

トゥキュディデスやクセノフォンが著した前五〜前四世紀の歴史書に時折顔を見せるこの土地も、今日ではすっかり忘れられた場所となっている。前五世紀にピンダロスが、「フレイウスの影多き古き丘々」（『ネメア祝勝歌』6・44）と歌った山間の地は、今日では観光地図にさえ載っていない。

私は二〇〇〇年夏に、ようやくその地を訪れる機会を得た。川を囲む緩やかな斜面は、陽光を浴びて葡萄を産出する豊かな田園地帯をなしている。その中心の小高い丘が当時のアクロポリスであったのか、麓にはヘレニズムかローマ期の遺構がごくわずかに往時の名残りを留めていた。

この無名の小ポリスを、プラトンはなぜ、『パイドン』という重要な対話篇の語りの舞台に選んだのであろうか？

パイドンは、ソクラテスの死の後、しばらくして、旅の途上で少し寄り道をしてフレイウスを訪問したようである。エケクラテスとのやりとりから察するに、パイドンはこの地を目指してきた訳ではない。かといって、フレイウスはどこかに行く際に通過する主要街道上に位置している訳でもなかった。パイドンが山間に途をとったのは、何よりも、エケクラテスを始めとするピュタゴラス派の人々が活動していたこの地に立ち寄るためであったろう。

ソクラテスの死を遡ること一世紀以上、前六世紀後半にピュタゴラスが移り住んだイタリア半島南部（マグナ・グレキアと呼ばれる地域）では、植民市クロトンを中心に彼の教えを実践する人々が、政治・宗教共同体を形成して勢力を伸ばしていた。

この「ピュタゴラス派」と呼ばれる一団は、おそらく政治的な対立によって前五世紀半ばに起こった排斥運動でその地を追われ、とりわけ前四五〇年頃、拠点を焼討ちされた後、ギリシア本土のテーバイやフレイウスに分散する。その中心人物でクロトン出身のフィロラオスはテーバイを拠点として活動をしていたが、彼の弟子エケクラテスらはフレイウスに住んで、ピュタゴラス派の一大拠点を作っていた。だが、彼らはなぜ、ペロポネソスの小ポリスに集っていたのか？

エーゲ海東部で小アジアに面するサモス島に生まれたピュタゴラスは、前五三八年頃、その地でポリュクラテスが僭主《せんしゅ》として権力を独占するとその支配に反対して亡命し、南イタリアのクロトンに新たな居住地を定めたとされている。このピュタゴラスについて一つの有名な逸話が、プラトンのアカデメイアにも学んだポントス出身のヘラクレイデスの作品『息をしない女』によって古代に伝わっていた。その逸話は、前一世紀のキケロや後三世紀のディオゲネス・ラエルティオスによって報告され、失われたその作品の内容がおおよそ推定可能である。

ピュタゴラスはサモスからイタリアに亡命する途上、フレイウス（もしくはシキュオン）で、その地の僭主レオンとある対話を交わす。レオンがピュタゴラスに、彼がもっている学識とは何かを尋ねると、ピュタゴラスは自分は何の知ももってはいないが「フィロソフォス（知を愛し求める者）である」と答える。レオンはこの新奇な言葉を聞いて驚き、その意味を尋ねる。そこでピュタゴラスは、次のように答える。

「人間の生は、競技会に赴く人々に似ている。ある人は競技で勝利して名誉を得ることを求め、またある人はそこで物を売って利益を得ようとする。しかし、もっとも優れた人は、競技を観るためにやって来る。そのように、人生においても、名誉や利益のような奴隷的なものを求める生き方に対して、真理を観照し愛求するフィロソフォスの生こそがもっとも望ましいのである。」（キケロ『トゥスクルム荘対談集』5・3・8-9から要約）

ディオゲネス・ラエルティオス『哲学者列伝』（1・12、8・8）はやや異なった形でこの逸話を報告している。人間は結局、誰一人「知者（ソフォス）」ではありえず、神のみがそう呼ばれる。それとの対比で、人間として最善のあり方が「哲学者（知を愛し求める者）」という語で語られたのは、歴史上これが初めてであった。哲学史家はそう伝える。

この対話は、僭主レオンが治める地、すなわち、フレイウスかその下流のポリス・シキュオンで交わされたとされている。「哲学者ピュタゴラス」の名と共に、フレイウスという山間の小ポリスは「哲学者」誕生の場所として、長く記憶に留められたのである。

ピュタゴラスが「哲学者」（フィロソフォス）という語を創造したというこの逸話には、現代では疑問も投げかけられている。それはまさにソクラテスとプラトンが確立した「哲学者」の意味を投影するものであって、歴史的事実というよりも、プラトンの学園アカデメイア起源の創作逸話である、との推定もなされている。実際、この逸話を伝えたポントスのヘラクレイデスは、アカデメイアにピュタゴラス主義を強く導入した一人であった。

他方で、「フィロソフォス」という語が前六世紀後半に新たに使い始められていたことは確かであり、ピュタゴラスという人物が造語した可能性もけっして退けられない。「哲学者」という言葉をピュタゴラスの創始と考える証拠は、その語の現存する最古の用例、ヘラクレイトスの断片に探ることができる。

ピュタゴラスとほぼ同時代にサモス島の対岸、小アジアのエフェソスで活躍したヘラクレイトスは、ピュタゴラスを含む多くの人々を強烈に批判していた。彼らは「博識」ではあっても、真の「知」に与っていない。

「多くを学ぶこと（博識）は、理解を教えはしない。というのは（もしそうでなかったら）、ヘシオドスやピュタゴラス、またクセノファネスやヘカタイオスにも教えたであろうから。」（断片40DK）

「ムネサルコスの子ピュタゴラスは、あらゆる人にまして探究を実践した。これらの書き物を集めて自らの知を作り成して。博識、悪しき技術。」（断片129）

ピュタゴラスを「嘘つきの創設者」（断片81）とするそのような痛烈な批判の文脈で、ヘラクレイトスは「哲学者」という語を、現存する文献資料で最初に用いている。

「知を愛し求める人々（哲学者）は、まったくもって多くのものを探求する者でなければならない。」（断片35）

この箴言《しんげん》は、「知を愛し求める人々」という語をけっして肯定的に語っているのではない。そのことは、次の言葉と並べると明瞭になる。

「黄金を捜し求める者は、多くの土を掘り返してもほとんど見出しはしない。」（断片22）

ヘラクレイトスはここで、ピュタゴラスが用いた新語を揶揄《やゆ》しているのであろう。「知を愛し求める者」など、多くの知識を求める「博識」に過ぎず、「知」の本質を捉えそこなっている、と批判しているのではないか。こう解釈すると、「哲学者」という語がピュタゴラスによって初めて語られたとする伝承が、同時代の証言から照らし出される。『パイドン』でソクラテスも「哲学者」という話題を、ピュタゴラス派のフィロラオスに向けている。「哲学者」という語は、伝統的にピュタゴラス派に結びつけられていたことがわかる。

では、ピュタゴラスはなぜ、他ならぬフレイウスで「哲学者」という言葉を初めて語ったと伝えられたのか？　それは、この地がピュタゴラスの故郷とされたからであろう。ピュタゴラス一族の出自については多くの説があり、古代においてすでに謎とされたことが、ポルフュリオスによる『ピュタゴラス伝』やディオゲネス・ラエルティオスによって報告されている。一説では、ピュタゴラスの一族はもとはフレイウスの市民であった。後二世紀後半にギリシア各地を旅して『ギリシア案内記』を残したパウサニアスは、フレイウスについて、その地とピュタゴラスとの繫《つな》がりを詳しく紹介している。

「「ヘラクレスの子孫」と呼ばれたドーリス族がギリシア各地で勢力を拡大していた頃、ドーリス人のレグニダスがフレイウスを狙ってアルゴスとシキュオンから迫ってきた。彼を王として迎えて土地を再配分せよという要求に対して、ピュタゴラスの曾祖父ヒッパソスとその一派は断固反対をする。しかし、その要求を受け入れて安全を計ろうとする一派に民衆が賛同したため、ヒッパソスらは一団でサモス島に亡命する。ヒッパソスの子エウフロンをへて、その子ムネサルコスを父としてサモス島に生まれたのが、ピュタゴラスなのであった。」

（パウサニアス『ギリシア案内記』2・13から要約）

この報告が示唆的なのは、曾祖父ヒッパソスの断固とした亡命の態度が、ピュタゴラス自身の人生、つまり、ポリュクラテスがサモスの僭主となった時、それに反対して南イタリアのクロトンへ亡命した事実を想起させるからである。ピュタゴラスの行動は、曾祖父の反骨の政治精神を受け継いだものかもしれない。

もしパウサニアスの報告のとおり、フレイウスがピュタゴラス一族の故郷であったとすると、彼自身もその地に思い入れを持ち、イタリアに亡命する途上であえてそこに立ち寄って「哲学者」という自らの新たな生の理念を語った可能性も、十分に想像できる。

前五世紀後半にイタリアを追われたピュタゴラス派の一部がフレイウスという片田舎に集い、そこを拠点にピュタゴラスの哲学を受け継いでいたことも、ごく自然に思われよう。このフレイウスこそは、ピュタゴラス一族と「哲学者」生誕とを記念する記憶の土地なのであった。

「哲学者」とは何か？　『パイドン』はこの問いを、記憶に遡って問う。死にあたってまさに「哲学者」の生を体現しようとするソクラテスの対話は、パイドンによってピュタゴラスと「哲学者」発祥の地に語り継がれる。そこに浮かび上がるのは、ピュタゴラスについての記憶が、ソクラテスの死に重ね合わされた「哲学者」の姿であった。

†語り手パイドン

ソクラテスの死に親しく立ち会い、後にフレイウスでピュタゴラス派の人々に「ソクラテスの死」を語るパイドンとは、一体どのような人物であったのか？　パイドンについては次のような逸話が、ディオゲネス・ラエルティオスによって伝えられている（『哲学者列伝』２・105）。

ペロポネソス半島北西部に位置するエリスは、小ポリスながら近郊にあるゼウスの神域オリュンピアを管轄する重要な町であった。そのポリスの有力者のもとに生まれたパイドンは、戦争によって奴隷となり男娼として売られたという（その出来事を、トゥキュディデスの『戦史』〈２・25〉が記述する、前四三一年の戦争にあたると推定する研究者もいる）。そうして不道徳な生き方へと転落したパイドンは、アテナイでソクラテスに見出され、クリトン、もしくはアルキビアデスの援助で自由の身に解放されたという。

娼家に売られた人を解放するためには、多額の身請け金が必要であったろう。ソクラテスはそれを、富豪の友人に頼んだのである。パイドンはこれに感謝し、以後ソクラテスの熱心な弟子として哲学者の生を送ったとされている。ソクラテスは、パイドンを肉体の欲望から解放し、魂における より善き生へと導いた恩人であった。

パイドンは、プラトンやクセノフォンらと同様、ソクラテスが登場する「対話篇」をいくつか書いた。ディオゲネス・ラエルティオスは、そのうち『シモン』と『ゾフュロス』という名の作品が真作であったと報告する。ごく限られた断片から、今日には残っていないそれら二つの作品の概要が推定されている。

シモンはアテナイのアゴラ付近に店を構える靴作り職人で、ソクラテスはしばしば仲間たちと彼の店に立ち寄り、そこでさまざまな対話を交わしていた。自身も石工であったソクラテスが、職人の技術《テクネー》を例に倫理的な問題を論じる光景は、アテナイの街角でよく見られたかもしれない。パイドンの『シモン』では、若きアルキビアデスも対話の輪に加わっていたようである。プラトンの対話篇のように、生き生きとした対話が描かれていたに違いない。

近年の考古学発掘により、アゴラに面して工房の跡と目される遺構が見つかった。偶然にも、その付近で「シモンの」と刻まれた陶器カップの台座が掘り出されたことから、その工房がソクラテスの友人シモンの店ではないかという推測が、考古学者や哲学史家の想像をかき立てている（現物はアゴラ考古博物館で展示されている）。ただ、このシモンという人物を後世に有名にしたのは、他ならぬパイドンの作品であり、それは架空の場と人物を用いた創作に過ぎないと推定する学者もいる。

ディオゲネス・ラエルティオスは、シモンの名をソクラテスの仲間の哲学者の一人に加え、「彼が初めてソクラテスの言論を対話にした、と言われている」とも述べている（『哲学者列伝』２・122―123）。しかし、シモンについての後世の伝承は概して疑わしい。

パイドンのもう一つの代表作『ゾフュロス』は、東方からアテナイを訪問したマゴス（魔術師）で人相見を事とする外国人ゾフュロスを主人公としていた。

彼は骨相から人々の性格を言い当てて好評を博していたが、ある日ソクラテスに会って、この人物が無節操で放埒《ほうらつ》な性格に違いないと断言した。ソクラテスを囲む人々は、一斉に笑い出し、ソクラテスはまさにそれと反対の人物であると証言する。ソクラテスは持って生まれた劣った性向を自らの精神によって克服し、見事に立派な性格を獲得していたのである。

肉体がもつ欲望や醜い性格は、魂によって打ち負かされる。パイドンの『ゾフュロス』は、哲学者ソクラテスの姿をそう描いた。プラトン『パイドン』が提示するのも、魂を肉体から切り離し、欲望から遠ざける哲学者のあり方であった。その対話篇の語り手には、パイドンこそが相応しい。逸話によれば、そのパイドンは、肉体的な隷属と欲望の支配をソクラテスの魂によって救われた若者なのであった。

『パイドン』の半ばで、パイドンはソクラテスのある仕種《しぐさ》を描写する。パイドンはソクラテスの右側にいて、寝椅子の傍《かたわ》らの腰掛けに座っていた。高い位置にいたソクラテスは、いつものようにパイドンの頭を撫で、うなじの髪をつかむ仕種をして、こう語る。

「明日にも、きっと、パイドンよ、君はこの美しい髪を切り落とすことになるのだね。」

（『パイドン』89B）

ギリシアでは髪を伸ばしているのは、年若い少年であるか、スパルタ式の風俗をする者であったという。この時のパイドンの年齢は不明であるが、戦争による捕虜として奴隷となり、そこから解放されたという経歴を考慮すると、すでにある程度の大人であったと思われる。ペロポネソス戦争は五年前に終結しており、もし彼の人生を転落させた戦闘がその初期のものであるとしたら、すでに三十余年を遡る出来事であったからである。

ソクラテスは、パイドンが哀悼の意を表して行なうはずの断髪を、「明日」、つまりソクラテスの死後にではなく、もし現在交わしている「魂の不死」を証す議論が死に絶えてしまったとしたら、今すぐにも行なわなければならないと語る。大切なのは、ソクラテスが死んで魂と肉体が分かれる悲しみではなく、彼がそれによって生きる「言論《ロゴス》」が死んでしまうことなのである。避けなければならないのは、「言論嫌い《ミソロゴス》」という情態に他ならない。髪を撫でられたパイドンは、ソクラテスに迫る死を嘆くよりも、死を受け入れる言論にこそ立ち向かうべきである、と励まされる。

自らの一生を変えた敬愛するソクラテスとの最後のやりとりを、パイドンは感動的な一場の会話に凝結させた。彼はソクラテスの言葉を心に留め、その記憶を自ら「哲学者」としての出発点に据えたに違いない。ソクラテスは一人ひとりに「哲学者」の想い出を残したのである。

パイドンは、ソクラテス刑死のしばらく後に、なぜフレイウスに立ち寄ったのであろうか？　私は、彼がアテナイを去り、エリスに帰ろうとしていたのではないかと想像する。奴隷として連れて来られたアテナイでソクラテスに救われたパイドンは、ソクラテスの死を契機に故郷エリスに戻って、やがて自らの哲学学派を立ち上げる。パイドンによって開始され「エリス派」と呼ばれたソクラテス哲学の小さな余波は、後にエレトリア出身のメネデモスに受け継がれて発展していく。

パイドンは、エケクラテスらフレイウスの人々に向かってこう言っていた。

「ソクラテスのことを想い出すのは、私自身が語るにしても、他の人から聞くにしても、いつも私にはこの上もない喜びなのです。」

（『パイドン』58D）

パイドンの旅は、ソクラテスの記憶を胸に、自らの人生と哲学へと向かう新たな歩みであった。その途上フレイウスの地で「ソクラテスの死」を人々に語る彼は、喜びと共にその記憶を新たにし、自らそのような「哲学者」として故郷に戻ったのであろう。

†ピュタゴラスの教えを継ぐ人々

パイドンが報告するソクラテス最期の対話は、「魂の不死」をめぐって、テーバイ出身の二人の若者、シミアスとケベスを相手にくり広げられる。

ソクラテスは『パイドロス』でも、無類の言論好き《フィロロゴス》としてシミアスの名を挙げている。対照的に、ケベスはつねに鋭い議論によってソクラテスにより深い考察を促していく。この両名がソクラテスに親しく交際したことは、プラトン対話篇だけでなく後世の証言からも知られている。

アテナイの北西に位置するテーバイは、前五世紀末にはピュタゴラス派の一つの中心であった。前四五〇年頃に拠点の焼討ちを免れたリュシスというピュタゴラス派の指導者が、テーバイに落ち着き、そこで（伝説によれば）有名な政治家エパメイノンダスらを育てたという。その地には、また、ソクラテスとほぼ同年代と想定されるクロトン出身のフィロラオスが滞留していた。フィロラオスこそは、ヒッパソスやアルキュタスらと共に、ピュタゴラス派の哲学・科学を発展させた中心人物であった。

二十世紀後半、ヴァルター・ブルケルトによる画期的な研究は、ピュタゴラスという宗教家の影響から哲学理論としての「ピュタゴラス派」を作り出したのは、このフィロラオスであることを示した。以後、ピュタゴラス派の研究は、ブルケルトの提案を受けて、フイロラオスを焦点に進んでいる。

フィロラオスが執筆した著作『自然について』は、「限定と無限」を原理とする本格的な哲学理論を展開するものである。プラトンはイタリアでその書物を購入し、そこからインスピレーションを得て『ティマイオス』を執筆したという古代の伝承もあった。前三世紀のフレイウス出身の懐疑論者ティモンは、プラトンがフィロラオスの哲学を剽窃《ひょうせつ》したと非難を加えている。今日残されている断片からは、『ティマイオス』よりもむしろ『ピレボス』により多くフィロラオスの影響を認めることができる。剽窃とは言い掛かりであるにしても、プラトンがフィロラオスの学説に親しく接していたことは確かである。

アリストテレスが「ピュタゴラス派と呼ばれる人々」の学説として紹介するものの多くが、フィロラオスの著作を典拠とすると推定されている。フィロラオスは、ソクラテスの同時代でもっとも重要な思想家の一人であり、プラトンが受けたピュタゴラス派の影響の中核をなしていた。

『パイドン』では、哲学者は死を希《ねが》うという議論の始まりに、次のような対話が置かれる。

「すると、ケベスがあの方に尋ねました。

「どうしてそんなことを言われるのでしょう、ソクラテスさん。自身を手に掛けることは神の掟に適わない、と言われながら、他方で、知を愛し求める者は死んでいく者に喜んで従うだろうと。」

「何だって、ケベス君。君もシミアスも、こういったことについて、フィロラオスと一緒にいて、聞いたことはないのかい。」

「ソクラテスさん、明瞭なことはなにも聞いておりません。」　　　（『パイドン』61D）

ケベスとシミアスは、故郷テーバイにおいてフィロラオスの教えを何らか受けていたのであろう。しかし、『パイドン』の対話からは、彼らがピュタゴラス派の立場を十分に理解している節は見られない。

また、イアンブリコスの『ピュタゴラス的な生について』が紹介する二三五名にものぼるピュタゴラス派のリストに、彼ら二人の名前は見られない。フィロラオスの教えを受けたという理由からこの二人を「ピュタゴラス派」に含める従来の見方は、基本的に誤りである。

他方で、彼らはしばしばソクラテスの弟子に含められ、ディオゲネス・ラエルティオス『哲学者列伝』（2・124-125）では、ケベスに三つ、シミアスには一巻二十三の対話篇が帰せられている。二人は、ピュタゴラス派というよりも、ソクラテスに近しい若者たちであった。

これに対して、エケクラテスらフレイウスでパイドンの報告に聞き入る人々は、正真正銘の「ピュタゴラス派」であった。イアンブリコスは、アリストテレスの弟子であったタラス出身のアリストクセノスによる、イタリアから逃れたピュタゴラス派についての証言を紹介する。

「傑出したのはフレイウス人ファントン、エケクラテス、ポリュムナストス、ディオクレスであった。」（イアンブリコス『ピュタゴラス的な生について』251 cf. 267）

イタリアでの政治的拠点を失い、やがて衰退から「品性高潔を持したまま」消滅に向かったピュタゴラス派の、最後の輝きを放っていたのが、エケクラテスらフレイウスの人々であった。

ピュタゴラス派について今日まで残る報告の多くは、紀元後に登場する新ピュタゴラス主義と、それと密接に関係する新プラトン主義者の著作に拠っている。プロティノスの後を継いで新プラトン主義を発展させたポルフュリオスと、より神秘主義的傾向を強めたイアンブリコスの二人が、ピュタゴラスの伝記を残した。

彼らの資料には、プラトンの弟子筋にあたるポントス出身のヘラクレイデスやアリストクセノスらの報告が多く取り入れられている。音階理論で有名なアリストクセノスは、エケクラテスらフレイウスのピュタゴラス派の指導者たちと面識があった可能性も高い。

ソクラテスは、ピュタゴラス派のフィロラオスの教えを受けながらも、その立場を十分には理解していないシミアスとケベスを相手に対話する。その対話を、ソクラテスの弟子パイドンは、まさに当時のピュタゴラス派の有力者たちに語っている。この構図は、ソクラテスが体現する「哲学者」が、ピュタゴラス派の哲学に直面する緊張を示している。

†著者プラトンの哲学への旅

ソクラテス自身は、おそらく同時代のピュタゴラス派の人々と深い関係を持ってはいなかった。少なくとも、別の弟子クセノフォンの報告からは、ソクラテスの教えにピュタゴラス派の影響は窺われない。とすると、ソクラテスとピュタゴラス派を結びつけているのは、他ならぬ『パイドン』の著者プラトンということになる。

さて、この対話を書き著したプラトンも、ソクラテスを囲む親しい仲間の一人であった。前四二七年頃、アテナイの名家に生まれたプラトンは、兄アデイマントスやグラウコンらをつうじて、若い頃からソクラテスに親しんでいたのであろう。

プラトンが才能にあふれた若者であったことは容易に想像されるが、彼も当時のアテナイ青年の常として、政治を志していた。

ある逸話では、悲劇作品をつくった文才あるプラトンが、アクロポリスの麓のディオニユソス劇場の前でソクラテスの話を聞いて自らの作品を火に焼《く》べたとも言われる（ディオゲネス・ラエルティオス『哲学者列伝』３・５）。こういった逸話が後世の創作であるとしても、有為な若者プラトンがソクラテスと出会い、対話の輪に入ることで大きく人生を変えたことは、パイドンと同様であった。

プラトンは、ソクラテスの死後に、彼を主な登場人物とする「対話篇」を執筆する。対話篇ではソクラテスがさまざまな人々と対話を交わすが、そこに著者プラトンの姿はない。全対話篇中でプラトンの名が言及されるのは、『ソクラテスの弁明』での二箇所（34A・38B）と、『パイドン』の一箇所だけである。前者では、ソクラテス裁判に臨席し、ソクラテスに罰金の量刑を申し出るように促す若者の一人として、さりげなく自らの姿が描かれている。

そして、パイドンはソクラテスの最期を語るにあたり、次のように言及していた。

「プラトンは、病気だったと思います。」（『パイドン』59B）

著者プラトンは、自らが不在であった、とパイドンに証言させている。この証言をもとに私たち読者は、ソクラテスの対話や出来事はプラトンが立ち会って見たり聞いたりした事実の報告ではない、と了解する。

しかし、プラトンは本当にソクラテスの死の場面にいなかったのか？　ソクラテスを熱烈に敬愛していたプラトンが、その最期に立ち会っていないとしたら、よほど重い病気を患《わずら》っていたに違いない。他方で、実はプラトンはその場面に居合わせていたが、より自由な創作においてソクラテスの死を描くために、あえて自らの不在を語らせている、とも考えられる。

パイドンがフレイウスでエケクラテスらにソクラテスの最期を語るのは、その出来事からしばらく後のこととされている。プラトンがその対話篇を執筆したのも、ソクラテスが処刑された前三九九年から二十年あまり後のことと推定される。

プラトンは前三八七年頃、初めて南イタリアとシチリア島への旅に出る。そこで彼は、タラス（現・タレントゥム）の政治家でもあったピュタゴラス派の哲学者アルキュタスと親交を結び、イタリア南部に勢力を残していたその学派の思想から大きな影響を受ける。

イタリアへの旅路から帰還したプラトンは、前三八七年頃にアテナイの郊外アカデメイアの地に学園を開き、仲間たちと哲学や科学の探究を進める共同生活を始める。対話をつうじて「哲学者」の生を実現する場「アカデメイア」も、ピュタゴラス派的共同体の理想と無縁ではなかったであろう。

『パイドン』でソクラテスが対話する「魂の不死」は、おそらくソクラテス自身が抱いていた思想ではなく、プラトンがピュタゴラス派から受けた影響を色濃く反映するものであった。「魂が出来るかぎり肉体から離れて、それ自体となることこそが望ましい」という考え方は、「肉体は魂の牢獄である」というピュタゴラス派の死生観により親近性がある。そこでの「魂は不死である」という見方は、古来ギリシア人が一般に信じてきた「魂《プシュケー》」のあり方とは大きく異なっている。

ホメロスの英雄叙事詩では、死んだ人間の魂は、空気のように肉体から抜け出して「冥府《ハデス》」へ赴くとされるが、そこで生気なく漂う以上の存在とは語られない。魂は死後、何らか存続するとしても、積極的なあり方をすることはなかったのである。魂が一つの肉体から分離した（つまり、死んだ）後に、別の肉体に宿るという、いわゆる「輪廻転生」の思想は、ピュタゴラス派やオルフェウス教によってギリシア世界に導入された、オリエントの宗教に由来する考え方であった。そのような信念をソクラテス自身が抱いていたと考える根拠はない。

また、魂の不死証明に用いるいわゆる「イデア論」は、ソクラテス自身が唱えていた説ではなく、プラトンがソクラテスの影響のもとに発展させた哲学である、と現代では一般に認められている。

アリストテレスは師プラトンの哲学の成立を分析した『形而上学』第一巻六章の記述で、プラトンの「イデア」の教説は、ピュタゴラス派に由来するとの見解を示している。実際、プラトンが『パイドン』の「魂の不死の最終論証」において「イデア」として取り上げて論じる重要な例は「一、二」や「偶数、奇数」といった「数」であり、それらは同時代のピュタゴラス派の主要関心事であった。

このようなピュタゴラス派的要素を考慮すると、『パイドン』という対話篇は、ソクラテスが死を前にして語ったり為したりしたことを文字どおり書き留めて報告する記録ではなく、プラトン自身による新たな哲学的思索であることがはっきりする。「ソクラテスの最期」という、もっとも重要で神聖とも言える場面を著す作品が、実際のソクラテスの言動を超えたまったくの創作であるとしたら、それはどのような意味を持つのか？

今日の私たちから見れば事実を逸脱しているとしか言えないこの著述こそが、プラトンがイタリア旅行や学園アカデメイアの創立を経て確立していく自らの「哲学」、つまり、ソクラテスの問いへの誠実な応答ではなかったか。プラトンはここに「ソクラテスの死」の真実を著そうとしたのである。

『パイドン』という対話篇が事実の単純な報告でないことは、著者プラトンが、ソクラテスの死の場面に自らが病気で不在であったと表明させていることから窺われる。まして、フレイウスでパイドンが物語る場にプラトンがいたはずもない。プラトンは自らの哲学を、そのような「対話篇」の形式で遂行したのである。

では、プラトンが『パイドン』をこのような形で執筆した意図は何か？　それは、「哲学者」をめぐる記憶の重ね合わせにある、と私は考える。これまで分析してきた『パイドン』の語りの構造そのものに、真相がこめられている。

まず、語り手パイドンは、恩師ソクラテスの最期を看取ってから、長らく離れていた郷里エリスへの旅路につく。その途上でフレイウスに立ち寄り、「ソクラテスの死」を人々に語る。パイドンは、アテナイからフレイウスに至り、そこで「哲学者とは何か」を示すことで、自らが「哲学者」として生きる新たな始まりを標《しる》す。

また、パイドンが立ち寄るフレイウスは、遠い過去にピュタゴラスが初めて「哲学者」という理念を語り、自らイタリアでその生を始める起点となった地、彼自身の故郷であった。ピュタゴラスの旅路は、フレイウスを基点に「哲学者」の生へと向かっていった。

そして、パイドンによって語られたアテナイの牢獄でのソクラテスの対話は、ソクラテスがその七十年の生涯を締めくくる、真に魂そのものとなる「死」への旅立ちであった。「哲学者」とは、できる限り魂そのものとなる「死」を希う。ソクラテスが語る言葉は、「哲学者」として真に生きる旅立ちを強烈に示したのである。

このように「哲学者」の記憶を幾重にも織り成し紡いでいったのは、著者プラトンであった。彼はソクラテスの記憶を胸に、イタリア旅行におけるピュタゴラス哲学との邂逅から、アテナイに戻ってアカデメイアの地に学園を開き、新たな哲学の伝統を創始する。プラトンが自ら「哲学者」としての生と思索に向かう始まりとなった前三九九年のソクラテスの死は、ピュタゴラス派の哲学への直面と重ね合わせという、自らの哲学へと結実したのである（地図2参照）。

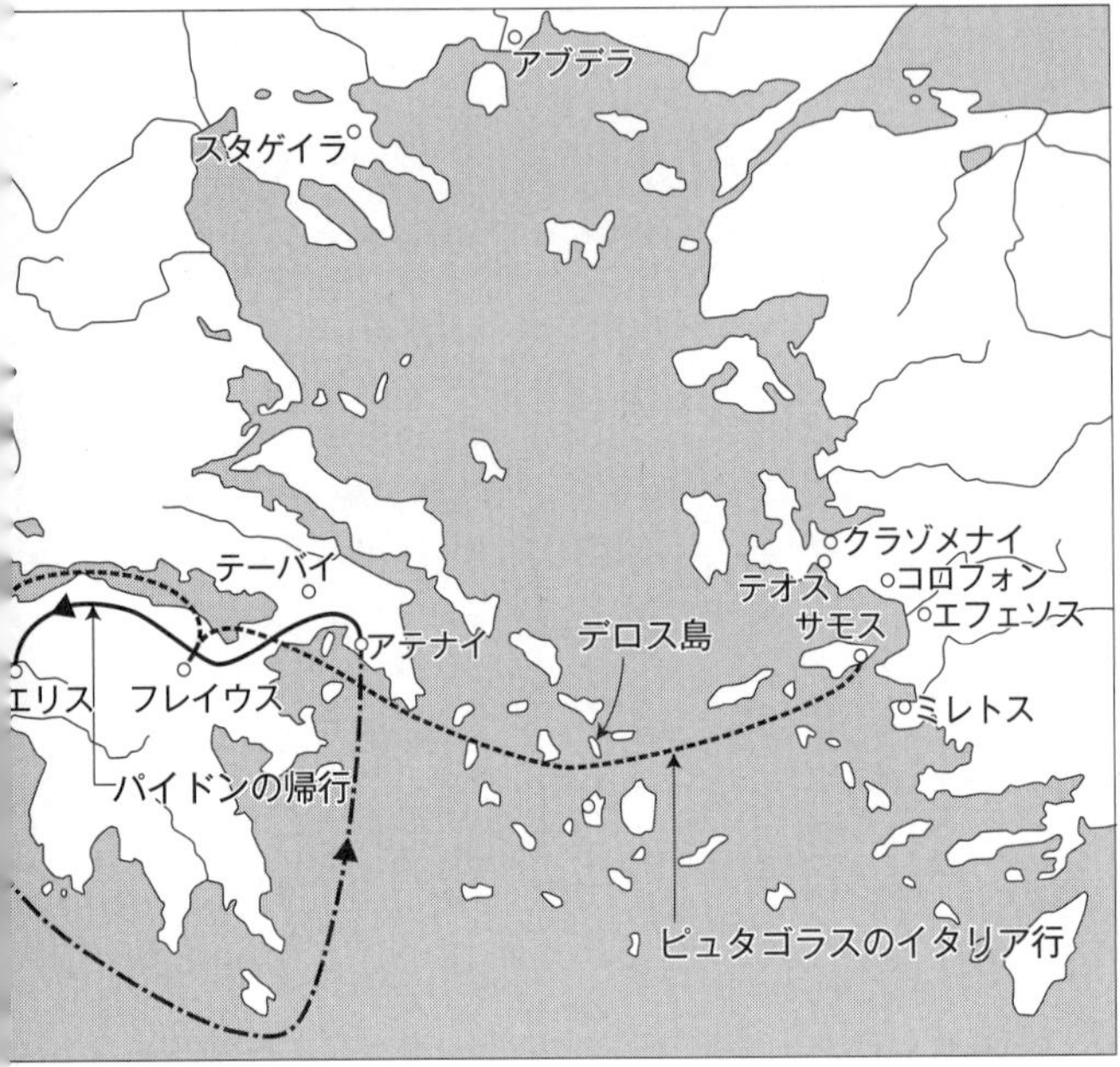
アブデラ
スタゲイラ
クラゾメナイ
コロフォン
テオス
エフェソス
テーバイ
サモス
デロス島
アテナイ
エリス
フレイウス
ミレトス
パイドンの帰行
ピュタゴラスのイタリア行

地図２　哲学者の旅（想像図）

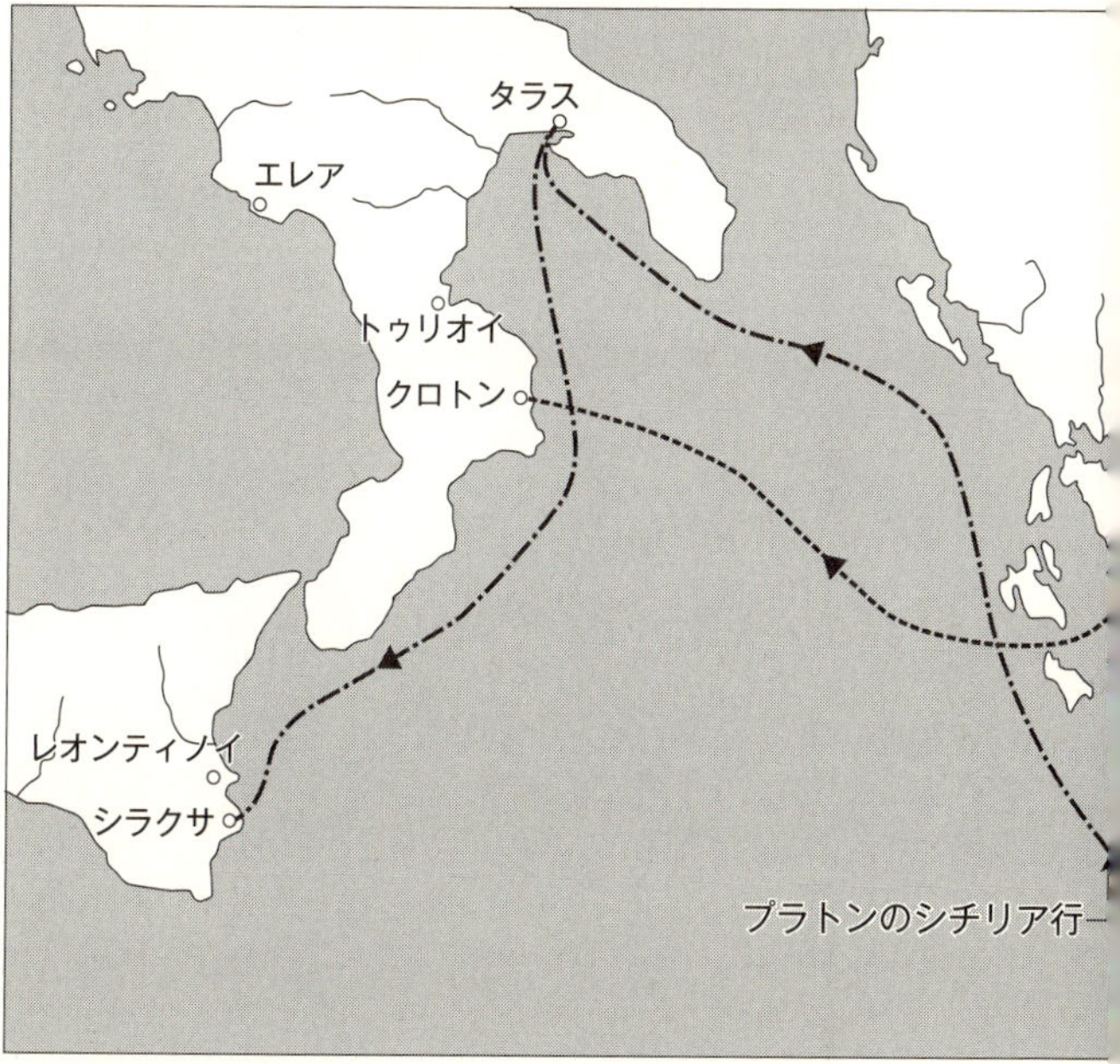

最後に、この対話篇を読む私たち自身も、『パイドン』においてソクラテスの死に出会い、そこから自ら「哲学者」の生に旅立つ途へと誘われている。

†ソクラテスの死

『パイドン』は、ソクラテスと仲間たちの最期の一日、その対話を描く。魂の不死が論じ尽くされた後、ソクラテスは「神話《ミュートス》」として死後の運命を語る。そして、対話がすべて終わった時、竹馬の友クリトンがソクラテスに、何か言い遺しておくことはないか、と尋ねる。残される子供たちのことなど、何かして欲しいことはないかと。するとソクラテスはこう答える。

「まさにいつも語ってきたことだよ、クリトンよ。なにも新しいことなどない。つまり、君たちが君たち自身を配慮していれば、私にとっても私の子供たちにとっても君たち自身にとっても、なにを為すにしても喜ばしい。」（『パイドン』115B）

ソクラテスが一生をかけて従事してきた「哲学」の営みとは、人々と対話を交わしながら「自身を配慮すること」、つまり、魂が出来るだけ善くなるように配慮することへの促しであった。

「魂」とは何か？　それは「私がある」というその「私自身」のあり方に他ならない。その配慮を、プラトン『ソクラテスの弁明』はとりわけ強調していた。ソクラテスは、生涯においていつも同じことを語ってきた。『パイドン』の対話も、死を前にして初めて考察する主題ではなく、ソクラテスがいつも考えながら生きてきたあり方を、改めて言葉《ロゴス》において語り直す試みであった。プラトンが『パイドン』に結実させた対話の意味は、ソクラテスの生そのものであった。哲学はいつも同じことを語る、その都度の始まりである。

クリトンは続いて、ソクラテスに埋葬の仕方を尋ねる。ソクラテスは微笑んで人々に語りかける。

「みんな、私はこのクリトンを説得できないでいる。「私」とは、今対話を交わしながら語られた言論のそれぞれを配置している、このソクラテスであるということを。」

（『パイドン』115C）

ソクラテス自身とは、対話を交わす「魂」である。それが離れた身体は、もはやソクラテスではなかった。この発言は、とりもなおさず、ソクラテスと最期の対話を交わしていた人々が彼の魂そのものと言葉によって交わっていたことを告げている。

沐浴《もくよく》をし、妻と三人の子供たちに別れを告げ、牢獄で面倒をみてくれた役人と挨拶を交わす。少し早いながら毒を持ってくるように頼む。すり潰された毒人参を、神々への祈りとともに飲み干す。次第に足が重くなり、仰向けに寝たソクラテスは、静かに感覚をなくし、その毒は心臓に迫っていく。ソクラテスはそこで最期の言葉を発する。

「クリトンよ、私たちはアスクレピオス神に鶏《とり》をお供えしなければならない。お返しをして、配慮を怠らないように。」

（『パイドン』118A）

身体がピクリとして動かなくなった亡骸《なきがら》に寄り、クリトンは静かに両眼を閉じさせる。

「これが、エケクラテスよ、私たちの友人で、あの当時、私たちが経験したなかで語り得る限りもっとも善く、もっとも叡智に富み、もっとも正しい人の最期だったのです。」

（『パイドン』118A）

「ソクラテスの死」を記憶に留め、それを想起し続けること、それが「哲学者の生」の始まりであった。ソクラテスの最期に立ち会った仲間たち、それを著すプラトン、そして『パイドン』を読むことでその場に臨席する私たちが、皆、ソクラテスの死から哲学を始めることを促されている。

第二章

ソクラテスと哲学の始まり

ソクラテス像（前四世紀後半作品のコピー。大英博物館蔵）。
「シレノスに似ている」という言説や記憶をもとに、死後に作られた像（イメージ）

ソクラテスは伝統的に、最初の哲学者と見なされてきた。これは、何を意味するのか?

ソクラテスに決定的な転換を帰する従来の哲学史観は、いくつかの難点を抱えている。西洋哲学の伝統は、ソクラテスと弟子プラトン、孫弟子アリストテレスの三人を巨人にまつり上げることで、彼ら以前や以後、同時代の多様で活気ある思索を隠蔽してきたのである。

従来の見方は、何よりも、ソクラテスやプラトン自身の哲学の本質を見失わせている。ソクラテスを「始まり」とする新たな哲学史の枠組みが求められる。

ソクラテスやプラトンを知的脈動のなかに甦らせるためには、まず、時代や人々の間で彼らの言動を捉えなければならない。ソクラテスをめぐる言論は、彼と関わった人々の相克を映し出す。その流れは、「ソクラテス派」と呼ばれる哲学潮流を生み出した。

生きた人間が交わす生きた言葉が、私たちを哲学へと導いてくれる。

†ソクラテスという始まり

『パイドン』の対話設定を読み解きながら、私たちは「ソクラテスの死」という哲学の始まりにたどりついた。そこには、幾重《いくえ》にも記憶を織り成しながら描かれる「哲学者」の生があった。

パイドン、ピュタゴラス、プラトンの旅は、同心円的な運動をなしつつ、ソクラテスに体現される「哲学者」に焦点を結ぶ。『パイドン』は、けっしてソクラテスの言動の記録ではなく、むしろそれを受けとったパイドンやプラトンら、若き哲学の徒の間に現われ出た真実の姿なのであった。

ソクラテスとの関わりにおいて生まれ変わり、哲学への歩みについたパイドン、ソクラテスを囲んで対話する人々、それを描くプラトン。「ソクラテスの死」は、彼ら一人ひとりの魂に刻まれ、その生を哲学へと巻きこんでいった。

そして、生涯をつうじて人々と言葉を交わし、人々に問いを投げかけたソクラテスは、自身では何一つ書き残すことはなかった。彼はその死と共にこの世界から立ち去り、ただ人々の魂の記憶においてだけ存在し続けた。

この「不在」が、人々に問いかけ、哲学の始まりを促す力となったのかもしれない。ソクラテスは、彼をめぐる人々、さらに、その人々からソクラテスの記憶を受け継ぐ私たちすべてに、「哲学者である」こと、すなわち「知を愛し求めて生きる」ことを促し続けている。ソクラテスは人々を「哲学」へと向け変え、そこから新たな動きを発する始点であり、不在の焦点であり続ける。本書では、このことを確かめていく。

従来の哲学史においても、ソクラテスという人物は確かに「始まり」と見なされてきた。これは、私たちが見極めようとしている「哲学の始まり」と一見類似するが、その実質を大きく異にしている。真に哲学が生まれる様をソクラテスを基軸に見据えるためには、これまでのギリシア哲学史そのものへの批判的な眼差し、いや、根本的な捉え直しが必要である。本章では、この課題に挑もう。

二十世紀前半にケンブリッジでギリシア哲学研究を導いた碩学F・M・コンフォードは、一九三二年に「ソクラテス以前・以後」(Before and After Socrates)と題する公開講義をおこなった。その講義は直後に公刊され、日本語にも訳されて入門書として評価されている(山田道夫訳、岩波文庫)。

コンフォードは、自然や宇宙の探究から人間や道徳への関心に移行する思想革命を、ソクラテスを転換点として論じた。そこでは、今日にいたる西洋「自然科学」の成立契機がソクラテス以前の思索に求められ、それとの対比で、ソクラテスが真に哲学を開始した人物と捉えられている。

ソクラテスに決定的な転換を帰するこのような図式は、けっして新しいものではない。

古くはローマ時代にキケロが、次のような典型的な見方を与えていた。

「古《いにしえ》の哲学よりソクラテスにいたるまで――彼はアナクサゴラスの弟子であるアルケラオスに学んだのだが――人々は数や運動や、万物がそこから生じそこへと戻っていく始源を扱い、熱心に、星々の大きさや間隔や軌道など、天体に関する事柄を探究していた。だが、ソクラテスが初めて哲学を天空から呼び戻し、街々に位置づけ、家々にも導入して、人生や道徳、善や悪について考察するように強いたのである。」

（キケロ『トゥスクルム荘対談集』5・4・10）

この一節は、前章で見たピュタゴラスの逸話――フレイウスで初めて「哲学者」という語を用いた話――に続けて導入されている。「哲学を天上から人間のもとへと呼び戻した人」としてのソクラテス像は、おそらくヘレニズム時代、前二世紀ストア派のパナイティオスの影響からキケロに伝えられ定着したものであろう。そのパナイティオスこそ、高度に理論的なストア哲学を、人間の実践へと転換した人物である。

しかし、この哲学史観は、後世に誇張された単純な図式であり、前五世紀の思想状況に即したものとは言えない。他方で、この見方の起源は、間違いなく、キケロも親しんでいたクセノフォンの『ソクラテスの想い出』（以下『想い出』と略す）の有名な一節にあったと考えられる。

「ソクラテスは、他のほとんどの人々が論じていた「万物の自然本性」について考察することも、つまり、知者《ソフィスト》たちによって「宇宙《コスモス》」と呼ばれるものがどのように生まれ、天体の各々がどのような必然性によって生じるかを論じることもなかった。」
（『想い出』1・1・11）

自然事象を論じることがなかったソクラテスは、もっぱら人間の事柄、すなわち倫理に心を致していたという。

「彼自身は、つねに人間に関する事柄について考察し、対話を交わしていた。」
（『想い出』1・1・16）

クセノフォンからキケロにいたるソクラテス像は、それ以前の思想家たちと異なった探究対象に目を向け、そこに本来の意味での「哲学」を始めた偉人という伝統的な見方を定着させる。だが、起点となったクセノフォンの記述は、ソクラテスを弁護する明瞭な目的のもとに執筆されたものであり、その取り扱いには慎重でなければならない（第四章で詳しく検討する）。

ソクラテスが他の知識人たちのように「自然（フュシス）」の事象に関心を持たなかったらしいことは、クセノフォンだけでなく、プラトンの対話篇からも窺われる。彼はもっぱら人々と対話して、「正しさ、善さ、美しさ」といった、人間にとって大切な事柄を吟味していたからである。

だが、『パイドン』は、クセノフォンと重なりつつ、やや異なった視点を提供する。魂の不死を根本から論じるにあたり、ソクラテスは自らの思索遍歴を語り出す。

「なる、なくなる、ある」といった事態の原因をめぐって、彼は若い頃「自然についての探究」に関心を抱いたという。しかし、アルケラオス、エンペドクレス、ヘラクレイトス、アポロニアのディオゲネス、アルクマイオンら当時流行で最先端の自然学説を検討しても、満足な回答を見出すことがない。

そのようななか、「万物を秩序付ける原因は知性《ヌース》である」というアナクサゴラスの説を耳にして、大きな期待を抱く。しかし、その学説は実際には理想とは程遠いものであった。ソクラテスは自ら「原因」を見出すこともできず、人から学ぶこともできずに、「第二の航海」と呼ぶ探究に乗り出す（『パイドン』95E‐99D）。

この叙述がはたして史実に基づくものか、プラトンによる創作かについては、研究者の見解も分かれている。しかし、ソクラテスが彼の時代にもっとも活発に議論されていた自然学の話題に、最初からまったく関心がなかったと想定する理由はない。若い頃にはある程度の関心と知識をもちながらも、後年それよりはるかに重要と思われる倫理的な探究に邁進した――したがって、若いクセノフォンはその側面しか知らなかった――と考える可能性も十分にある。その場合、転換はソクラテス自身の経験の内で生じたことになろう。

「転換」をめぐる見方も、クセノフォンとプラトンで異なっていたのかもしれない。

だが、ここでソクラテスに転換や始まりを帰しているのが、クセノフォンやプラトンら、弟子たちであることに注意しよう。ソクラテス本人が公言して新たな思索に取り組んだり、ある時点で思索の方向を変えたのではない。ソクラテスの思索について、後の世代がそのように記述し、評価を与えているのである。ソクラテスを描くさまざまな言論が、哲学の始まりをソクラテスにおく伝統を創始し、発展させたのであった。

†「ソクラテス以前」という問題

ソクラテスを転換点とし、それ以前と以後とでギリシア哲学を区分する伝統的な哲学史の図式は、さまざまな疑問に曝《さら》される。今はこの観点から、ソクラテスにおける「哲学の始まり」を再検討しよう。

従来の哲学史では、前六世紀初めにミレトスで活躍したタレスに始まり二世紀にわたる多士済々な思想家たちが、「ソクラテス以前の哲学者（プレソクラティックス）」という名で一括される。そして、それに続くソクラテス、プラトン、アリストテレスという三人の巨人が古典期の哲学をなし、アリストテレス死後の哲学は、ヘレニズム・ローマ期として峻別される。しかし、ソクラテスを転換点とするこのようなギリシア哲学史の枠組みには、多くの歪みが指摘される。

まず、「ソクラテス以前の哲学者」というまとめ方そのものが、多様な動向を恣意的にくくる不適当な概念である。この名称がソクラテスによって開始された「倫理学《エティカ》」に対比される「自然学《フュシカ》」を含意すると考えると、誤解は輻輳《ふくそう》する。「ソクラテス以前」という呼称には、純粋に年代的な区分だけでなく、思索内容の限定も込められるからである。「ソクラテス以前」と呼ばれる時代は「科学」を生み出したが、真に「哲学」を始めたのは人間や倫理へと思索を向けたソクラテスの功績である、という先入観がここにある。「ソクラテス以前」とは、その意味で未熟な、あるいは、二流の哲学を意味する。このような歪んだ哲学史観は、呼称と共に早々に改められるべきであろう。近年の欧米の研究では、前六世紀初めから前五世紀半ばまでの哲学を「初期ギリシア哲学」と呼ぶことが定着している。日本語での呼称も改めていきたい。

年代的に見れば、シチリア島アクラガスで活躍したエンペドクレスはソクラテスとほぼ同時代の人であり、原子論者デモクリトスやその後継者たち（「アブデラ派」と呼ばれる）

は彼らより若く、むしろプラトンの時代に属している。彼らが「ソクラテス以前」と位置づけられるのは、活動した年代からではなく、その思想内容がソクラテスの前段階に属すると判定されたからであった。

では、思索内容はどうか。「ソクラテス以前」と呼ばれる人々は「自然《フュシス》の探究」を事とした、と一般に見なされてきた。だが、その理解にも、偏りが数多く指摘されている。自然の探究は確かにこの時代に顕著な領域であるが、初期ギリシア哲学においても、倫理的な事柄は自然的な考察と分ち難く結びついていた。

アナクシマンドロスの有名な言葉では、「無限」からの万物の変化が「罪と償い」として捉えられている（断片1）。これは、自然秩序と倫理規範が別々の領域に属するものと区別されてはいなかったことを示している。同様のことは、「魂」や「法」を論じたヘラクレイトスの箴言《しんげん》からも確認される。彼らが宇宙の成り立ちや「火・空気・水・土」といった構成要素に大きな関心をもったことは確かであるが、だからといって人間や倫理を無視した訳ではけっしてない。「自然学者」の関心の一端は、原子論者デモクリトスが残した膨大な倫理的断片にも窺われる。

彼らを「ソクラテス以前」という名で一括する哲学史に基盤を提供したのは、アリストテレスとその弟子テオフラストスに始まる「学説誌（ドクソグラフィ）」――これはドイツの文献学者ヘルマン・ディールスの造語――の伝統であった。

アリストテレスは有名な『形而上学』第一巻で、プラトンに至る哲学の歩みを論じ、そこに「自然学者」の系譜を成立させた。アリストテレスは自らが確立した「四原因」説を「先人の学説《エンドクサ》」から裏付けるために、以前の哲学者たちが四つの原因のうちの一つ、あるいは、いくつかしか論じていなかったことを示す。テオフラストスが集成した「自然学の学説誌」は、恣意的であるが絶大な影響をもつ図式を哲学史家たちに提供し、ソクラテスに転換を認める史観に大きく寄与してきたのである。

しかし、「魂の自己探究」を論じたヘラクレイトスや、ピュタゴラス派的な「魂の浄化」をうたったエンペドクレスらの思索は、「自然学」という範疇では片付けられない。プラトン『パイドン』の「哲学者」像にも結びつけられるピュタゴラスは、自然の探究にもっぱら関心をもつ思想家というよりも、魂や生き方を実践する宗教家に近い存在であったろう。

また、しばしばイオニア自然学の流れに位置づけられるコロフォン出身のクセノファネスは、ホメロスやヘシオドスら詩人の伝統に属し、その語りを内部から批判する詩人であった。クセノファネスやヘラクレイトスやピュタゴラスをも「自然学者」の系譜に位置づける学説誌の枠組みは、彼らの思索のごく一面を取り上げたものでしかない。

伝統的な見方の恣意性は、また、「七賢人」という名が帰せられていた前七〜前六世紀の知者たちの扱いにも如実に表われている。ピッタコス、フェレキュデス、エウメニデスらを含む「七賢人」の中では、ミレトスのタレスのみが「哲学者」と呼ばれてきた。「水」を始源とする彼の知見は、自然学理論として解釈されている。他方で、同じく「七賢人」の一人とされ、政治や社会について多くの道徳的教訓をエレゲイアの詩で残したアテナイ人ソロンは、哲学史記述から完全に排除されてしまった。

さらに、「ソクラテス以前」という枠組みの問題性がもっとも鮮鋭に露呈するのは、「ソフィスト」と呼ばれる人々の扱いにおいてである。ソフィストとは、前五世紀半ばからアテナイを中心に活躍した職業的知識人であり、プロタゴラス、ゴルギアス、ヒッピアス、プロディコスらを代表とする、時代の花形であった（納富信留『ソフィストとは誰か？』ちくま学芸文庫参照）。

プラトンの対話篇にしばしば登場する彼らは、ソクラテスよりやや年長か、ほぼ同世代と考えられる。百歳以上生きたと伝えられるゴルギアスは、前三八〇年代、つまり、ソクラテスの死後、プラトンが活躍する時代まで生存していたはずである。

ソフィストたちに仮に「ソクラテス以前」という呼称を許容するとして、彼らが主に扱った内容はけっして自然学に限定されるものではない。ヒッピアスのように、天文学や数学に取り組んだ者もいる。しかし、ソフィストの本領は、むしろ人間や社会や政治や言語といった、ソクラテスと共通する、より広い問題領域であった。「徳の教師」を標榜するソフィストが、どのような仕方であれ「倫理」や「政治」を問題としていたことは確かである。この意味で、彼らは、ソクラテスと同じ転換をなした貢献者、あるいは、ソクラテスの先駆者と言うべき存在となる。

だが、そもそも「哲学者」の一群に数えるべきかという問題も含めて、「ソフィスト」への哲学史上の扱いは両義的であり続けた。「ソクラテス以前の哲学」と銘打つ研究には、ソフィストについての章を含むものと、除外するものが共在する（カーク、レイヴン、スコフィールド『ソクラテス以前の哲学者たち　第二版』京都大学学術出版会は、ソフィストを含まない）。ソフィストを「ソクラテス以前」に含めると、「自然学」という扱いに破綻をきたし、かつ、ソクラテスが倫理学を始めたという英雄像に疑いが生じる。研究者がソフィストを扱いかねる一つの重要な理由がここにある。

ソフィストたちは、それまでの自然中心の探究とは異質な、新たな思索を始めていた。そこに芽生えていたのは、探究そのもの、そして「言論《ロゴス》」への批判と自覚である。懐疑主義や相対主義がそこから生まれ出る。このような動向は、ソクラテスが対面した同時代の問題であった。

本格的な「哲学」がソクラテスに始まったとする旧来の見方は、ソクラテス一人の奇跡に栄誉を帰する歪んだ哲学史観に他ならない。では、ソクラテスが哲学の始まりであるとは、どのようにして正当に語りうるのか？　ソクラテスを時代の知的風土に位置づけなければ、その真の姿は浮かび上がらない。

†巨人中心史観からの脱却

ソクラテスをそれ以前から切り離す哲学史観には、実はもう一つ、資料の残存という物質的な要因が関わっている。ギリシア哲学と言えば、ソクラテス、プラトン、アリストテレスの三人が突出して研究され、それ以前と以後がいわば二流として無視されてきたのは、基礎資料の量が決定的に異なっているためであった。

「ソクラテス以前」と一括された思想家たちの著作や発言は、基本的に「断片」としてしか今日に伝わっていない。「断片」と言うのは、同時代（プラトンやアリストテレス）、または後代（主にローマ期）の著作に、一部が引用されたり、紹介されたりした証言を指す。それらが収集され、二十世紀初頭にディールスによって『ソクラテス以前の哲学者断片集』として編集された。後にW・クランツに補訂されたこの資料集が、今日でも基本文献として用いられている（内山勝利編、岩波書店）。

二千五百年にもおよぶ時の隔たりを考慮すると致し方ないとはいえ、きわめて貧弱なこの資料状況は、ソクラテスを転換点に一変する。ソクラテスについてはプラトンとクセノフォンによる著作が多数残されており、私たちはソクラテスの哲学を直接体験するように感じる。

そのプラトンには、彼が公刊した対話篇がすべて今日にまで伝承されている。後一世紀初めにトラシュロスによって編纂された九つの四部作からなる「プラトン著作集」には、三十五の対話篇と十三通の書簡が含まれる。十九世紀のドイツで確立された古典文献学の影響のもとに、今日ではそのうちのいくつかは「偽作」——弟子や後代の人など、プラトン以外の手による作品——が混入したものと考えられている。しかし、驚くべきことに、プラトンが執筆していながら失われたとされる作品の名は一つも伝わっていない。

アリストテレスの場合、伝承の事情はより複雑であるが、やはり他を圧する量の著作が今日に伝えられてきた。彼が生前、主に若い頃に公刊して流布していた対話篇などの著作は、ローマ期以降すべて散逸してしまった（引用や言及などで、ごくわずかの断片だけが残る）。これに対して、彼が学園リュケイオンなどで講じた「講義録」は、前一世紀アンドロニコスによって編集され、「アリストテレス著作集」として、古代末期から中世、近現代をつうじて哲学の古典であり続けた。

アリストテレス以後に目を転じると、ヘレニズム期には再び資料が欠乏した「断片」の時代が訪れる。こうした事情から、ソクラテスと弟子プラトン、孫弟子アリストテレス三人の哲学は、前五〜前四世紀の古典期だけでなく、ギリシア哲学を代表する絶大な影響力を揮《ふる》ってきたのである。

その一方で、三人を中心に据える西洋哲学の伝統は、二重の仕方でギリシア哲学史に暗い影を落としてきた。

第一に、ソクラテスより以前とアリストテレスより以後とを共に劣った思想として軽視する傾向が生まれた。また、反動として「ソクラテス以前」にこそ真の思索を求めようとする、ニーチェやハイデガーやポパーのような態度も生まれた。だが、ここにもプラトンとアリストテレスの圧倒的な影響力への反発、および、断片でしか残っていない思想への過剰な思い入れが見られる。

第二に、三人の「巨人たち」によって陰に追いやられてきたのは、けっして以前や以後の人々だけではない。むしろより深刻なのは、彼らと同時代の人々かもしれない。

古典期に関するギリシア哲学史の記述は、通例この三人の哲学者で尽くされてしまい、その他の人々は——もし幸運にもスペースが割かれた場合でも——経歴や学説が手短に紹介される程度の扱いしか受けない。この状況は、いくつかの著作が残るテオフラストスらを例外として、間違いなく資料不足に大きな原因がある。

この古典期こそ、西洋哲学の伝統の光によって暗闇に追いやられ、忘却されてしまった時代ではないか？　この意味で、ソクラテスに哲学の始まりを帰する伝統的理解は、彼と二人の後継者たちによってギリシア哲学が尽くされる、という偏見を後押ししてきたのである。

古代後期からキリスト教中世、またシリア・アラビアをへて近現代に至る西洋哲学の流れの中で、なぜ、ソクラテス、プラトン、アリストテレスの三人が突出して他を圧し、いや、駆逐してしまったかについては、より広い視野からの検討が必要であろう。

一例を挙げれば、彼らの論敵であったデモクリトスら古代原子論者の著作が今日ほとんど残っていないのは、中世キリスト教による排除の結果である、と長らく信じられてきた。しかし、最近の出土パピルスの研究は、キリスト教の影響とは別に、彼らの著作が古代後期にはすでにあまり読まれていない実状を明らかにしている。

無論、歴史の淘汰を経て真に普遍的な思索をなした哲学者のみが生き残った、という想定も可能である。その場合、資料の欠如は思想の劣等性に由来すると考えることで、豊富な伝承が逆に優等性の証明となると思われるかもしれない。だが反対に、時の経過による資料の不足ゆえに思想が劣って見えてしまうという悪循環があるとしたら、この想定自体がきわめて脆弱かつ危険であることになる。

ソクラテスの流れを受けるプラトンとアリストテレスが、後のプラトン主義とアリストテレス主義という二つの哲学潮流を生み出し、観念論や経験論を培っていった意義は、強調され過ぎることはない。しかしその際にも、後世の視点からのみ三人を評価することは、循環に過ぎない。つまり、彼らを屹立《きつりつ》する巨人として扱うことで成立した西洋哲学の伝統から三人を捉えても、そこに現われるのは巨人としての姿以外ではないのである。

これに対して、彼らがなぜ、どのような状況において後世に圧倒的な影響力を残す思索を展開したかを、彼らが生きた時代において確認していくことが、新たな視野を拓くはずである。ソクラテス、プラトン、アリストテレス、この三人は、けっして他から切り離された孤高の天才ではない。彼らは、互いに批判し協力しながら思索をくり広げる、同時代の思想家たちの一角にあったのである。

資料の問題について言えば、ここでもう一つ不思議な事態に気づく。ソクラテスは、自身では何一つ著作を残さなかった。にもかかわらず、彼がプラトンやアリストテレスと並んでギリシア哲学史の巨人とされるのは、なぜか？

これから検討するように、哲学史叙述において「ソクラテスの哲学」として論じられているものは、実質上プラトン著作における「ソクラテス」の議論に尽くされる。プラトンの『ソクラテスの弁明』（以下『弁明』と略す）を始め、『クリトン』『ラケス』『プロタゴラス』『ゴルギアス』といった一部の対話篇が代表に選ばれ、その内容が「ソクラテスの思想」として紹介されているのである。

ソクラテスがプラトンらと共に巨人に遇される時、その実質は全面的にプラトンに依拠している。この扱いがどこまで正当性を持つのか？　この問いも、ギリシア哲学史を新たに見据えるにあたって、きわめて重要な問題となる。次章にかけて、じっくりと反省していこう。

†同時代人ソクラテス

今日、ソクラテス、プラトン、アリストテレスの三巨人によって印象づけられているギリシア哲学は、同時代においてはどう捉えられていたのか？　時代の文脈に即して彼らの活動を位置づける時、私たちはどのような新たな見取り図を得ることができるのか？

前五世紀の前半、ペルシア戦争の危機を乗りきったギリシア・ポリス社会は、アテナイとスパルタを二つの柱として繁栄の時代に入る。世紀の後半は、それまでイオニア地方（小アジア半島西部とエーゲ海東部）や南イタリア、シチリア島で多元的にくり広げられていた知的活動が、政治・経済・文化の中心地アテナイに集中していく時代である。

小アジア・クラゾメナイ出身の自然学者アナクサゴラスは、アテナイで政治家ペリクレスと親しく交わり、彼の著書はアテナイでも広く流布していたという。ギリシア各地から集まった知識人やソフィストたちが、アテナイを主な舞台として言論・教育活動を展開したのである。

最初に自ら「ソフィスト」と名乗り、授業料をとって「徳の教育」を施したプロタゴラスは、ギリシア北方アブデラの出身であった。博識で知られるヒッピアスは、オリュンピアを管轄するポリス・エリスの生れ——パイドンと同郷——で、語句の意味の細微な区別で知られたプロディコスは、叙情詩人シモニデスと同じエーゲ海ケオス島の出身であった。前四二七年にアテナイ民会で演説して人々を魅了し、祖国の滅亡によってそれ以後亡命の生涯をおくるゴルギアスは、シチリア島レオンティノイからやってきている。

プロタゴラスと同郷アブデラ出身の原子論者デモクリトスは、ある時アテナイを訪問したが、彼のことに気づくものは一人もいなかった、という逸話が残されている（ディオゲネス・ラエルティオス『哲学者列伝』9・36）。

また、プラトンの『パルメニデス』では、パンアテナイア大祭の折にアテナイを訪問した老パルメニデスとゼノンが、若いソクラテスと対話を交わす。この対話が架空の創作であるとしても――ほとんどの研究者はそう信じている――彼らの訪問は不可能な設定ではなかったのであろう。これらの逸話は、この時代にアテナイが文化と哲学の中心となっている様を示している。

ペルシア戦争以後、アテナイはデロス同盟の盟主としてギリシアの一ポリスからその政治的中心へと変貌していた。前四五四年には同盟の金庫がアテナイに移管され、関係国の訴訟が多くアテナイに持ち込まれるようになる。この時代に、弁論や政治家教育がアテナイ文化を一気に華咲かせたのである。

アテナイへの文化の流入と集中とは対照的に、この地に長らく哲学者は生まれなかった。自然学者アルケラオスが「アテナイ、もしくは、ミレトスの人」と伝承されているが、おそらくアテナイに縁のあるイオニア出身者であったろう。前五世紀半ばに「熱と冷」を原理に立てたこの人物が、イオニアからアテナイに自然哲学を導入した者とされている（ディオゲネス・ラエルティオス『哲学者列伝』2・16）。これに対して、アロペケ区出身で正真正銘のアテナイ市民であるソクラテスは、アテナイで最初の哲学者と言ってよい。

プラトン対話篇から想像される当時の知的状況は、人々がこぞってアナクサゴラスらの新しい自然学の学説を吸収し、ソフィストたちが教える社会や政治や言語についての学説を追いかけていた活気に満ちた様である。その知的奔流はアテナイで、政治家ペリクレスが駆使する弁説や、エウリピデスの進歩的な悲劇、アリストファネスの痛烈な諷刺、トゥキュディデスの怜悧な歴史分析を生み出した。そこで時に論争を挑み、人々を知的に挑発したソクラテスは、前五世紀後半、思想の坩堝《るつぼ》アテナイに集う、そういった知識人の一人であった。

ソクラテスは「学校」や「学派」を作ったわけではない。つねに街角でさまざまな人々と対話するだけであった。だが、彼を囲む仲間は、自然にソクラテス一派のような集まりをなしていたようである。

そのなかで、アリスティッポスやアンティステネスは、比較的早い時期から活躍し、広く知られていた。アテナイ名門の出であったプラトンは、若くしてその才能が注目されていたにしても、多くの弟子たちの一人、ソクラテスの死においてまだ二十八歳の若者に過ぎなかった。彼はソクラテス哲学の唯一の後継者とは見なされていなかった。

また、プラトンが活躍した前四世紀前半をより大きな視野で見れば、自然学の系統ではデモクリトスとレウキッポスの原子論が発展し、論理学では、パルメニデスらエレア派の流れをくむエウクレイデス――ソクラテスの弟子――のメガラ派が独自の理論を展開しつつあった。ソフィストたちの系譜でも、ゴルギアスの二人の有力な弟子たち、イソクラテスとアルキダマスが社会的な名声を勝ち取り、人文主義の伝統につながる教育や弁論術の理論を展開していた。プラトンの哲学と活動は、そのような知的活況の一角を占めるものであった。

前三八〇年代半ばにプラトンが創立した学園アカデメイアが、次に新たな時代を画す。学園に参集し共に哲学探究の生活をおくった有為な若者たちが、次代の哲学を切り開いていったのである。

前三八四年、北方の大国マケドニアに生まれたアリストテレスは、十代にしてアテナイに出てアカデメイアでプラトンに学んだ。プラトンの死後、甥《おい》のスペウシッポスがアカデメイア学頭となると、アリストテレスはアカデメイアを去り、次いでクセノクラテスが学園を継ぐ。俊英として注目される若手研究者であったアリストテレスは、アカデメイアの主流とはならず、アテナイ郊外のリュケイオンに自らの学校を開く。後世最大の弟子と目されるアリストテレスは、プラトンに学んだ者たちの間では、共同で研究し、時に理論で対抗する弟子の一人に過ぎなかった。

ソクラテス、プラトン、アリストテレスを孤高の巨人と見なす伝統の歪みから解放すると、時代の知的状況においてありのままの姿で彼らの哲学が輝き出す。私たちに残された資料の圧倒的な格差を乗り越えて、生きた哲学史を再構築することが、今求められている。このようなギリシア哲学史の見直しを進めるために、改めてソクラテスに焦点を合わせて、そこから哲学が始まる様を検証していきたい。

†アリストファネス『雲』の世界

ソクラテスはどのような時代を生きたのか？　時代の中で生きた姿を捉えるには、彼が活躍した前五世紀の半ばから末に、アテナイで何が起こっているかを見る必要がある。ここでは、知的活況を呈するアテナイの様子を、同時代の証言として喜劇詩人アリストファネスの『雲』から瞥見《べっけん》しておく。

アリストファネスは、前四二三年の市のディオニシア祭で『雲』と題する喜劇を上演するが、三等賞（ビリ）の憂き目に遭う。前年『騎士』で大衆政治家クレオンに楯突いた新進気鋭の詩人は、今度は同時代の知識人たちを標的に激しい揶揄《やゆ》をくり広げる。この自信作がウケずに憤ったアリストファネスは、改訂版を作って再度作品を人々の評価に委ねたという。新版が実際に上演されたかは不明であるが、今日伝わるのはそのヴァージョンである。

この作品で、主人公の老人ストレプシアデスが借金の踏み倒しを目論んで入門するソフィストが「ソクラテス」である。彼は「ゼウスなど存在しない」と豪語して、雷鳴や降雨を「雲」による自然現象として説明する一方で、変化自在の「雲」をソフィストの神として崇めている。青白顔のカイレフォンら弟子たちをかかえる「知ある魂の思索所」で実際にストレプシアデスが学ぶのは、弱い議論を強い議論と言いくるめる詭弁の術であった。

学びが鈍く破門される父親に代わって、しっかりとソフィストの術を身につけた放蕩息子フェイディッピデスは、見事に借金取りたちを退散させるが、その刃はやがて親自身に向けられる。終《しま》いにはソクラテスこそが悪の元凶であると、ストレプシアデスはその学校に放火して劇が閉じられる。

『雲』が喚起するのは、かなり高度な知的笑いである。パラバシス〈合唱隊による作者の代弁〉で宣言するように、陽物〈男根〉の模型もドタバタも下品として退けた結果得たものは、アテナイ人観客の不評であった。

アリストファネスが政治家の次に標的にした新興知識人たちは、この時代、若者をたぶらかし神々への敬意や社会の倫理を揺るがす者として、保守的なアテナイ人たちの反発をかっていた。彼は『雲』に先立つ四年前にも『宴の人々』で、ソフィスト教育を受けた都会の青年と伝統的な田舎の青年とを対比していた。失われたその作品では、流行の新思想を身につけた青年が裁判で父親を訴えるという、『雲』にも共通する主題を描いていたようである。満を持して書かれた新作では、アテナイの有名人ソクラテスが新思想の代表として舞台上に、いや文字どおりには、吊り籠に乗せられて空中へと上げられたのである。

この劇は「ソクラテス」の名のもとに、多様な知識人を揶揄している。その基礎にあるのは、言うまでもなく、貧乏と奇行で知られるソクラテスその人であった。彼の仲間たちは「裸足の連中」と呼ばれ、ソクラテスがはしたなくマントを失敬する逸話も盛り込まれている。アリストファネスと同時代の喜劇詩人アメイプシアスも、ぼろをまとったソクラテスを舞台に載せていたと伝えられ（ディオゲネス・ラエルティオス『哲学者列伝』2・28）、ソクラテスが喜劇に格好の笑いのネタを与えていた様が窺われる。

他方で、『雲』のソクラテスは「魂」を問題にし、問いと答えからなる対話や正しい分別を方法に採用している。これらの側面は、明らかにソクラテスの実状を何らか反映している。

このソクラテスという強烈な個性に、他のいくつかの知識人の類型がイメージとして重ねられている。アポロニア出身のディオゲネスが展開した「空気」を原理とする自然学理論は、随所で用いられている。また、過激で知られた無神論者メロス人ディアゴラスにも、イメージが重ねられる。「思索所（フロンティステーリオン）」というアリストファネスの造語は、秘儀を授ける館（テレステーリオン）を連想させる。怪しい館で行なわれる入信儀式といった連想は、新思潮が単に知的な革新だけでなく、宗教や社会に悪影響をもたらすとの印象を広める。

そして、もっとも顕著に登場するのは、ソフィストによる弱論強弁の技術、すなわち弁論術の教師というイメージである。ソフィストは、「金さえ払えば、正しいか正しくないかにお構いなく、言論で勝つ術を教えてくれる」専門家であり、正論を邪論でひっくり返す「不敗の論」を作り出す。実際、劇中ではソフィスト・プロディコスの名が言及され、名詞の性を区別する有名な議論が滑稽な仕方で用いられている。

ソフィストの悪影響は、若者フェイディッピデスが愛好するエウリピデス劇の不道徳性への批判につながる。こういった多様な知的要素が、渾然一体となって「ソフィスト（知識人）ソクラテス」に体現されているのである。

ギリシア人が好んだ（創作）逸話によれば、ソクラテスはこの喜劇の上演中観客席に仁王立ちし、外国からの観客に、本物のソクラテスはこれだと示していたという（アイリアノス『ギリシア奇談集』2・13）。でっち上げやデフォルメが常套手段である喜劇において、何が本物で、どこまでが誇張かを判別することは容易ではない。ストレプシアデスとソクラテスのやりとりを笑い飛ばしていたアテナイの観客にとって、ましてそれはどうでも良いことであったろう。

ここで決定的に重要な問題は、自然学者、ソフィスト、宗教家、弁論家、教育者といった知識人が、はたして明確に独立し、それと区別される「哲学者ソクラテス」が存在していたかという点にある。もし各種の知識人がそれぞれの領分を守り、アテナイ人たちが明瞭に区別していたとしたら、アリストファネスの喜劇はそれをあえて混同する笑いに向けられていたことになる。他方で、もしこの時代に截然とした専門領域の区別が画されていないとしたら、『雲』はそういった時代の渾沌《カオス》をある程度そのままに映し出すものであったはずである。私は後者ではないかと推定している。

実際当時の知識人は、今日の細分化した専門家とは異なり、しばしば複数の領域にまたがって活動したり、また異なる領域で活躍する者たちが同じ土俵で議論することも多かった。たとえば、ソフィスト・ゴルギアスが開発した装飾性の強い言論のスタイル、「ゴルギアス的修辞」は、多くの政治家や文筆家――その中には歴史家トゥキュディデスも含まれる――によって用いられたとされる。

また、ゴルギアスは、弁論術を宣伝する意図で小品『ヘレネ頌《しょう》』を執筆し、悪女ヘレネが無実であることを弁証しようという、遊びに満ちた言論を公刊した（この作品は幸い今日まで伝わっている。拙著『ソフィストとは誰か？』ちくま学芸文庫所収）。その議論は、前四一五年に上演されたエウリピデス『トロイアの女たち』、その第三エペイソディオンでヘレネの罪をめぐってトロイ王妃の老へカベとヘレネがくり広げる論争と呼応する。エウリピデスとゴルギアス、どちらが先行し、どちらが応答したのかは、研究者の見解が分かれるところである。しかし、両者に関係があることは、ほぼ確かである。

より広い視野で言えば、弁論家ゴルギアスと悲劇詩人エウリピデスだけでなく、法廷での論争に関心のある知識人たちが、伝説の美女ヘレネの「告発」や「弁明」という架空の想定で、英知を競っていたのである。後に、ゴルギアスの影響下で弁論家として活躍したイソクラテスも『ヘレネ頌』という同名の弁論作品を執筆し、ゴルギアス作品の向こうを張って、本当の「頌」を提示すると宣言している。

前五世紀後半の知的活況は、ゆるやかなジャンル区別とそれをまたぐ活発な論争状況において、『雲』の「ソクラテス」のような混淆《アマルガム》を知識人のイメージとして提供していたのである。自然学者やソフィストたち、さらに無神論者とも重ねてイメージされた「ソクラテス」は、ある意味で、同時代の知識人のあり方を代表していた。

では、ソクラテスは、一体どのような知識人であったのか？　ソクラテスの活動は、自然学者やソフィスト、あるいは、無神論者とどう区別されるのか？　ソクラテスが生きた時代は、アリストファネスが面白おかしく描いたような知的状況を培っていた。ソクラテスは、同時代人にとってはそうした一人、やや危険な香りさえ放つ奇人であった。

ソクラテスとは何者か？　この問いは『雲』上演の二十四年後にソクラテスにかけられた不敬神の罪状と、死刑の判決において先鋭化する。プラトンらソクラテスをめぐる人々は、彼の生き方を弁明すべく、前三九九年の事件後に新たな哲学活動に着手する。ソクラテスによって「哲学者」が生まれるのは、実にその時であった。

†ソクラテスの対話相手

『雲』が舞台にする「思索所」なる学校を、ソクラテスは持たなかった。彼はソフィストとして授業料をとって弁論術を教えたこともない。カイレフォンはソクラテスに従う熱心な弟子ではあったが、塾頭の役割を果たしてはいなかった。ソクラテスが日頃従事していたのは、街角で人々と対話することであった。その相手は、政治家、軍人、職人、詩人といったアテナイ市民や、外国から来たソフィストや若者たちである。

では、ソクラテスは対話をつうじてどのような人々と関わったのか？　彼が対話を交わした相手を概観しながら、ソクラテス像の成立を探っていこう。

プラトン対話篇には、さまざまな背景の人物が登場している。対話そのものは仮構であっても、ソクラテスがどのような場で、どのような相手と、どのような話題で対話を交わしていたかを、そこから想像することができる。

『ラケス』では、有名な軍人ラケスとニキアスが「勇気とは何か」をめぐってソクラテスと対話を交わす。ニキアスはペロポネソス戦争半ばにスパルタとの和平を成立させた穏健派政治家であり、後にやむなくシチリア遠征の指揮をとり、敗北の末に処刑された。『エウテュフロン』でソクラテスは、自称宗教家のエウテュフロンと「敬虔とは何か」を議論し、『イオン』では、吟遊詩人イオンと彼の職業を吟味する。『ポリテイア（国家）』の舞台を提供するケファロスとポレマルコスは、在留外国人《メトイコイ》の実業家父子であった。『プロタゴラス』ではプロタゴラス、ヒッピアス、プロディコスらソフィストが集う場で論戦を交わし、『エウテュデモス』でもエウテュデモスとディオニュソドロスというソフィスト兄弟と対決する。『ゴルギアス』で相手をつとめるゴルギアスとその弟子ポロスも含め、これらソフィストたちはみな外国からやってきてアテナイに逗留する知識人であった。『メノン』で対話相手となるメノンは、テッサリアでゴルギアスの教えを受けた若者である。前四〇一年にペルシア王弟キュロスの遠征に加わり、捕らえられて死亡する。同僚だったクセノフォンは『アナバシス』で、彼の不誠実さや金銭欲を厳しく批判している。『饗宴』はシュンポシオン（饗宴）という設定で、あの喜劇詩人アリストファネスや新進の悲劇詩人アガトン、医師のエリュクシマコスらと「愛《エロース》」について論じる。酒宴に酔って乱入し、その場でソクラテス礼讃の演説をするのは、悪名高い政治家アルキビアデスである。

『テアイテトス』でソクラテスの産婆術を受けるのはアテナイの若い数学者テアイテトスであり、それに立ち会うのはキュレネ出身の数学者テオドロスであった。また、『リュシス』など、体育場やアゴラで若者たちを相手に対話を交わす姿もしばしば見られる。『パイドロス』では珍しく、ソクラテスは若者パイドロスとアテナイ壁外を散歩している。

また、プラトンは自身の身内をしばしば対話篇に登場させている。年長の兄弟アデイマントスとグラウコンは『ポリテイア』で対話相手をつとめ、異父弟アンティフォンも『パルメニデス』の報告者となっている。

対話こそ、ソクラテスの哲学営為そのものであった。一度限り、あるいは、数回だけ対話を交わした者もいたかもしれない。しかし、ソクラテスを囲み、いつも対話の輪に加わっていた者、また、ソクラテスが人々と対話する場に臨席する者も多かった。彼らはソクラテスをめぐる仲間として、一つの集団を形づくっていた。

彼らの中には、ソクラテスの対話や生き方に影響を受け、後世にその教えを伝える役割を果たした者もいる。ソクラテスの周りには、どのような人々が集っていたのか?

ここで再び『パイドン』に目を向けよう。ソクラテスの最期を語るにあたり、パイドンはエケクラテスの求めに応じて、まず、牢獄に集まった人々の名前を挙げる。

「**パイドン**　その土地の者としては、このアポロドロスがお傍にいました。そして、クリトブロスと彼の父親、さらに、ヘルモゲネスとエピゲネス、アイスキネスとアンティステネス、また、パイアニア区の人クテシッポス、メネクセノス、そして他にも土地の人々がおりました。プラトンは、病気だったと思います。

エケクラテス　外国の人たちは、いらっしゃらなかったのですか。

パイドン　はい。テーバイ人のシミアスとケベスとファイドンデスがおり、メガラからはエウクレイデスとテルプシオンがおりました。

エケクラテス　どうでしょう。アリスティッポスとクレオンブロトスは来ていたのですか。

パイドン　いいえ、確かにいませんでした。彼らはアイギナ島にいると言われていました。」
（『パイドン』59B-C）

ここに列挙されているのは、ソクラテスを慕って日頃から共に時を過ごしてきた代表的な面々である。彼らの姿は、プラトン対話篇の対話者や語り手として、あるいは、クセノフォン作品の登場人物として、私たち現代の読者に知られている。ソクラテスの仲間とは、どのような人たちであったのか？　このリストから一人ひとり見ていくことにしよう。

†最期に立ち会った仲間たち

まず、筆頭に紹介されたアテナイ・ファレロン区出身のアポロドロスは、熱烈なソクラテス崇拝者で、激情家として知られていた。ソクラテスの最期の日も「ある時には笑い、時には涙を流す」人々の中で、際立っていたと言われる（『パイドン』59A-B）。彼は兄弟アイアントドロスと共にソクラテス裁判にも立ち会い、プラトン、クリトン、クリトブロスと一緒に三〇ムナの罰金の保証人に名乗り出る様が、プラトン『弁明』（34A・38B）で報告されている。

クセノフォンが執筆した『ソクラテスの弁明』（プラトンと同名作品）にも、裁判をめぐるソクラテスとのやりとりが収められている。そのアポロドロスは、プラトン対話篇では『饗宴』の語り手をつとめ、友人に向かってアガトン邸でのやりとりを語る役割を担っている。話の内容は別の弟子アリストデモスからの伝聞であるが、アポロドロスはその時点で、ソクラテスの熱心な弟子となって三年ほどしかたっていないとされる。この対話篇の語りが前四〇四年頃に設定されているとすると、比較的遅い時期にソクラテスに交わった若者ということになる。

クリトブロスの父クリトンは、ソクラテスと同郷の幼馴染《おさななじ》みで、心から尽くす無二の親友であった。プラトンの『クリトン』でソクラテスに脱獄を勧めた姿が印象的な、素朴な好人物である。『エウテュデモス』でも、外枠部でソクラテスの対話相手をつとめている。

息子のクリトブロスは、プラトンの対話篇にはほとんど登場しないものの、クセノフォンとは親しかったようで、彼の作品には何度か登場している。『家政論』ではソクラテスの対話相手をつとめ、『饗宴』(こちらもプラトンと同名作品)でも自らの「美しさ」を誇る若者として発言している。『想い出』では、美少年にキスしたことをソクラテスが無思慮な行為として間接的に咎める場面――ソクラテスがクセノフォンに語っている――が報告されている(1・3・8-13 cf.2・6)。

クリトブロスはまた、現存しないアイスキネスの対話篇『テラウゲス』にも、ヘルモゲネスと共に登場していたようである。

ヘルモゲネスは、アテナイの富豪ヒッポニコスの子で、カリアスの弟であったが、何らかの理由で貧困に陥っていた模様である（『クラテュロス』384C・391C）。これは、母が外国人であったか正妻ではなかったという理由で、庶子の身分にあったからかもしれない。クセノフォン『想い出』（2・10）では、ソクラテスがディオドロスなる人物に、ヘルモゲネスの友となって援助するように仲介した様子が語られている。

彼の兄カリアスは、プラトン『プロタゴラス』で三人のソフィストをもてなす豪邸の主人として登場し、『弁明』（20A-C）でも息子の教育をソフィスト・エウエノスに任せる意図を語っている。富裕でありながら財産をソフィストに注ぎこむ兄と、貧乏ながらもソクラテスに従った弟は、ソクラテスを挟んで対照的な生き方をなしていた。

そのヘルモゲネスは『クラテュロス』でソクラテスの対話相手もつとめ、名辞《オノマ》を社会慣習によって定められたものとする立場をとる。信頼の篤い人物であったらしく、クセノフォンはソクラテス裁判の様子を、彼からの情報として報告している（『弁明』、『想い出』4・8・4-10）。なお、前三九二年にアテナイの外交使節としてペルシアに派遣された一人として、「ヘルモゲネス」という名がクセノフォン『ギリシア史』に記録されている（4・8・13）。この人物が、あるいはソクラテスの仲間ではないかとの推定もある。

エピゲネスも、父アンティフォンと共にソクラテス裁判に立ち会っていた若者であった（プラトン『弁明』33E）。年が若いのに身体が貧弱であったため、ソクラテスが身体鍛錬の大切さを説く様が、クセノフォン『想い出』（3・12）で語られている。

ソクラテスの弟子たちの中でとりわけ重要な人物は、続いて言及されるアイスキネスとアンティステネスで、二人は共にソクラテスについて多くの作品を執筆した。

スフェットス区出身のアイスキネスの名は、父リュサニアスと共にソクラテス裁判に臨席した若者としても言及されている（プラトン『弁明』33E）。おそらくプラトンと同世代であろうが、その生涯について信頼できる情報は少ない。あまり裕福ではなかったらしく、聴講者に授業料を――ソフィストのように――要求したり、アリスティッポスやプラトンと同じくシラクサの宮廷に赴いたことなどが伝えられている。

エピクロス派の哲学者イドメネウスに帰される伝承によれば、牢獄でソクラテスに脱獄を説得したのはアイスキネスであって、プラトンは彼がアリスティッポスに親しいがゆえに、その役割をクリトンに代えて『クリトン』を著したという（ディオゲネス・ラエルティオス『哲学者列伝』2・60）。アイスキネスはいくつかの対話篇を執筆した。それらについては後で詳しく紹介する。

アンティステネスは、後で紹介するアリスティッポスと並ぶ、もっとも有力な弟子であった。彼は最初弁論家ゴルギアスのもとで学び、その思想や文体の影響を受けた。十巻七十四篇ともされる著作を残した多作家であるが、そのいくつかは弁論家風の文体を示し、ソフィスト的な関心をもっていた模様である。ただ、わずかの断片を除いて、作品は残っていない。

ソクラテスの仲間に入ってからは、「労苦に耐えること」を第一の善きことと考え、徳と「自足（アウタルケイア）」を重んじた。この立場は、あらゆる困窮を平然としのぎ、快楽を自制によって克服した有徳者ソクラテスの生き方に範をとったものであろう。

アンティステネスの教えは、「犬の」と綽名されたシノペ出身のディオゲネスをつうじて「犬儒派《キュニコス》」に結実し、やがて、ストア派に影響を与えたとされている。ディオゲネスがアンティステネスに弟子入りしたという逸話があるが、二人の間に師弟関係があったことは疑わしい。だが、ディオゲネスが重んじた「無受動（アパテイア）」、その影響下にクラテスが重視した「克己（エンクラテイア）」、そしてストア派の創始者ゼノンのモットー「忍耐（カルテーリア）」は、アンティステネスをつうじて伝承されたソクラテスの倫理であった。

アンティステネスはまた、「反論することは不可能である」といったソフィスト――特にプロタゴラス――が用いた詭弁や、「言論《ロゴス》」を名指しと同型に捉える理論を唱えていたことが、アリストテレスの証言から知られる。

年少のプラトンとは不仲であったようで、古代には次のような逸話が知られていた。アンティステネスの作品を朗読する場に招待されたプラトンが、「反論することは不可能である」という内容が自己矛盾を含むことを指摘したため、彼は『サトン』と題する対話篇を著してプラトンを攻撃したという（ディオゲネス・ラエルティオス『哲学者列伝』3・35）。「サトン」という語は、前五世紀の喜劇詩人テレクレイデスの断片にのみ確認される珍しい語である。男性器「サテー」から造られ、子供に呼びかける愛称にも用いられる「おちんちん（サトン）」といった卑俗なあだ名で、「プラトン」を揶揄したのである（アテナイオス『食卓の賢人たち』5・220D-E、11・507A）。実際、アンティステネスの著作第六巻には『サトン、または、反論することについて、全三巻』という作品が含まれていたと報告されている（ディオゲネス・ラエルティオス『哲学者列伝』6・16）。この逸話がどこまで史実かは不明であるが、両者の対立が広く知られていたことが分かる。

プラトンは、対話篇でアンティステネスの名を挙げて論じることは一度もなかった。にもかかわらず、この不仲説を根拠に近代の学者たちは、対話篇の背後に、時に過剰なまでにアンティステネスへの批判を見ようとしてきた。有名な例では、『ソフィスト』で批判される「晩学者」と呼ばれる論者の説（251A-C）がアンティステネスの立場にあたる、と長らく想定されてきた。しかし実際には、プラトン対話篇で彼の名が言及されるのは、先に見た『パイドン』の一箇所のみである。多くの「暗示」は、学者の深読みに過ぎない。

他方で、アンティステネスはクセノフォンとは仲が悪くなかったようである。彼はクセノフォンの『饗宴』では主要登場人物となり、「富は魂においてある」ことをソクラテスから学んだと発言する（4・34-44）。『想い出』（2・5）でも、ソクラテスと友人の価値について対話を交わしている。

パイアニア区の人クテシッポスは、プラトン『エウテュデモス』で兄弟ソフィストと対決する若者として描かれる。若さゆえにやや傲慢だが、他の点では立派な人物とされている。ソフィストたちの詭弁に対抗しながら、自らも同様の議論に走りがちな若気の危険性を体現している。

メネクセノスはそのクテシッポスの従弟にあたり、『リュシス』にも二人で登場する。彼の名を冠した対話篇『メネクセノス』では、教養を獲得しこれから政治に向かおうとする青年として、ソクラテスの対話相手をつとめている。

以上が、ソクラテスを囲んで常日頃、対話を交わし、最期の場面に連なっていたアテナイの人々であった。

アテナイ以外では、ボイオティアの有力ポリス・テーバイからも三名の若者がソクラテスの最期に立ち会っており、彼の名声と影響力が広くギリシア各地に及んでいることを示している。このうちシミアスとケベスは、前章で紹介したように、『パイドン』で「魂の不死」についてソクラテスの対話相手としてプラトンが選んだ仲間であった。

メガラ出身のエウクレイデスは、『テアイテトス』の導入部でもテルプシオンと対話を交わし、生前のソクラテスから聴いた彼とテアイテトスらとの対話を報告する。メガラは長らく隣国アテナイと敵対関係にあり、ソクラテスのもとには危険を冒して通《かよ》っていたと伝えられる。プラトンら数名の弟子は、ソクラテス死刑直後、このエウクレイデスを頼って一時メガラに避難したという。それは、アテナイでの政治状況に危険を感じたからであったろう。

エウクレイデスは、パルメニデスに由来するエレア派の論理を研究したという。問答からなるソクラテスの対話をエレア派の手法に重ねることで、自身の哲学を展開したのであった。その論理は、一方でソフィスト的な詭弁と紙一重であったかもしれないが、他方でプラトンの論理学とも多くの共通性を持っている。二人は個人的にも哲学上でも親しかったのであろう。エウクレイデスに帰される教説は、プラトン哲学との関係を想像させる。

「彼は「善」は多くの名で呼ばれるが――時には思慮が、時には神が、時には知性やその他のものが善であると言われているが――一つであると表明した。そして、善に対立するものは存在しないと主張して、これらを退けたのである。」

（ディオゲネス・ラエルティオス『哲学者列伝』2・106）

エウクレイデスの教えを受けた者たちは、後に「メガラ派」と呼ばれ、ミレトス出身のエウブリデスやエリス出身のアレクシノスらの名が残されている。アリストテレスが『形而上学』第九巻で「メガラ派」の哲学理論を批判しているが、学派としての実態ははっきりしない。

†不在の仲間たち

『パイドン』では、ソクラテスの死の場面に居合わせなかった人々も言及されている。アリスティッポスとクレオンブロトスは、アイギナというアテナイから至近のエーゲ海の島におりながら、師の最期に立ち会わなかったという。この報告には、非難のニュアンスさえ感じられる。二人が実際何らかの事情でアイギナ島に留まっていたのか、あるいは、プラトンが何か敵意をもってそのような設定で描いているのかは不明である。

ヘレニズム時代の学者詩人カリマコスは、このクレオンブロトスを題材に一つの警句を創作した。

「「太陽よ、さらば！」と言って、アンブラキアの人クレオンブロトスは、
高き壁から冥府へと飛び込んだ。
死に値する悪を見たからではなく、プラトンの
一冊、『魂について』の書き物を読んだからだ。」

（カリマコス『エピグラム』23）

『パイドン』での自らの不在の記述を読んで恥ずかしさのあまり身を投げて死んだ、とい

う逸話が伝わっていたのであろうか。師ソクラテスの最期に立ち会わなかったという事実が、その後の一生を台なしにするスキャンダルと見なされたわけである。

しかし逆に、『パイドン』をきちんと読んだのであれば、ソクラテスが哲学者は死を願うとしながらも自殺を禁止していることは明瞭である。クレオンブロトスというほとんど無名の弟子は、『パイドン』での短い言及から、後世の人々の想像と創作意欲を掻き立てたのであろう。

もう一人の不在者アリスティッポスは、ソクラテスの仲間のうち年長者で、アンティステネスと共にもっとも知られた人物であった。北アフリカのキュレネ（現・リビア）出身で、ソクラテスの名声にひかれてアテナイで仲間に加わったとされる。キュレネはギリシア人の植民市で、『テアイテトス』『ソフィスト』『政治家』三部作に登場する数学者テオドロスもその地の出身であった。

アリスティッポスはソクラテスの仲間のうちで、金銭をとって人に教えるソフィストの活動を行なった最初の弟子と言われ、その点でもしばしば他の仲間から批判された。プラトンが訪れたシチリア島シラクサのディオニュシオス一世の宮廷でも活躍したようである。

アリスティッポスは、快楽を重視し、楽しい生こそが善いと唱えた。これは、アンティステネスの禁欲主義の対極に位置するが、両者はそれぞれソクラテスの生き方に理想を見ていたのである。

クセノフォンとは仲が悪かったらしく、『想い出』（2・1、3・8）には、ソクラテスがアリスティッポスを批判する長いやりとりが収められている。また、『狩猟について』第十三章で「若者の狩人」として暗に批判されているソフィストも、アリスティッポスを指すと想定されている。『想い出』（2・1・13）でアリスティッポスは、自分が特定のポリスに属するのでなく「異邦人《クセノス》」としてすべての場所に属すると主張しているが、これがキュニコス－ストア派の「世界市民《コスモポリテース》」理念の原型になったと推定する学者もいる。

故郷に帰ったアリスティッポスは、ソクラテスの影響のもとに学派を起こす。彼の娘アレテから同名の孫アリスティッポスに受け継がれた教えは、キュレネ派としてヘレニズム時代に影響力を持つ。

ソクラテスの最期にはもう一人、不在の弟子の名が語られていた。「プラトンは、病気だったと思います」と、パイドンは語っていた。この発言は前章でも見たが（37頁）、後で検討することにしよう。

ここでは名前が挙げられない数名の弟子たちも、ソクラテスをめぐって重要な役割を果たしていた。

プラトンとほぼ同世代のアテナイ人クセノフォンは、別の事情からソクラテスの最期に立ち会えなかった。彼は前四〇一年からアジアへの軍事遠征に出かけており、ソクラテスの裁判時にはアテナイを離れていたからである。

ペルシア王の弟キュロスは、兄アルタクセルクセスの王位を簒奪すべく、軍を率いてバビロンに向かう。だが、キュロスはあっけなく戦死し、残されたギリシア人傭兵部隊は生死を賭けた帰還を余儀無くされる。その軍に加わり脱出を指揮したのがクセノフォンであった。彼らは無事に黒海に到達し、クセノフォンは前三九九年春に小アジアのペルガモンでスパルタ軍に加わって、ようやく安定を得ることになる。

クセノフォンが遠征軍に加わった事情は、後年『アナバシス』で彼自らが綴っている。若いクセノフォンは友人から、キュロスが計画する遠征への参加を勧められた（王弟が企てていたクーデターについては、まだ誰も知らなかった）。彼は「アテナイ人ソクラテス」に遠征について相談する。ソクラテスは、ペルシアの王弟と親密になることが祖国アテナイからの譴責《けんせき》をひき起こすのではないかと心配し、デルフォイのアポロン神にお伺いを立てるように助言した。

血気にはやるクセノフォンは、遠征参加の是非をではなく、その遠征が成功した暁にはどの神に犠牲を捧げるべきか、というお伺いを立てた。帰郷して神託を報告したクセノフォンに、ソクラテスは初めから行くことを前提にした問い方を責め、そして、こう語ったという。

「しかしながら、君がそのように尋ねてしまった以上は、神が命じられたことをなすべきである。」

（クセノフォン『アナバシス』3・1・7）

クセノフォンはこうして、ソクラテスの危惧を振り切ってアジアへと進んだ。やがてソクラテスをめぐる四つの作品を残すことになるクセノフォンは、アテナイでソクラテスの最期を見守る人々の輪からは遠く離れていたのである。

カイレフォンは、「ソクラテスより知ある者はいない」という神託をデルフォイで授かったとされる有名な弟子であった。アリストファネスの『雲』ではソクラテスの一番弟子としてからかわれ、『鳥』では蒼白い顔をした「コウモリ」とあだ名されている。前四〇四年にクリティアスらが寡頭政権――「三十人政権」と呼ばれる――を樹立するとアテナイから亡命し、翌年にその政権を打ち破って帰還した民主派の一人であったが、裁判時にはすでに亡くなっていることが『弁明』（21A）でソクラテスの口から証言されている。カイレフォンは『ゴルギアス』でソクラテスと共にカリクレス邸を訪問し、議論の輪に加わっている。

アリストデモスという小柄なアテナイ人も、やはりソクラテス裁判の時点ではこの世にいなかった。プラトン『饗宴』では、前四一六年に悲劇詩人アガトンの邸で開かれた祝勝会の模様を語り手アポロドロスに伝えた人物として、対話篇序部で言及されている。アリストデモスはその饗宴に参加していた「当時もっとも熱烈なソクラテス讃美者の一人」とされている。この古くからの誠実な仲間は、クセノフォン『想い出』（1・4）では、神をめぐってソクラテスと対話を交わしている。

アルキビアデスやクリティアスやカルミデスといった、ソクラテスと親しかった政治家たちも、前四〇三年に死去している。プラトンの母方の叔父であったカルミデスは、若い頃から美少年として知られ、クリティアスが後見人となっていた。控えめな性格で、彼に政治活動に飛び込むように強く促したのがソクラテスであるという逸話が、クセノフォン『想い出』（3・7）に見られる。後年、クリティアスらの寡頭政治に加担して敗死する最期を考えると、運命の皮肉と言えるかもしれない。クリティアスとアルキビアデスについては、章を改めてじっくり見ることにしよう。

†ソクラテス派誕生

プラトンがソクラテス最期の場面で言及する仲間たちの姿に、ソクラテスをめぐる人々の関係や相克が浮かび上がってくる。

このうちの何人かは、本格的な哲学活動に従事し、後世に影響を残す。古代の学統史では、パイドンはエリス派（後にエレトリア派）、アンティステネスがキュニコス（犬儒）派、アリスティッポスがキュレネ派、エウクレイデスはメガラ派の祖となったとされている。彼らはソクラテスの生き方にそれぞれの理想を見て、その教えを独自に展開して哲学を始めたのである。学園アカデメイアを創設しアカデメイア派の祖となったプラトンも、その一人であった。

他の人々は、哲学に専門的に従事することはなくても、一市民としてソクラテスの教えを実践していた。クリトンのような裕福な者やヘルモゲネスのように貧困に苦しむ者もおり、カイレフォンのような民主派やクリティアスのような寡頭派もいた。また、多くの若者たちと共に、その父兄にあたる年輩の友人たちもいた。そういった多様な個性をもつ人々の焦点にあり、哲学者としての死を見せてくれるのが、ソクラテスその人であった。ディオゲネス・ラエルティオスは「ソクラテス伝」の最後で、こう語っている。

「彼を受け継ぎ「ソクラテスの徒」と呼ばれている人々の中でもっとも主要な者は、プラトン、クセノフォン、アンティステネスであるが、「十人衆」と言われている人々の中でもっとも著名な者は、アイスキネス、パイドン、エウクレイデス、アリスティッポスの四人である。」

（『哲学者列伝』2・47）

「十人衆」といった命名は――「イエスの十二弟子」のような――後代の便宜であろう。「ソクラテスの徒（ソクラティコイ）」という呼称は、次章で見る「ソクラテス文学」というジャンルと密接に関係している。

ソクラテスの周りに多く集まった仲間たちのうちで、ここでディオゲネスが列挙する七人のいずれもが、ソクラテスを主人公とした対話篇の著者として知られていたことが重要である。反対に、カイレフォンやクリトブロスら、親しい仲間ではあっても著作を残していない者たちは、「ソクラテスの徒」の代表とは見なされていない。後世において、ソクラテスの徒とは、彼について書き残した人々の意となったのである。

ちなみに、今日の哲学史では「小ソクラテス派」(英:Minor Socratics)という呼称が用いられ、その項目でアリスティッポスやアンティステネスらが簡単に解説されるのが通例である。しかし、この「小(マイナー)」という形容詞は、哲学的重要性が小さいという意味で付けられた、現代の哲学史の偏見に過ぎない。また、「小ソクラテス派」からは、偉大なプラトンが外されている。古代では「小」など付かない「ソクラテス派」という名称が、プラトンを含めた人々に用いられていたことを確認しておきたい。

ソクラテスをめぐる仲間たちの活動を追うためには、彼らの著述活動を検討する必要がある。ここでは、まず、プラトンの「対話篇」に戻り、そこから、ソクラテスを扱う様々な言論とその意義を歴史的に位置づけていこう。

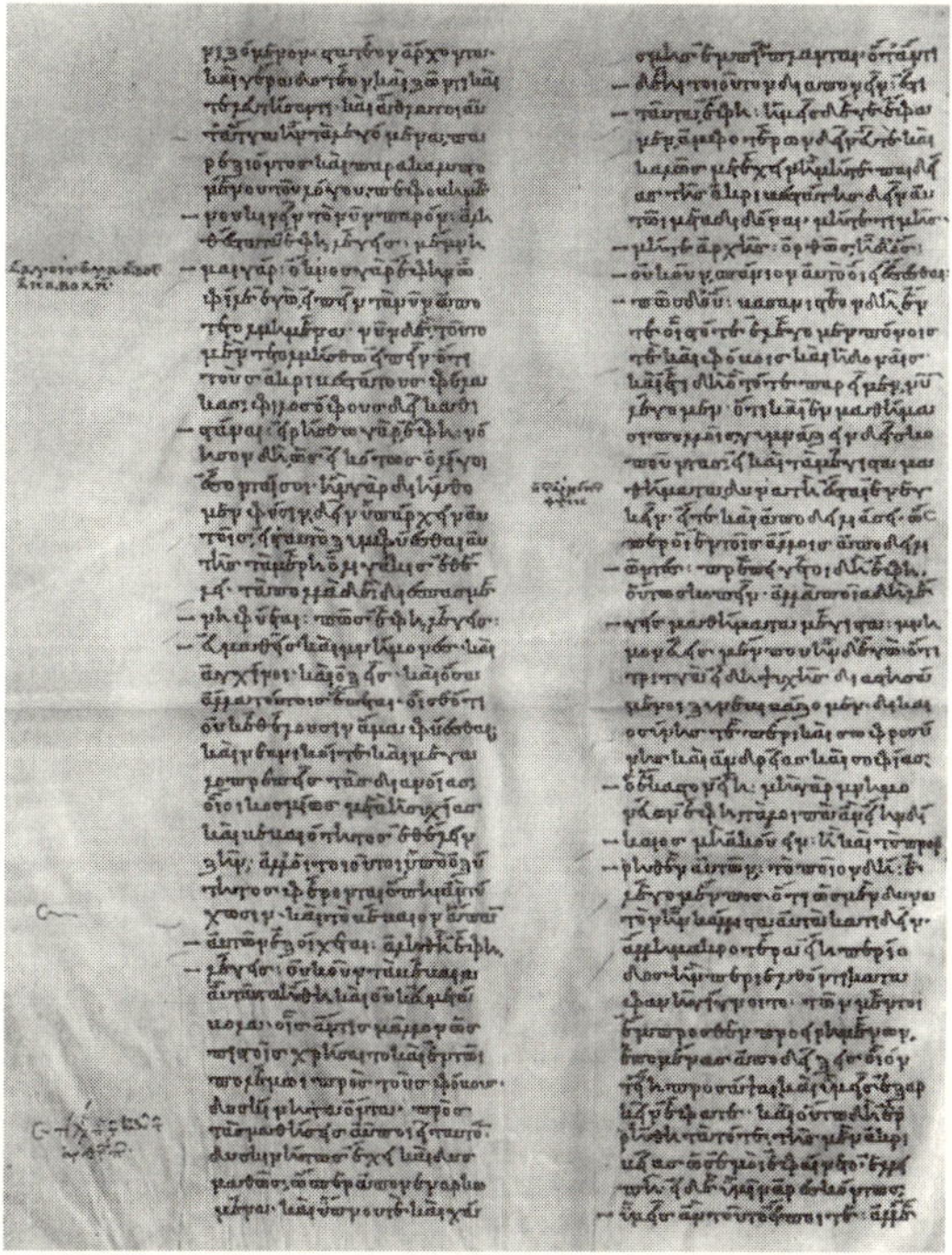

第三章

ソクラテスの記憶

現存する最古のプラトン写本（A写本、九世紀、パリ国立図書館蔵）、『ポリテイア』の一葉。プラトンの著作集は長い伝統をつうじて現代に伝えられたソクラテスは、自身何一つ書き著さなかった。では、その哲学は、どのようにして後世に伝えられたのか？

ここではプラトンに代表される「対話篇」という著作形式に注目し、それがどのような状況で誕生し、人々に活用されていったかを検討しよう。

ソクラテスの死後、彼を主な対話者とする「ソクラテス対話篇」が多数公刊され、「ソクラテス文学」と称するジャンルを形成した。プラトンやクセノフォンらの現存作品の他、アイスキネスらの対話篇も、後世の引用や証言から復元が試みられている。

ソクラテスと親しく交わった人々は、彼の言動を記憶として書き著すことで、自らの哲学を展開した。「哲学者」ソクラテスとは、そういった間テクスト的な言論活動の中で、プラトンが際立たせた哲学のあり方に他ならない。

†プラトンと「対話篇」の伝統

『パイドン』の語りの意味を見定めるためには、プラトンが遺した「対話篇」という著作形式を解明する必要がある。

私たち現代の読者は、「ソクラテスの死」の感動的な場面や、ソクラテスがアリストファネスらと愉快な演説をくり広げる『饗宴』など、文学作品としても第一級の美しいギリシア語散文に感嘆し、「対話篇」と言うと、ほとんどプラトンの専売特許のように思いがちである。しかし、哲学史を繙《ひもと》いてみると、対話篇形式を用いて著述した哲学者はけっして少なくないことに気づく。プラトンが印象的に活用した「対話篇」の意義を考えるために、まず、後世の哲学者たちがそれを受け継いでいった様を概観しよう。

前一世紀ローマでは、キケロがこの形式を哲学や弁論術の著作で活用した。『弁論家について』では、キケロが弟クィントスに宛てた形式で、雄弁家クラッススとアントニウスの対話が語られる。今日不完全にしか伝わっていない『国家について』では、前一二九年の小スキピオ邸を舞台に八人が理想国家のあり方を論じ、著者による序文も付されていた。また、『老年について』『友情について』といった作品も、歴史上の人物たちの対話で綴られる。代表的な哲学著作『善と悪の終極について』では、著者キケロ自身が対話を交わし、『アカデミカ』（二つのヴァージョンがある）でも、当時の代表的な哲学学派の立場を登場人物たちに代弁させている。

プラトンやクセノフォンの対話篇に親しんだキケロであったが、『弁論家について』に言及した友人宛の書簡（20・23）では、その対話篇が「アリストテレスの流儀にならって」いると述べている。アリストテレスの失われた対話篇は、この時代には広く読まれ高く評価されていたのである。

キケロの著作の影響を受けた教父アウグスティヌスも、初期には多くの対話篇を執筆した。『アカデメイア派論駁』は、著者「私」がトリゲティウス、リケンティウスと対話を交わす。それは『至福の生』『秩序論』と並んで「カシキアクム対話篇」と呼ばれ、基本的には、実際に交わされた対話を反映したものと言われている。また、『ソリロキア（独白）』では「私」が「理性」と、『自由意志』ではエヴォディウスと著者が、『音楽論』では教師と弟子が、それぞれ対話を交わしている。「マニ教論駁集」のうち『フォルトゥナトゥス駁論』は、マニ教司教のフォルトゥナトゥスとアウグスティヌスが、後三九二年に実際に交わした議論から著された。

アウグスティヌスの「対話篇」には大きく二つのタイプがあり、その両者が後世に受け継がれた。一つは、指導的立場にある教師が弟子と交わす教導的な対話で、分かりやすさを第一の目的としている。もう一つは、対立する立場を論駁する議論で、著者と相手の対比、および、著者の立場の優位を明瞭に示す。アウグスティヌスは、キケロと並んでプラトンの影響を受けたことが知られている。プラトン対話篇にも、ソクラテスが若者を対話によって導く型と、手強いソフィストと対決する型の二種があったことを、ここで思い起こそう。

六世紀初めには、やはりプラトンの影響を強く受けたボエティウスが、処刑を前に哲学の女神と交わす対話の形式で『哲学の慰め』を著している。この作品は「慰め文学」と称される独自のジャンルを展開したもので、そこに対話形式が組み込まれている。九世紀アイルランド出身のヨハネス・スコトゥス・エリウゲナも、主著『ペリフュセオン』を教師と弟子の対話で展開している。

十一世紀のアンセルムスは、教師と弟子の対話をつうじて聖書研究を著した。『真理について』『選択の自由について』『悪魔の堕落について』『グラマティクスについて』では、弟子の質問に対して教師が返答することで対話が進行する。『神はなぜ人間となられたか(クール・デウス・ホモ)』では、アンセルムス自身が愛弟子ボゾと対話を交わしている。その中で著者自身が、「質疑応答の形式による探究は、多くの人、特に理解度の鈍い者には把握し易く、したがって、それだけ彼らの意に適うであろう」と述べているように、キリスト教哲学においては、主に教育的な配慮から対話篇形式が採用されていた。

ルネサンス期から近世初頭にも、多くの有名な著作が対話篇形式で発表された。十六世紀初めには、エラスムスの『対話集』、マキャベリの『戦術論』、ニコラウス・クザーヌスのいくつかの対話篇が公刊されている。それらの影響も受けたジョルダノ・ブルーノは、アリストテレス的世界観と対決するにあたり、フィロテオ（ブルーノの代弁者）とエルピーノを中心とする対話『無限、宇宙、および諸世界について』を一五八四年に著した。一六三二年にはガリレオ・ガリレイが『二大世界体系についての対話』（通称『天文対話』）を著し、アリストテレス世界観の代弁者シムプリチオとサルヴィアチ、サグレドに対話を交わさせた。

また、政治学の補遺として一六〇二年に書かれたトマーゾ・カンパネッラの『太陽の都』は、プラトン『ポリテイア』の理想国論の影響を受けたユートピア的対話篇である。十七〜十八世紀にも対話篇は書かれ続ける。ライプニッツがロック哲学と対決する『人間知性新論』は、フィラレート（ロックの立場）とテオフィル（ライプニッツの代弁者）の対話で進められる。ただし、ライプニッツ自身も対話に彩りが欠けていることを自覚し、言い訳めいた序論を付けている。

同時代では、マールブランシュも対話篇を多用し、『形而上学と宗教についての対話』など、美しい文体から「フランスのプラトン」とも称される。

バークリは、主著『人知原理論』の内容を分かりやすくした『ハイラスとフィロナスとの三つの対話』を著した。

ヒュームの『自然宗教に関する対話』も、クレアンテス（理神論者）とデメア（正統派信仰者）とフィロ（懐疑論者）による対話である。それをヘルミッポス宛の書簡で報告するパンフィロスは、対話形式の意義を説明している。論争の余地のない明解な主題であり、かつ、不確実で人間理性によって決定できない主題である「自然宗教」は、まさに対話篇で書かれることが相応しいものである。

啓蒙期フランスでは、ディドロの『ブーガンヴィル航海記補遺』やルソーの自伝的著作『ルソー、ジャン＝ジャックを裁く』などが対話篇形式をとっている。

ヘルダー『神についての対話』を生んだドイツ哲学の流れでは、シェリングが、ルチアン（フィヒテの立場）とブルーノ（シェリングの代弁者）の対話で『ブルーノ』を著した。シェリングは『ティマイオス』などプラトン対話篇を強く意識し、他方で、ジョルダノ・ブルーノの対話篇も念頭においている。

しかし、十九世紀以降、現代に近づくにつれて対話篇形式の作品は稀になり、今日そのような形態を用いる哲学者はほとんどいない。

だが、このような対話篇のリストを続けると、哲学史におけるプラトンの影響の大きさと共に、彼の天才が際立ってしまう。後世の哲学者たちは、直接、間接にプラトン対話篇をモデルとし、その魅力を再現しようと「対話篇」を執筆した。だが、ほとんどの作品は、プラトン対話篇が発する文学的魅力は言うまでもなく、「対話篇」独自の哲学的刺激にも欠けるように感じられてしまう。

その最大の理由は、おそらく、「対話」をくり広げる対話者の一方が著者の哲学思想の代弁者——あるいは、著者自身——とされることにある。こういった場合「対話」という形式は、啓蒙の手段、悪くすれば思想の押し付けに過ぎなくなってしまう。対話を交わす登場人物に——実名であれ仮名であれ——想定される思想家や学派の代弁者という役割が固定されるため、教導的な色彩が濃くなってしまうのである。

これとは対照的に、プラトンの対話篇では、著者プラトンがつねに不在であり、対話の導き手である「ソクラテス」もかならずしもプラトンの代弁者とは言えない。この特徴が、プラトン対話篇の魅力の源をなしている。

たとえば、『ゴルギアス』では、哲学者ソクラテスにもっとも激烈に反論を突きつける若者カリクレスが、若き日のプラトンの政治への心情を表現している、と想像する学者もいる。著者プラトンは、哲学と政治、つまり、ソクラテスとカリクレスの間で葛藤しているというわけである（納富信留『プラトンとの哲学——対話篇をよむ』岩波新書、第一章参照）。

著者の不在において「対話篇」のドラマ的特性を最大限に利用して哲学を展開しているのが、プラトン対話篇である。これと比べると、後世プラトン対話篇を模倣し、その形式を踏襲して書かれた多くの作品は、けっしてオリジナルには届かない色あせたものに見えてしまう。プラトン対話篇は、哲学史上の奇跡とさえ思われる。

しかし、この強烈な印象から、プラトンが「対話篇」を独創し、新たな試みに挑んだ突出した天才と考えられてはならない。プラトンは彼の時代に流行した「対話篇」という形式を、他の人々と同様に利用したに過ぎない。その意味では、彼にオリジナリティはない。

しかし、同時代に多くの「対話篇」が生産され、プラトンもその一員として創作活動にあたっていたという歴史的事実を踏まえると、逆に、その中で彼がどのような工夫を凝らし、「対話篇」という共通形式に「哲学」の本質を織り込もうとしていたのかが見えてくる。プラトンの対話篇を孤立した天才の作品と称揚する従来の見方は、実は、プラトンの本当のオリジナリティを正当に評価してはいなかったのである。

その「対話篇」という哲学スタイルが前四世紀に一斉に花開く起爆剤は、他ならぬソクラテスの哲学活動、つまり「対話」にあった。人々はソクラテスの姿と哲学を表現するために、とりわけこの形式を活用したと推定されるからである。本章では、この事情をその時代に即して精確に見ることで、ソクラテスとプラトンの間で展開された「哲学」を探っていこう。

†「ソクラテス対話篇」の登場

「対話篇」形式での著作は、前四世紀において、けっしてプラトン独自の試みではなかった。ソクラテスが人々と交わす「対話」は、彼の仲間たちによって数多く作品化され、すでに同時代に「ソクラティコイ・ロゴイ」の名で呼ばれていた。この呼称は、個々の作品に即しては「ソクラテス的言論」、ジャンルの総称としては「ソクラテス文学」と訳される。すぐに紹介するアリストテレスの断片以来、「ソクラティコイ・ディアロゴイ（ソクラテス対話篇）」という呼称も用いられており、同義と考えられる。

「ソクラテス文学」とは、前三九〇年代から前三五〇年代までの数十年にわたり、ソクラテスの弟子たちによって書かれた一群の作品である。ソクラテスを主人公とする「対話」が、彼の生前、つまり前五世紀中にも何らか書き物にされていた可能性は排除できない。しかし、その形式でまとまった著作活動が起こったのは、ソクラテスの死後、アテナイで彼の評価をめぐる論争が大きくなって以降のことであろう。

次章で詳しく検討するように、前三九三年頃、ソフィストのポリュクラテスが『ソクラテスの告発』というパンフレットで死者の罪状を厳しく批判し、それに対抗して、クセノフォンを始めとする弟子たちが弁護の著作を発表した。「ソクラテス文学」は、そういった経緯からジャンルとして成立し、発展したものと推定される。

私たちに今日完全な形で伝承されている「ソクラテス文学」は、プラトンによる三十あまりの対話篇と、クセノフォンによる四つの作品――『ソクラテスの想い出』『ソクラテスの弁明』『饗宴』『家政論』のみである。

クセノフォンは若き日にソクラテスと親しく交わったが、前章で見たようにやがて軍人としてアジア遠征に参加する。小アジア遠征の帰途にあったクセノフォンは、前三九九年のソクラテス裁判と刑死に立ち会っていない。彼は『想い出』の末尾と『ソクラテスの弁明』でソクラテス裁判とそれに関する対話を紹介しているが、それらは友人ヘルモゲネスを情報源とした伝聞であった。帰国した後にアテナイから追放されたクセノフォンは、ペロポネソス半島の田園スキッロス（エリス近郊）にスパルタから与えられた領地に住み、後にコリントスに移って歴史書、教育論など多彩な著作を執筆した。

クセノフォンの『饗宴』は、前四二一年に舞台設定されたシュンポシオン（饗宴）を描く文学的な作品である。アテナイの紳士たちが真面目な場面ばかりでなく遊びにおいても才気を揮う様を描こう、と著者はまず宣言する。

パンアテナイア大祭からの帰途、カリアスらはソクラテス一行と出会い、ペイライエウスの邸宅での宴会に招待する。ソクラテスと共に、クリトブロス、ヘルモゲネス、アンティステネス、カルミデスが饗宴に加わる。笑芸や音楽や踊りで賑やかな邸宅では、ソクラテスを中心に参加者がそれぞれの生き方について会話をくり広げる。

この場面には、クセノフォン自身が立ち会ったことになっているが、それは報告に信憑性を加えるための工夫に過ぎない。彼はこの頃（もし年代設定が事実であれば）、まだ物心ついたばかりの子供のはずである。

『家政論』もまた、クセノフォン自身が聞いたソクラテスの対話の記録という体裁をとる。ソクラテスはクリトブロスと家政を論じ、農耕こそが紳士に相応しい立派な営為であることを示す。その途中で、彼がしばらく前にイスコマコスという郷士（カリアスの妻の父であろう）と交わした対話を紹介する。

イスコマコスは、自分の妻をどのようにして立派な主婦にしたかという経験を語る、理想的な紳士とされている。二人の対話の途中には、さらにイスコマコスによるフェニキア商人との短いやりとりが挿入され、重層的な対話構造が工夫されている。

農業経営や家政運営は、クセノフォン自身が関心を抱いていた主題であり、そこには独自の分析や見解が盛り込まれている。しかし、ソクラテスと相手とのやりとりは、対話の形式はとるものの実質的な探究や議論ではなく、教導的な配慮が優っている。この作品は、したがって、クセノフォンのソクラテス対話篇の中でも創作色が強く、従来、歴史的なソクラテスの言論とはほとんど関係ないものと見なされてきた。

クセノフォンは『饗宴』『家政論』の他にも、『想い出』に含まれるいくつかの対話で、自身が立ち会って聞いたと付言している。『想い出』は第一巻三章以降、順次ソクラテスの対話を紹介していくが、その最初のエピソードは、彼がクセノフォン本人と交わしたやりとりである。そこでは「クセノフォンは言った」と三人称で報告がなされるが、著者が対話の当事者となる場面は、現存するソクラテス文学ではこの一例だけである。

クセノフォンのこの叙述法は、自身の姿と名を徹底して消去したプラトンとは対照的である。『パイドン』でプラトンは、自らが不在であるという証言をあえてパイドンに語らせた。ただ、著者自らが対話に加わることを避けるこの手法の方が、ソクラテス文学においては——残された証拠から判断すると——普通であったようである。

それら現存諸作品に加えて、アンティステネス、アリスティッポス、エウクレイデス、アイスキネス、パイドンらソクラテスの弟子たちが、数多くの対話篇を執筆したと伝えられる。前四世紀前半をつうじて、イタリアの研究者リヴィオ・ロセッティの推定によれば、二百冊、三百篇あまりの「ソクラテス的言論」が発表されたという。他に、クリトン、シモン、グラウコン、シミアス、ケベスが対話篇を著したという報告がディオゲネス・ラエルティオス（『哲学者列伝』2・121-125）に見られるが、これらについては確証はない。

†ジャンルとしての「ソクラテス文学」

こういった作品が一つの「ジャンル」として扱われた様は、前四世紀後半、アリストテレスの言及から確認される。

アリストテレスは『詩学』第一章で、模倣《ミーメーシス》を「リズム、韻律、言葉」の三つの要素から分類し、音階を伴わない言論（散文）には共通する類的な名称がないことを指摘する。

「ソフロンやクセナルコスのミーモス（物真似劇）と、ソクラテス的言論を、私たちは共通の名で呼ぶことは出来ない。」（『詩学』1・一四四七b9-11）

ここで言及される「ミーモス」とは、日常生活を卑俗な散文で物真似するジャンルであり、ソフロンは前五世紀後半にシラクサで活躍した作家、クセナルコスはその息子である。ソフロンのミーモス作品は現存していないが、プラトンもその影響を受けたと伝えられる。散逸したアリストテレスの公刊著作『詩人について』では、この同じ対が別の角度から論じられていた。後二～三世紀の作家アテナイオスは、プラトンが「対話篇」の創始者ではなかったという批判の文脈で、その一節を引用する。

「したがって、私たちは、いわゆるソフロンのミーモスが――それは韻を踏んでいないのだが――言論であることや、テオス出身のアレクサメノスの言論が――それはソクラテス対話篇のうちで最初に書かれたものだが――模倣であることも、否定しない。」*

（アテナイオス『食卓の賢人たち』11・505C）

＊この箇所は、『アリストテレス全集17』断片集（岩波書店、一九七二年）では、D・ロスの改訂に従って「ソクラテス的対話篇より以前に」と訳されているが（断片三）、テキスト上は根拠を欠く。

アレクサメノスについては、この証言の他には何一つ知られていない。だが、おそらくソクラテスの仲間の一人であったこの人物に「ソクラテス対話篇」の創始者の栄誉を与えるこの一節は、「ジャンル」を認知する際の約束事に適ったものであった。この証言から、プラトンが対話篇の執筆を開始する以前に、「ソクラテス的言論」の形式がすでに他の人々によって用いられていたことがわかる。

アリストテレスはまた、『弁論術』（3・16）で「陳述」というスタイルに関して、「ソクラテス的言論」が、数学的言論とは異なり「性格《エートス》」を表示することを論じている。「ソクラテス的言論」を一つのジャンルとして扱うこのような意識は、アリストテレスら次世代だけでなく、プラトンら同時代の著者たちに、すでに共有されていた可能性もある。

プラトン著と伝承されてきた十三通の「書簡」のうち、前三六五年頃にシラクサのディオニュシオス二世に宛てたとされる『第十三書簡』では、彼ら二人からケベスの娘たちに長衣を贈呈する旨の報告がなされ、こう付言されている。

「当然、あなたはケベスの名を御存じでしょう。彼は、ソクラテス的な言論《ソクラティオイ・ロゴイ》に書かれている『魂について』の言論で、シミアスと共にソクラテスと対話を交わす人物で、私たち皆に身内の、親切な男です。」

（『第十三書簡』363A）

プラトンに帰される「書簡」の真偽問題はきわめて難しく、多くの研究者が真作であると見なす『第七、第八書簡』も、たえず偽作の疑いに曝されてきた。具体的な記述を特徴とするこの『第十三書簡』には、真偽を判定する決定的な根拠はない。しかし、もしこれが真作であるとすると、プラトン自身が『パイドン――魂について』を含めた自らの対話篇を、何らか「ソクラテス的言論」のジャンルとして了解していた証左となる。

ただし、この記述で用いられている「ソクラテイオイ（ソクラテス的な）」という表現が、アリストテレスらが用いる「ソクラティコイ」と若干異なることにも注意しよう。後者が「ソクラテスの」という形容詞であるのに対して、前者は――この箇所以外では用いられることがない語であるが――語型から「ソクラテスを記念した」という含意を持つことがわかる。たとえば、ヘラ神の神殿が「ヘライオン」と呼ばれ、「ミュージアム（博物館）」の語源となった「ムセイオン」が「ムーサイの女神たちを記念する」という語義を持つように、プラトンが『パイドン』に言及した「ソクラテイオイ」とは、「ソクラテスを記念した」といった意味の語と考えられる。プラトン自身のジャンル意識は、まだ萌芽的なものであったのかもしれない。

プラトンが残した著作のうち「書簡」を除く三十あまりの対話篇は、ソクラテスがまったく登場しない『法律』を唯一の例外として、形式の上では、すべて「ソクラテス的言論」と見なされる。現代のプラトン研究においては、歴史上のソクラテスにより忠実とされる「初期対話篇」（のすべて、あるいは一部）のみが「ソクラテス対話篇」の名で呼ばれているが、そのような呼び名は、歴史的な呼称に照らせば誤りである。プラトン対話篇の内部に、これが「ソクラテスの対話」でこれが「プラトンの創作」という区分を立てることは、本来不可能であり、そのような恣意性は大きな誤解を招きかねない。

プラトンが執筆したソクラテスの対話がすべて「ソクラテス文学」に含まれるのは、クセノフォンら他の著者の場合と同様である。クセノフォンの「ソクラテス対話篇」のうちでも『想い出』『ソクラテスの弁明』の二作だけが、従来、歴史的により再現に近いと見なされてきた。しかし、クセノフォン自身の思想が色濃い『家政論』や、文学的創作である『饗宴』も、ソクラテスを主人公とする「ソクラテス的言論」に含まれる。プラトンの「中期、後期」とされる対話篇も、基本的に同様である。

プラトン著作の性格は、同時代の「ソクラテス文学」の理解に基づいて初めて明らかとなる。徐々にソクラテスの役割が減じていく後期対話篇も、『法律』を極限小とする「ソクラテス的言論」と見なすことが可能である。実際、アリストテレスは『政治学』(2・6)で『法律』の議論に言及した際、その語り手「アテナイからの客人」を誤って「ソクラテス」と呼んでしまっているが、これは『法律』を「ソクラテス的言論」の一つと扱っていた可能性を示唆する。

プラトン著作集には、弁論作品の形式に則った『ソクラテスの弁明』や、葬送演説を中心とした『メネクセノス』が含まれる。こういった他のジャンルを併用するものも、ソクラテスを主な登場人物とする「ソクラテス対話篇」に数えることは不自然ではない。「ソクラテス文学」は、その中に多様な表現法を含んで成立していたと考えられるからである。

†ソクラテス文学の特徴

「ソクラテス文学」が一つの独立した「ジャンル」を成して発展したことは、その作者たちが一定の了解を共有しつつ作品を著し、同時代の読者たちもそのような了解のもとに作品を受け取っていたことを意味する。では、その了解とはどのようなものか?

「ソクラテス的言論」は、何よりも、ソクラテスが人々と特定の状況で交わす対話を描くものである。失われた著作のタイトルや断片からは、ニキアス、アスパシア、アルキビアデスら実在の人物がしばしば登場していたことが推定される。そのような実在の設定に依拠しながらも、対話の内容は基本的にフィクションであり、歴史に忠実な報告は意図されていなかった。程度の差はあれ、一般に創作の自由度はかなり高かったことが判っている。

その中でもプラトンの対話篇は、例外的に歴史背景に工夫が凝らされており、年代、状況、人物や話題の設定は、さながら歴史小説のように正確である。後世の反プラトン著述家たちが穿鑿《せんさく》した対話篇内のアナクロニズム（時代錯誤）は、『ゴルギアス』における人物や言及の年代矛盾、『プロタゴラス』でのヒッポニコスの生年などに限られている。前二世紀にペルガモンで活躍した文法家ヘロディコスは、『ソクラテス好き論駁』という著作でそれらを論難していたと言われる。後にアテナイオスが、その論点をプラトン批判に用いている。

「プラトンが時を外して誤っていることは、多くの事例から明らかである。詩人の言によれば、「時宜を外して口の端にのぼったことは何もかも」区別なく書いているのである。」

（アテナイオス『食卓の賢人たち』5・217C）

だが、全著作中で見出されたアナクロニズムは、ほんの数例に過ぎない。プラトン対話篇の歴史性は、他のソクラテス文学作者の著作と比べて、顕著な特徴をなす。クセノフォンやアイスキネスの対話篇は、自在に場面や対話を創作し、時代考証をほとんど念頭においていないからである。

他方で、基本モチーフが「ソクラテスの対話を記憶すること」におかれていた点は、ソクラテス文学のすべてに共通する。「ソクラテスのことを想い出すのは、私自身が語るにしても、他の人から聞くにしても、いつも私にはこの上もない喜びなのです」（『パイドン』58D）というパイドンの科白《せりふ》を始め、クセノフォン著作でも「ソクラテスを想い出す」という意図がくり返し強調されている。

靴作り職人のシモンが、彼の店先で交わされたソクラテスの対話について「彼が記憶したことの覚え書きを作った」とするディオゲネス・ラエルティオスの伝承は（『哲学者列伝』2・122-123）、歴史的事実としては疑わしいものの、そのような「対話篇」了解を示している。ソクラテスの弟子としての「シモン」については、十九世紀以来、パイドンによる創作上の人物ではないかとの疑いが掛けられてきた（28-29頁参照）。私はこの人物の実在性を疑う根拠はないと考えるが、彼の著作活動の報告には疑問を持っている。

「ソクラテス文学」というジャンルの中で、弟子たちは互いに対抗意識を持って、独自の「ソクラテス像」を描いていた。「禁欲的、快楽的、教育的、論争的、恋愛的、皮肉的」といった多様な「ソクラテス」像は、単に各自に異なった姿が現われたという事実だけを意味するものではない。実在のソクラテスの記憶から発した著作形式は、やがて間テクスト的な関係をつうじて「ソクラテス文学」という独自の世界を自律的に展開していったのである。

クセノフォンはアリスティッポスを、プラトンはアンティステネスを、厳しく批判する意図をもってソクラテスの対話を描いた——こういった噂は、巷間に流布していた。ソクラテス文学の発展は、「ソクラテスの記憶」をめぐる、弟子たちの間の創作的な正統性争いであった。

たとえば、オランダの文献学者スリングスは、プラトン作とされてきた『クレイトフォン』という小篇を、他のソクラテス的言論への批判として、新たな角度から分析している。

この時代の哲学著作が特定の論敵への攻撃を含むことは、ソクラテス文学に限らず広く認められた特徴である。ソクラテス対話篇以外にも弁論家的な著作を多数執筆したアンティステネスは、『アルケラオス』と題する作品では、かつての師ゴルギアスを批判していたようである。「アルケラオス」とは、前五世紀末に不正な仕方でマケドニアの権力を奪取した王の名で、プラトン『ゴルギアス』ではゴルギアスの弟子ポロスが、力を揮う専制君主の典型として議論に持ち出している。アンティステネスとプラトンが、この人物をめぐって何らか対抗的な言論を展開していた可能性も想像されるが、その著作は復元不可能である。

第五章で詳しく検討するように、ソクラテス文学における対抗関係は、ソクラテスとアルキビアデスをめぐる言論に典型的に現われる。

前五世紀後半にアテナイ政治を翻弄した風雲児アルキビアデスを、アンティステネス、エウクレイデス、アイスキネスは、各々『アルキビアデス』という名の対話篇で取り上げ、ソクラテスとの関係で論じていた。また、パイドンの『シモン』と『ゾフュロス』、エウクレイデスの『恋愛論（エロティコス）』は、アルキビアデスをソクラテスの対話に臨席させ、アンティステネス『キュロス』とアイスキネス『アクシオコス』は彼を厳しく批判していた、と伝えられる（アテナイオス『食卓の賢人たち』5・220C）。

ソクラテスとアルキビアデスの関係を「愛《エロース》」として描く独特の手法も、主にソクラテス文学の内での対抗関係をつうじて発展していったものと推測されている。

プラトン著作集にも『アルキビアデス1』と『アルキビアデス2』という二つの対話篇が含まれている（共に偽作の疑いがある）。『饗宴』最後の場面でアルキビアデスが披瀝する印象的な演説など、プラトンも他のソクラテス的言論との関係を意識しながらこの問題に関わり、独自の立場を打ち出していたのである。

『アルキビアデス』の場合のように、同じ標題を持つ対話篇が複数の著者によって書かれることも稀ではなかった。『ソクラテスの弁明』と『饗宴』というプラトンとクセノフォンの同名作品は、共に現存する稀な例である。他に、『アスパシア』（アイスキネスとアンティステネス）、『アクシオコス』（アイスキネスと偽プラトン）、『クリトン』（プラトンとエウクレイデス）、『メネクセノス』（プラトン、グラウコン、アンティステネス）といった作品名について証言がある。これらの多くは現存せず標題だけが伝えられているが、あえて同名で作品を発表することは、共通のテーマや人物を用いて互いに対抗する意図によるものであろう。

ソクラテス文学の著者たちは、また、互いに仲間を対話篇に登場させていた。エウクレイデスが著した『クリトン』『アイスキネス』という標題の対話篇には、当然クリトンやアイスキネスが登場していたことであろう。すでに見たように、プラトンは『パイドン』でパイドン、シミアス、ケベスを取り上げ、『テアイテトス』の対話の報告者にエウクレイデスを用いている。

アイスキネスも『アスパシア』で、クセノフォンという人物を登場させていた。ここでは、その対話篇を検討してみよう。

†アイスキネス『アスパシア』

アイスキネスは、プラトンとクセノフォンを別にすれば、もっとも豊富な資料が残っているソクラテス文学の作者である。ディオゲネス・ラエルティオスは、七つのソクラテス対話篇の名を報告している。『ミルティアデス』『カリアス』『アクシオコス』『アルキビアデス』『テラウゲス』『リノン』、そして『アスパシア』である（『哲学者列伝』2・61）。『アスパシア』は、おそらくアンティステネスの同名作品に対抗して執筆されたものであり、後世にまで傑作として知られていた。その一部はキケロがラテン語で紹介しており、粗筋も復元されている。

その対話篇で、ソクラテスはカリアスと、子供の教育について論じる。息子の教育者としてアスパシアという女性を勧めるソクラテスに対して、女に男子の教育を任せるとは、とカリアスは驚く。ソクラテスはアスパシアがいかにその役に相応しいかを、彼女がかつてクセノフォンとその妻と交わした対話を紹介することで、諭《さと》していく。

カリアスとソクラテスが対話する場面は、プラトン『弁明』（20A-B）での、子弟の教育をめぐる短いやりとりを想起させる。カリアスは、ソフィストに莫大な財産をつぎ込んだことで有名なアテナイ市民であった。プラトン『プロタゴラス』では、ソフィストたちが彼の邸《やしき》に逗留《とうりゅう》している様が描かれ、また、クセノフォン『饗宴』もペイライエウスにある彼の邸を舞台にしている。

アイスキネスは『カリアス』と題する対話篇も著していたが、そこではソフィストのプロディコスやアナクサゴラスへの揶揄も語られていたようである。徳の教育という主題は、カリアスという対話相手にはいかにも相応しいものであった。

アスパシアは、ミレトス出身の芸妓で、ペリクレスの妻となってアテナイで大きな影響を揮った才女である。プラトン『メネクセノス』では、ソクラテスが彼の弁論術の先生としてアスパシアを紹介し、彼女から授かった「戦没者追悼演説」を披瀝している。アイスキネスの『アスパシア』で彼女がクセノフォン夫妻と交わした対話は、キケロによって帰納論法の例として紹介されている。

「「私に言って下さい。クセノフォンの奥様、もしあなたの隣人があなたの持っているより立派な黄金を持っていたら、その人のとあなたのもの、どちらが欲しいか、お尋ねします。」「その人のものです」と言った。「もしあなたより高価な服や他の女性用装飾品を持っていたら、彼女のものとあなたのもの、どちらを?」「確かに、その人のものです」と彼女は答えた。「では、どうでしょう。もし彼女があなたよりも優れた夫を持っていたら、あなたのと彼女のもの、どちらを?」と尋ねると、これに彼女は顔を赤くした。

アスパシアは、今度は、クセノフォン本人との会話に取りかかった。「クセノフォンさん、もしあなたの隣人があなたのより良い馬を持っていたら、あなたの馬と隣人の馬、どちらが欲しいか、お尋ねします」と言った。「その人のものです」と彼は言う。「では、もしその人が、あなたが持っているより良い農園を持っていたら、どちらの農園をより持ちたいでしょう?」「明らかに、その人の、より良い農園の方です」と言う。「では、もしその人があなたよりも優れた妻を持っていたら、あなたの妻とその人の妻のどちらを欲しますか?」これには、クセノフォン自身も黙ってしまった。

続けて、アスパシアはこう言う。「あなた方のどちらも、私がそれだけを聞きたかったその点に答えてくれないので、お二人が考えていることを私が申しましょう。奥様、あなたはもっとも優れた夫を持ちたいのであり、クセノフォンさん、あなたは何にもましてもっとも良き妻を持ちたいのです。それゆえ、この地上でより優る男性もより良き女性もいなくなるまでこれをやり尽くすのでなければ、最善と考えるものをつねに最大限に欠いていることになるでしょう。つまり、あなたは最高の女性の夫となり、この人も最高の男性と夫婦となるのでなければ。」」

(キケロ『発想論』1・31・51-52)

年長の経験者として、アスパシアは若い夫婦にこの世に生きる処世訓を与えている。無論、最後の言葉は修辞的であり、夫婦自身が共により優れた夫、妻となるように励むべきという戒めが込められている。他人の所によりよいものを求めても、限りがないのである。アスパシアは「愛」に長けた自らの経験から、こうした気の利いた対話をつうじて人々を「徳」へと誘う。アイスキネスでは、それがソクラテスの推奨する教育なのであった。

クセノフォンの『想い出』(2・6・36)でも、ソクラテスはアスパシアの言として、なかなか気のきいた処世訓を語っている。上手な仲人は真実を語ることで結婚のお膳立てをするが、虚偽で誉めることはしない。騙された者は互いに憎みあい、仲人をも憎むことになるからである。

『家政論』(3・14)では、アイスキネス作品と同様に、ソクラテスは、よき妻のあり方の助言者としてアスパシアを紹介している。

ソクラテスが実際にアスパシアと親交があったことも、十分に考えられる。だが、史実にかかわらず、世に知られたこの才女を処世訓の語り手とする手法が、ソクラテス文学の共有財産となっていた可能性が高い。

アテナイの世間では、ミレトスから来たこの外国女は娼婦の元締めのようないかがわしい存在とも見られていた。ペリクレスへの彼女の影響も、かならずしも肯定的には受け取られていたわけではなかった。他方で、『アスパシア』の断片には、彼女がソクラテスに「愛に関する事《タ・エローティカ》」を教育したと語られる箇所がある。現代の私たちに伝承されるソクラテス哲学の核心には「愛《エロース》」があるが、それは愛に精通した女性から授かったものであった。

この主題は、第五章で取り上げるアイスキネスの別の対話篇『アルキビアデス』、そして、プラトンの『饗宴』で発展をとげる。アイスキネスは自身の経験から、ソクラテスと人々との交わりの核心を「愛」という概念で捉え、それを「アスパシア」に語らせたのであろう。

対話篇『アスパシア』では、ソクラテスによって、アスパシアとクセノフォン夫妻の対話が紹介されている。しかし、もしこの「クセノフォン」という人物が、ソクラテスのあの弟子であるとすると、場面設定がいささか不自然に思われる。後にクセノフォンは「フィレシア」という名の妻を持ち、二人の息子と共に亡命生活を送ったことが伝えられている。若くして軍事遠征に出たクセノフォンが、アテナイに暮らしていた前四〇一年以前に妻帯していたと考えることは難しい。また、ペリクレスの後妻アスパシアが、彼の帰国後まで健在であったことも考えにくい。

こういった理由から「クセノフォン」を別人物とする見方も出されているが、著者アイスキネスはおそらく時代錯誤にはおおらかに、自由に設定を選んで対話を創作していると考えるべきであろう。物語としては、それで十分に面白いのである。

†クセノフォンの執筆意図

アイスキネスの『アスパシア』に、「ソクラテス的言論」の特徴が見られる。このジャンルでは、ソクラテスを主な語り手とした「対話」を描く枠組みを共有しながら、対話設定——年代、場面、人物——に加えて、長さや構成や内容などに、それぞれ最大限の工夫が凝らされる。対話篇の形態は、著者それぞれの独創に委ねられていた。そもそも「対話篇」というスタイルをどのような意図で用いるのかも、著者ごとに異なっていたのである。

クセノフォンは『想い出』で六十あまりの短い対話を報告するにあたり、その意図をこう表明している。

「彼（ソクラテス）は、一方で、行為によって自身がどのような者であるかを示し、他方で、対話を交わすことでも共にいる者たちに有益であった、と私は考えるので、これらの事柄のうち記憶に留めている限りのことを書き記そう。」（『想い出』1・3・1）

クセノフォンが敬愛するソクラテスは、共に過ごす人々を裨益《ひえき》する立派な人物であった。その有益性は、彼がこの世にいない今、書き物において記憶として示される。

「彼といつも共にあった人々や、彼を師とした人々には、不在の時にも、彼を想い出すだけで、少なからず有益であった。」

（『想い出』4・1・1）

そうして、ソクラテスを想起することは、クセノフォンや仲間にとって、生前と同様の益をもたらすはずなのであった。彼は『ソクラテスの弁明』（以下『弁明』と略す）でも、同じ著述意図を表明している。

「ソクラテスについて、彼が裁判に呼び出された時、弁明と人生の終わり方についてどのように思案したかを想い出すことは価値がある、と私には思われる。」

（クセノフォン『弁明』1）

ソクラテスの記憶を書き物に留め、想起する「有益性」こそ、クセノフォンが「ソクラテス的言論」を執筆する意図であった。この有益性は、『想い出』と『弁明』の多くの箇所で強調されている。

クセノフォンがソクラテスの想起を有益と見なす根拠は、ソクラテス自身が人々に優れた生を「示す」ことで、他の者たちが「模倣《ミーメーシス》する」ように仕向けたという、彼の「教育者ソクラテス」理解にある。

ソクラテスが自ら立派なあり方を示す様子は、著作の随所で述べられている。また、『想い出』第四巻では、ソクラテスとの対話によって彼を模倣する生き方に転向した典型として、若者エウテュデモスの例が詳しく紹介されている。人々を徳の配慮へと導くソクラテスの姿が、記憶と想起において私たち読者を、彼と同じ立派な人間に陶冶《とうや》していくのである。

他方で、クセノフォンのソクラテスは、プラトン対話篇に顕著な「知らない」という自覚を強調する謎の存在ではない。

ソクラテスをモデルとして示すことは、対話篇による哲学のスタイルとして、プラトンにも共通する。他方でプラトンは、そのソクラテスを「模倣する」危険性を強く警告している。ソクラテスが他の人々に向ける「論駁（エレンコス）」の手法は、とりわけ若者たちが安易に真似すると「争論（エリスティケー）」に陥る危険性を持っていた。

プラトン『弁明』（23C-D）でソクラテスは、若者たちによる模倣が自分への誤解と憎しみを増進させた事情を述べる。彼は、アポロン神託に促され、世間の「知者たち」への論駁に従事してきた。それを周りで観ていた暇も金も持てあました若者たちが、面白がってソクラテスの論駁を真似て、吟味の鉾先を人々に向けたのである。「若者を堕落させる」というソクラテスへの告発は、そういった事態にも起因していた。

また、『ポリテイア』第七巻（537D-539D）でプラトンは、最高の学問である「ディアレクティケー（対話の術）」を、三十歳に達するまでは学ばせないようにと提案する。この技術は、濫用すると破壊的な武器にもなるからである。

プラトンが対話篇に込めたのは、理想の人物として模倣するためにソクラテスを想い出す、単純な「想起」ではなかった。プラトンにとって、ソクラテスの記憶を書くことは、クセノフォンとは根本的に異なる意味を持っていたのである。

†プラトンにおける記憶と想起

プラトンのソクラテスは、基本的に、相手に問いかける存在であった。その姿は、いわゆる初期の対話篇だけでなく、中期・後期対話篇においても、プラトンが「ディアレクティケー」と名付けた哲学の方法理念に結実している。プラトンが基点に据えるこのソクラテス理解が、彼の哲学を必然的に「対話篇」というスタイルに導いていた。

ソクラテスがアテナイの街角で実際に交わしていた対話は、徳について「何であるか」を問い、相手の答えを吟味していくものであった。そのように一度限り交わされた対話は、対話に関わる者によって記憶として蓄積され、時間の中で問いと吟味の意味を理解すべく反芻《はんすう》されたことであろう。

記憶は、単に事実を保存し確認するだけでなく、主体的な関わりによって対話に新たな理解と意義を創出し見出させる、それ自体積極的な応答の役割を担う。ソクラテスの問いに直面してそれに答えていく営みは、各自の内で哲学を熟成させていくのである。その頂点にプラトンが提示するのが、「イデア」と呼ばれる絶対的な地平であった。

ソクラテスが語った「対話」を、プラトンはソクラテスの死後という時間の隔たりにおいて「対話篇」に書き著した。そこでは、過去の記憶を想起し現在化させるという著作の形式が、哲学のスタイルに結実している。

このように、ソクラテスの問いに答える「対話」を、時間のうちで自ら引き受け、結晶化させたものが「対話篇」である。対話篇による回答は、ソクラテスが実際に対話を交わし問いを発した過去の一時点にではなく、問いかけの意味それ自体に向かっている。歴史上に巧妙に設定された人物や状況に定位したプラトン対話篇は、そのように歴史を超えて、普遍的で絶対的な存在を志向していくのである。

「対話篇」はソクラテスの問いに単純に回答を与えるのではなく、ソクラテスの具体的な問いかけ、および、それに答える（また、答えることが出来ずにアポリアに終わる）人々の生き様を描いていく。そこで初めて、著者だけでなく私たち読者も、ソクラテスと対話する相手、あるいは、対話に立ち会う人に自らを擬しつつ、必然的に対話に巻き込まれ、ソクラテスの問いに直面していくのである（対話篇の哲学的意義は、拙著『プラトンとの哲学——対話篇をよむ』岩波新書、序章参照）。

プラトンは、クセノフォンのようにソクラテスを理想のモデルとして示し、それを模倣することを意図して対話篇を著してはいない。『パイドン』を成り立たせる記憶の重層性は、「哲学者とは何か」の問いをめぐって、それに答えていく営為の渦中に、私たち読者をも巻き込み生を問う哲学のあり方であった。

ここで、記憶と想起が「対話篇」においてもつ意味を、『パイドロス』と『パイドン』の二つの有名な議論から探ることにしよう。

『パイドロス』の最終部（274B-278B）で、プラトンは「書かれた言論」を厳しく批判する。書かれた言論は、不特定の相手に語りかけるものであり、読み手が質問しても答えてはくれない。だが、その議論はプラトン自身の「対話篇」という書き物にも何らか当てはまる。「魂に書き込まれる生きた言葉」としての対話に対して、書かれた言論は「知っている者に想い出させる」役割しか持たない。

すでに知っている事柄を想起させることは、『パイドン』の議論から、根源的に捉え直される。「想起の秘訣」としての対話篇は、安易に寄りかからない限りにおいて、事柄そのものへの志向を可能にする積極的な役割を担うのである。

『パイドン』（72E-77B）は、「想起《アナムネーシス》」を不在のものの現在化と捉える。竪琴や衣服を見てその持ち主である恋人を想起したり、シミアスから友人ケベスを、描かれたシミアスからケベスを、そして、描かれたシミアスからシミアス本人を想起する過程が、例として示されている。それらの例は、想起を喚起する物と想起される対象を、何らかの類似関係、とりわけ、絵画を典型とする像とモデル（実在）との存在論的・認識論的な因果関係に収斂させる。

ソクラテスの記憶をめぐる「対話篇」についても、それを「像」として想起されるモデル（実在）とはソクラテスの対話である、とまずは言えるであろう。しかし、志向される実在は、けっして、ソクラテスが過去に交わした実際の対話ではなかった。対話篇による想起は、対話それ自体、つまり、ソクラテスからの問いかけとそれに答える営為そのものに向けられる。問いの意味への応答――けっして「答えを書く」という意味ではない――が、対話の像としての対話篇であった。

したがって、対話篇を書くという想起は、それ自体一つの探究として、プラトンの哲学を成立させ、ソクラテスへの答え手プラトンの生を映し出す。そして、私たち読者も、対話篇を読むという想起において、ソクラテスに問いかけられ、彼らと同じ探究へと誘われる。

問われているのは、哲学の問いが向けられた事柄そのものであり、それは時間と場所を超えた普遍的な意味である。「何であるか」の問いに対してプラトンが与える答え、「それ自体（＝イデア）」とは、このように、「対話篇」という哲学スタイルから帰結する絶対的なものの認容に他ならなかった。

「想起」とは、私たちがいま感覚をつうじて行なう、すでに学び知っている不在の過去への遡及であった。像から実在へというこの運動は「想起」の本質であり、プラトンが「ソクラテス的言論」という形式に託した、絶対的なものへの関わりであった。「対話篇」という形式を活用し、ソクラテスを焦点とする「哲学者の記憶」を重層的に描くプラトンは、今日の私たちとは異なるスタイルで、哲学を始めていたのである。

†ソクラテスへの接近

ソクラテス自身の営為とそれを書き著した資料との間には、「ソクラテス問題」と呼ばれる困難が横たわっている。プラトンやクセノフォンらの書き物から窺われる「ソクラテス」は、それぞれ相異なった姿を示しており、それが実際のソクラテスの行状とどう重なり、どうずれているのか、が研究者を悩ませてきたのである。「歴史的ソクラテス」の復元は、これまで、具体的には現存著作の四人の著者、アリストファネス、クセノフォン、プラトン、アリストテレスの報告をどう評価するか、という問題として論じられてきた。

アリストファネスが前四二三年に上演した『雲』は、ソクラテスについての唯一の同時代資料である。しかし、喜劇としての歪曲ゆえに、この作品が「ソクラテス」復元のために用いられることはほとんどない。この取り扱いには、プラトンが描くソクラテス像からあまりにかけ離れているとの印象が働いている。「哲学者」ソクラテスが採用され、「ソフイスト」ソクラテスが一方的に退けられてきたのである。プラトン『弁明』（19C）での『雲』への否定的な言及も、大きく影響したことであろう。

弟子クセノフォンは、とりわけ『ソクラテスの想い出』という貴重な言行録を残したが、そこに現われる「教育者ソクラテス」は、プラトンによる哲学的で強烈なソクラテス像とは対照的である。クセノフォンは、十九世紀にはソクラテスについての証言者として尊重されていたが、二十世紀に入ると途端に厳しい評価に曝され、哲学史においてほとんど顧みられない状況が続く。彼の著作への再評価は、ようやく二十世紀末から、カナダのルイ＝アンドレ・ドリオンやアメリカのドナルド・モリソンら、一部の研究者の努力で定着しつつある。

他方で、プラトンの描くソクラテス像にも、著者の天才ゆえに史料的価値への疑念が向けられてきた。たとえば、『饗宴』『パイドン』『ポリテイア』『パイドロス』等の対話篇でプラトン自身の「イデア論」をソクラテスの口から語らせているように、あまりに強烈で個性的な哲学が「ソクラテス」復元にはむしろ不都合と考えられたのである。この点では、平凡でも実直に言行を記録したクセノフォンの方が、プラトンよりも信頼できるというわけである。

しかし、クセノフォンがソクラテスの語ったとおりを記録しているという想定も、素朴に過ぎた。たとえば、『饗宴』が叙述する、クセノフォン自身がその会話の場に居合わせたという証言は、対話の年代設定からはありそうにないことであった（105頁参照）。

第四の証人であるアリストテレスは、ソクラテスに直接の面識がない分、称讃や非難といった感情に左右されていない、と一般に信じられている。「倫理的な事柄への定義」や「帰納法」の案出を彼に帰する記述は、より客観的な哲学評価であると考えられてきた。しかし、アリストテレスの証言はあまりに限定され、ソクラテス像への貢献は多くない。

この四人の証言の中からもっとも信頼できる像を取り出して「歴史的ソクラテス」を復元するというプログラムは、そういった作業自体への強い懐疑を伴いながらも、結局はクセノフォンとプラトンのどちらを優先させるか、端的には、プラトンをどう扱ってそこからソクラテス哲学を取り出すか、という研究課題となってきた。多くの研究者は、プラトン対話篇の中に、実際のソクラテスに由来する「歴史的ソクラテス」と、プラトンの独創による「プラトン的ソクラテス」の側面と区別する境界線を引こうとしてきたのである。

二十世紀後半にギリシア哲学研究をリードしたグレゴリー・ヴラストスは、プラトン対話篇のうち「歴史的ソクラテス」を忠実に表わす「初期」を、プラトン哲学が展開される「中期」から区別する図式を提供して影響を与えた。彼は、古代から十巻に区分されてきた『ポリテイア』のうち、序部にあたる第一巻を『トラシュマコス』という独立の対話篇と見なして「初期」に入れ、第二巻以降を「中期」と扱った。仮定に基づくこのような恣意的な区分さえ、一定の賛同を得てきたのである（そのような分割が『ポリテイア』理解を大きく歪めることは、言うまでもない）。

二十世紀初めには、中期対話篇までを「歴史的ソクラテス」と見る、いわゆる「バーネット・テイラー説」が提案されていた。反対に、スイスの古典文献学者オロフ・ジゴンは『ソクラテス』（一九四七年）で、伝承されたソクラテス像はすべて文学的創作に過ぎないという懐疑的立場を打ち出した（斎藤忍随の書評『理想』248、一九五四年一月号参照）。「歴史的ソクラテス」を『弁明』などに限るチャールズ・カーンらの近年の路線まで、プラトン対話篇をどこで区分するか、が研究の焦点となってきたのである。

しかし、この問題を「ソクラテス文学」という視点から捉え直す時、まったく新たな方向が見えてくる。それには、まず、四人の資料に優先順位をつけるという作業そのものの不適切さを認識することが必要である。これまでも大なり小なり意識されてきたように、四人の証言は量質共に同じ規準で判断されるべきものではない。とりわけ、それらが書かれた時期や状況、そして意図の違いが決定的に重要となる。

ソクラテスが生きている間に、彼を題材として何かが書かれるということは、アリストファネスの『雲』だけではなく、『鳥』の一節など、喜劇ではしばしばなされていた。ソクラテスはアテナイの有名人であり、とりわけ崇拝と揶揄の対象であったからである。しかし、前五世紀の新しい知的動向を批判する目的で同時代に書かれたアリストファネス作品は、ソクラテス死後に書かれた「ソクラテス文学」とは明瞭に区別される。

これに対して、クセノフォンとプラトンという一〜二世代若い弟子たちは、前三九九年のソクラテス裁判と死刑の後に、一斉に彼について書き物を著していった。それらは「ソクラテス文学」と呼ばれる特異なジャンルをなし、現在まで完全に伝わるこの二人の著作の他に、膨大な書き物が生産され流通していた。ソクラテスに直接交わり、その教えを記憶に留めようとしたこの時代の著作は、一つのまとまりとして考察されるべきである。

他方で、アリストテレスは、ソクラテスの死の十五年ほど後に生まれている。彼がアテナイに来てプラトンの学園アカデメイアに学び始めた時、ソクラテスの記憶はすでに三十年にわたる盛んな論争を経ていた。

アリストテレスの世代の人々にとって、ソクラテスはもはや伝説の人物であり、その記憶はすでにプラトンらの「ソクラテス文学」によって強く彩られたものであった。

アリストテレス自身は、ソクラテスという個性に依拠するそのような哲学のスタイルに距離をおく。「学説誌」を進めたアリストテレスやテオフラストスらペリパトス派は、一般にソクラテスを「哲学者」のモデルとすることに否定的であったと考えられている。「ソクラテス文学」の盛期である前四世紀前半をはさんで、その前後、つまりソクラテス自身が生きた前五世紀後半と、アリストテレスらに記憶が受け継がれる前四世紀半ばを、三つの時代として区別しよう。そして、それぞれ時代の特徴を見極めた上で、ソクラテスの記憶の意義を精確に査定していかなければならない（表1参照）。その上で問うべきなのは、私たちが典拠に用いるプラトン対話篇の位置である。

すでに見たように、「ソクラテス問題」は、従来、プラトンが執筆した三十あまりの対話篇を、ソクラテスを歴史的に再現したものと、プラトン自身の思想を提示するもの、という二種に区別する作業として扱われてきた。しかし、そのような区別は二重の意味で誤りである。

第一に、「ソクラテス文学」というジャンルにおいて、プラトンの対話篇もすべてが伝統的には「ソクラテス的言論」と呼ばれており、また実際そう扱われるべきものである。

第二に、ジャンルとしての性格から「ソクラテス的言論」は基本的にはすべてが創作であり、ソクラテスの言行をそのまま記録する意図はなかったことを理解する必要がある。無論フィクションにも、より事実に依拠しているものも、そうでないものもあったろう。しかし、それは程度の問題に過ぎず、同時代の著者や読者たちには、ソクラテスを主人公にした創作という了解が共有されていた。

プラトンのいわゆる「初期対話篇」も、他のソクラテス文学の作者の作品と本質的な違いはないはずである。ソクラテスらに対話させているのは著者プラトンであり、「哲学者ソクラテス」とは、まさにプラトンが描いたソクラテスの真実なのであった(「真実」としての「創作(フィクション)」の意味は、次章で改めて検討する)。

「ソクラテス問題」を捉え直す新たな視点としての「ソクラテス文学」は、従来のギリシ

表1　ソクラテス像

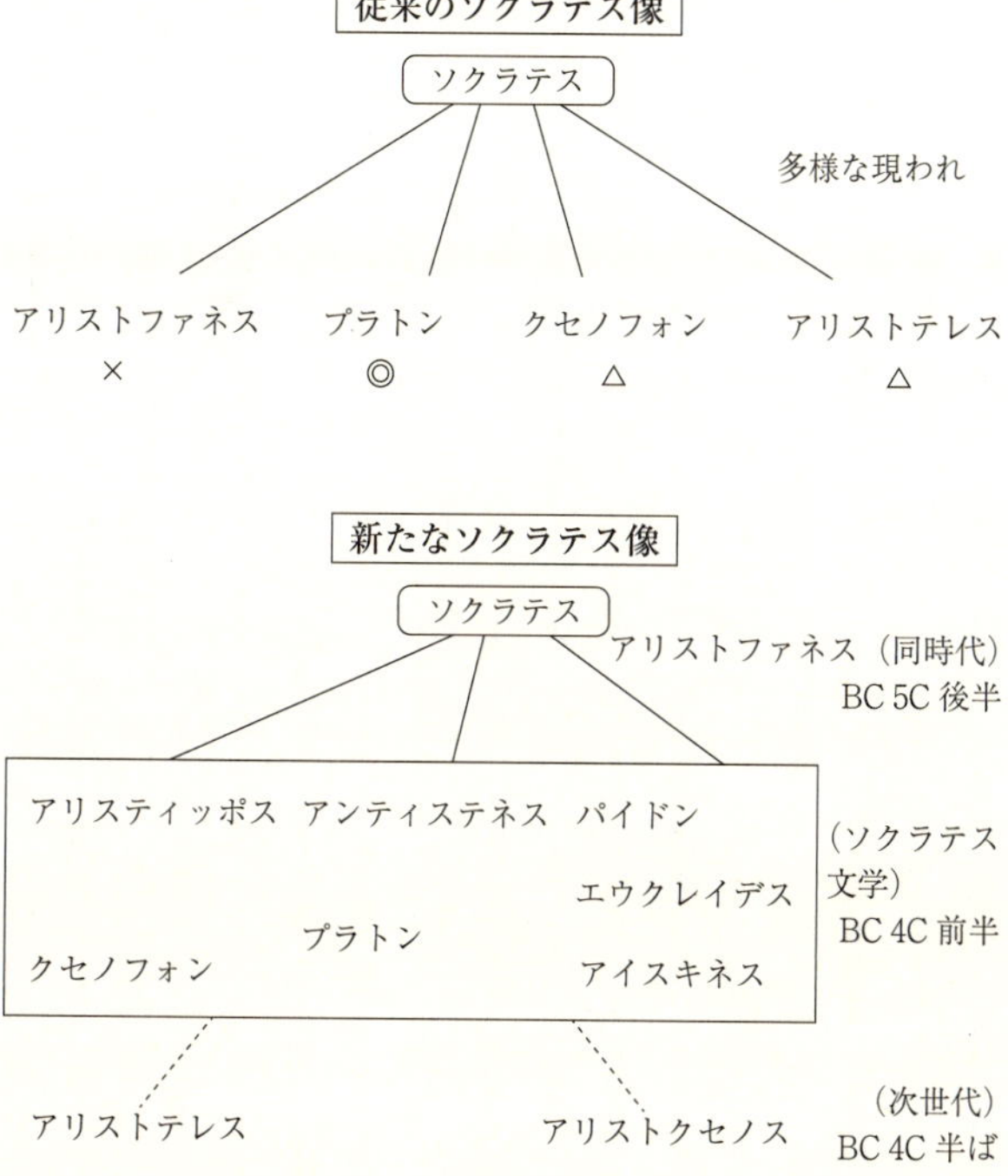

従来のソクラテス像
ソクラテス
多様な現われ
アリストファネス
×
プラトン
◎
クセノフォン
△
アリストテレス
△
新たなソクラテス像
ソクラテス
アリストファネス（同時代）
BC 5C 後半
アリスティッポス
アンティステネス
パイドン
エウクレイデス
プラトン
クセノフォン
アイスキネス
（ソクラテス文学）
BC 4C 前半
アリストテレス
アリストクセノス
（次世代）
BC 4C 半ば

ア哲学史を組み換える古典期の三つの時代区分、すなわち、ソクラテスが活躍した前五世紀後半、彼の死後「ソクラテス文学」が成立した前四世紀前半、その動きが終息した前四世紀半ば以降という枠組みを提供してくれる。

†ソクラテス像の多様性と真理

ソクラテス文学をつうじて浮かび上がる多様なソクラテス像は、ヘレニズム以降の哲学諸流派に受け継がれるものであった。

もし「ソクラテス哲学」を語り得るとしたら、それはプラトン対話篇でソクラテスが語る議論には尽くされない。また、プラトンに加えて、クセノフォンやアリストテレスから集めた情報の最大公約数でもあり得ない。ソクラテス哲学とは、今は失われてしまった「ソクラテス文学」の可能性と多様性の根源としての衝撃《インパクト》以外ではないのである。

アンティステネスは、困苦に耐え快楽を乗り越える禁欲主義を、自らの哲学として打ち立てた。彼が描いたモデルとしてのソクラテスとは、そのような禁欲主義者であったに違いない。

アリスティッポスは、それとは対照的に、楽しさを最大限追求する快楽主義をとる。酒や会話や愛欲や人生を謳歌したソクラテスこそ、そのモデルであったろう。

エウクレイデスが発展させた鋭利な論理は、ソクラテスの対話の技法に影響されたものに他ならず、パイドンはその対話篇で魂による肉体の克服をソクラテスに託した。クセノフォンは、友人たちにつねに有意義な忠告を与える有益な友人、教育者としてのソクラテスを描き続けた。

このような中で、プラトンが対話篇で提示したソクラテス像の特徴が、改めて浮かび上がってくる。

人の生き方や「徳」をつねに問題にし、人々と街角で対話を続けたソクラテスの活動は、ソクラテス文学に共通している。だが、その理由として、「善や美などもっとも大切なことについては、私は知らない」という不知を掲げたソクラテスの姿は、プラトン以外の著者によるソクラテス的言論では明瞭ではない。

たとえば、クセノフォンの『弁明』には、ソクラテスが自身の「知」を誇っていたかのような、正反対の記述すら見られる（次章、および補論を参照）。「不知」であり、それをはっきりと自覚するがゆえに不断の探究に突き進むソクラテスの姿は、プラトン独自の、少なくとも彼が際立たせた「ソクラテス」であった。

この姿をプラトンは「哲学者（フィロソフォス）」という名で提示していく。知を愛しつづけ、そのために自他を厳しく吟味するソクラテス。それゆえに人々からは「空とぼけ《エイローネイア》」と非難さえ加えられたソクラテス。それは、他のソクラテス文学の著者には見られない顕著なソクラテス像であった。

ソクラテスを「哲学者」として際立たせる重要な手法は、「ソフィスト」との対比にあった。実際プラトンは、多くの対話篇でソクラテスをソフィストたちと対決させている(この論点は、以下では概略にとどめ、補論で改めて展開する)。

前四三二年頃、全盛期アテナイのカリアス邸に逗留するソフィストたち——大御所プロタゴラス、博識家ヒッピアス、そして言葉遣いの専門家プロディコス——を描く対話篇『プロタゴラス』。聴衆や弟子たちを従えて講義する彼らのもとへ、若者と共に乗りこんだソクラテスは、プロタゴラスを相手に丁々発止の議論をくり広げる。

そこに登場したヒッピアスは、他の二つの対話篇でもソクラテスの対話相手となっている。「美とは何か」を吟味する『ヒッピアス大』と、「嘘」を論じる『ヒッピアス小』である(この博学のソフィストは、クセノフォン『想い出』第四巻でもソクラテスと「正義」について議論している)。

『ゴルギアス』で、ソクラテスは弁論の大家ゴルギアスとその弟子ポロスを論駁し、『ポリテイア』第一巻ではトラシュマコスが唱える「正義」の理論を退ける。争論を生業とする兄弟ソフィスト、エウテゥデモスとディオニュソドロスを相手に議論する『エウテゥデモス』は、喜劇的な対決を見せてくれる。

プロタゴラスが『真理』という著作の冒頭で宣言した「人間は万物の尺度である」という相対主義は、『テアイテトス』で徹底的に吟味される。ソクラテス裁判前夜を舞台に交わされるその対話は、すでに亡きプロタゴラスの理論を最大の標的としている。そして、後期の対話篇『ソフィスト』では、ソクラテスと見紛うばかりの「高貴なるソフィスト」に直面したエレアからの客人が、哲学者とソフィストとの相違を大々的に論証していく。

ソフィストは単にいかがわしい職業的教育者ではなく、哲学者が真っ向から対決すべき理論家、反哲学者として、ソクラテスが生涯を賭けて立ち向かった敵であった。プラトン対話篇の多くは、まさにそのような「哲学者ソクラテス」を「ソフィスト」との対比で浮かび上がらせる試みであった。彼らソフィストたちの過激な――しばしば不道徳な――思想やレトリックは、ソクラテスとの対決において否定的な影として「哲学者ソクラテス」を逆照射していく。

しかし、このような「非ソフィスト＝哲学者」というソクラテス像が、プラトン以外のソクラテス派によって示されていた証拠はない。例外的に、クセノフォンの『想い出』（1・6）に、ソフィストのアンティフォン（その人物同定には問題がある）とソクラテスの対話が収められており、そこには自らの立場をソフィストから区別するソクラテスの論理が見られる。

アンティフォンはソクラテスの粗末な生活を、弟子から授業料をとるソフィストたちの裕福で贅沢な生活と対比し、ソクラテスの「哲学」を貶《おとし》めようとする。ソクラテスはこれに反対して、自身がそのように純朴な生活を送る理由を、欠如からの自由として弁明する。

ソクラテスは、そのアンティフォンに、ソフィストたちは誰であれやってくるものに対して金銭と引き換えに知恵を提供する、いわば「知恵の売春」であるとも述べている。

たしかに、この描写はプラトンによる強調と類似する。しかし、この章を除いて、クセノフォンがソフィストとの違いを強調する論述は見られない。ソクラテス的言論を四作品も残したクセノフォンの場合、この否定的な特徴はとりわけ目を引く。ソフィストと区別することで「哲学者ソクラテス」を示す論法は、クセノフォンにとって、排除されているわけではないが、かといって重要な意義を与えられてもいないのである。

アンティステネスやアリスティッポスら他の弟子たちが「ソフィスト」の問題を「ソクラテス哲学」にとって重要な問題と捉えていなかったことも、諸資料からほぼ確かめられるが、詳細は補論にゆずりたい。

プラトンがことさらソフィストとの違いを強調してソクラテスを論じたことは、ソフィスト扱いで告発された彼の裁判を意識したものであったにせよ、もう一方でアンティステネスやアリスティッポスら他の弟子を暗に批判する意味を持っていたかもしれない。

このことは、裏を返せば、「哲学者」という理念を鮮明に打ち立てて「ソクラテス」をそのモデルとして描くプラトン対話篇が、まさにこの点、つまりソフィスト批判と哲学者の呈示を最大の売り物として、ソクラテス文学の中で独自の「ソクラテス像」を提供したことを意味している。

多様なソクラテス像とは、各人にそう現われ、そう思われたソクラテスの姿の展開に他ならない。プラトンは「哲学者ソクラテス」に、厳しく人々の思われ《ドクサ》を吟味させ、似像と見かけとの区別をつうじて真理を追求させていった。

この営みは、「ソクラテス像」を描く言論にも当てはまる。プラトンにとって、ソクラテスの仲間や敵対者たちが呈示するソクラテスの像は、実は誤った現われに過ぎない。それらは、ややもすれば「哲学者」に反する「ソフィスト」となっている恐れさえあった。それらに対抗して、真の哲学者をどこまで描ききることができるか、これがプラトンの課題であった。

後期対話篇『ソフィスト』冒頭で、ソクラテスは哲学者について、こう語っている。

「しかしながら、この種族は、神の種族と比べても識別がより容易《たやす》いことはなかろう。というのも、これらの者は——私は偽のではなく真正の哲学者のことを言っているのだが——他の人々の不知ゆえに多様な仕方で現われ、「街から街へと渡り歩きながら」上方から下方の人々の生を見守るからである。彼らは、ある人々には何にも値しない者、別の人々には何にもまして価値ある者と思われる。そして彼らは、ある時は政治家、ある時はソフィストとして現われ、またある時には、まったく気が狂っているという考えを受ける人々もいるのだ。」

(『ソフィスト』216C-D)

「哲学者」はつねに「ソフィスト」に見紛われる。

ソクラテスの弟子アリスティッポスやアイスキネスは、授業料をとって教育にあたり、アンティステネスはゴルギアスやプロタゴラス張りのソフィスト的詭弁を展開した。彼らの「ソクラテス像」は多様な現われに過ぎず、退けられるべき思いこみなのであった。それらと断固対決する「ソクラテス」像を、プラトンは対話篇で描いていく。

†ソクラテス文学の終焉と継承

前四世紀前半に興隆した「ソクラテス文学」は、古代ギリシアに成立した最初の哲学著作ジャンルと見なされる。その哲学史上の意義は大きい。

前六世紀のミレトス派は「散文」というスタイルを開発した。クセノファネス、パルメニデス、エンペドクレスはエポス（叙事詩）やエレゲイアの「詩」で思索を開示した。「箴言」を書き著したヘラクレイトスや、「演示作品」に哲学的議論を盛り込んだゴルギアスなど、初期ギリシア哲学は、まさに思索のスタイルをめぐる実験と葛藤の歴史であった。

表現のスタイルは思索そのものと密接不可分である。思想家たちがそれぞれ独自のスタイルを開発し追求した初期とは対照的に、前四世紀前半には、ソクラテスの弟子たちが共通の形式を用いて、相克と共同のうちに思索を展開していった。この「ソクラテス的言論」のスタイルこそ、哲学が獲得した最初のジャンルと言えるのである。

「ソクラテス文学」の終焉は、およそ前三五〇年代、プラトンの晩年にあると考えられる。プラトン以後の哲学者たちの言論活動を点検すると、ソクラテスを「対話篇」で生き生きと語らせる手法はもはや途絶えてしまったようである。その様子を確認しておこう。

プラトンの弟子アリストテレスは生前、一般向けに多くの対話篇を公刊したと伝えられるが、残念ながら、それらはすべて散逸してしまった。後に引用されたごくわずかな断片から推察するに、そこではソクラテスは対話者に選ばれてはいなかったようである。

『グリュロス』という対話篇は、クセノフォンの戦死した息子グリュロスに捧げられたもので、弁論術をめぐってイソクラテスを論敵にしていたと推測される。『饗宴』『ソフィスト』というプラトンと同名作品もあったとされるが、題名の他、内容は分からない。

やはりプラトン作と同名の『政治家』では、アリストテレス自身が対話の主役をつとめ、『生まれの良さについて』でも「私と彼」が対話者となっていた。魂について論じた『エウデモス』では、誰が誰と対話しているのか、現存の断片からでは明らかでない。また、『哲学について』や『哲学の勧め（プロトレプティコス）』も対話から成っていたと推定されるが、総じて後世の言及や引用だけで伝わるこれらの作品は、再現が困難である。

プラトン門下であったポントス出身のヘラクレイデスやテオフラストスにも、対話篇形式の著作があった。ヘラクレイデスの『息をしない女』という作品では、エンペドクレスの復活がピュタゴラス派的な輪廻転生の話題となっており、プラトンらの「ソクラテス対話篇」とは趣を異にした空想的な作品であったようである。

ソクラテスが亡くなってかなり後に生まれたアリストテレスやヘラクレイデスらにとって、アカデメイアで学ぶ頃には、ソクラテスはすでに「ソクラテス文学」でのみ活躍する伝説上の人物であった。直接の見聞や記憶をもつ世代が退場すると共に、「ソクラテス」も対話篇から身を引いたのであろう。

ソクラテスの鮮明な記憶に支えられ、それを創作欲や想像力の源泉とした「ソクラテス文学」は、彼と生を共にした人々と一緒に、歴史の舞台から消えていったのである。

プラトンが残した対話篇を見ても、文体等の特徴から「後期」に分類される『ソフィスト』『政治家』『ピレボス』『ティマイオス』『クリティアス』『法律』の六作では、『ピレボス』を除いてソクラテスが対話を主導する作品はなく、『法律』ではソクラテスは登場さえしない。この事情を、前四世紀半ばの「ソクラテス文学」そのものの衰退と連関させて説明することも可能であろう。

「ソクラテス文学」は、こうして前四世紀の半ばには終焉を迎えた。しかし、その影響はさらに後の哲学者たちにも及んでいる。

「パナイティオスは、すべてのソクラテス対話篇の中で、プラトン、クセノフォン、アンティステネス、アイスキネスのものは真実であると考えている。しかし、パイドンやエウクレイデスのものについては疑念を抱き、その他のものはすべて退けている。」

（ディオゲネス・ラエルティオス『哲学者列伝』2・64）

前二世紀のストア派学頭パナイティオスは、ソクラテス文学についてこう識別と評価を加えていた。「真実である」とは、ソクラテスのあり方を正しく表わしているとの意であろう。この意味で、プラトンら四名がパイドンら他の著者から区別されている。

前章で紹介したディオゲネス・ラエルティオス「ソクラテス伝」の報告では、「ソクラテスの徒」として「プラトン、クセノフォン、アンティステネス」三名が、また「十人衆」の代表として「アイスキネス、パイドン、エウクレイデス、アリスティッポス」の四名が言及されていた（92頁参照）。これら七名がすべて「ソクラテス文学」の作者であることが、ここで注目される。

ソクラテスを囲む仲間たちには、彼より先に亡くなった熱心な弟子たちや、政治家として有名になった者も多い。にもかかわらず、後世「ソクラテスの徒」として知られるのは、結局、ソクラテス対話篇を著した者たちだけであった。

これらの弟子の中で、プラトン、アンティステネス、パイドン、エウクレイデス、アリスティッポスの五人は、自らの学派を起こし（あるいは、後世そう見なされ）ソクラテスの教えを伝えた。これに対して、クセノフォンとアイスキネスの二人は、独自の思想や顕著な学説を残したわけではない。

アイスキネスは困窮から授業料をとって教えていたとされ、彼の唯一の弟子であったクセノクラテス――後に学園アカデメイアの学頭となる――をプラトンが意地悪にも自分のもとに奪ってしまったという逸話もある（アテナイオス『食卓の賢人たち』11・507C）。アイスキネスはそのように、おそらく弁論の教育に携わることはあっても、学園や学派を開くことはなかった。アイスキネスやクセノフォンは、ソクラテス文学の著者としてのみ後世に知られていたのである。

ヘレニズム期以降、「ソクラテス派」、つまり、ソクラテスの教えを継ぐ者たちとは、基本的に、ソクラテスをめぐる著作活動にあたった人々を意味していた。

後世の哲学者たちは、ソクラテスについて書き残された「ソクラテス文学」をつうじて「ソクラテス」像を手にし、それらを取捨選択しながら自らの哲学的立場のお手本として用いたのである。ヘレニズム期には、代表的な学派のうち、プラトンの流れを汲むアカデメイア派――とくに、アルケシラオス以来の懐疑派――と、キュニコス派から倫理的な影響を受けたストア派が、ソクラテスを自らの「哲学者」のモデルとしていたことが知られている。

他方で、アリストテレスの後継者たち、ペリパトス派は、概してソクラテスに対して冷たかったとされる。プラトンにも厳しくあたったアリストクセノスは、『ソクラテスの生』という著作で彼の「重婚」を非難していたという。すなわち、ソクラテスはクサンティッペの他に、あるいは以前にアリステイデスの娘ミュルトと結婚していたという非難である(ディオゲネス・ラエルティオス『哲学者列伝』2・26)。アリストテレスが世代的にも出身としても、ソクラテスに対して直接の知識も特別の感情も持たなかったことを思い起こそう。彼のソクラテス評価は冷静で客観的に見えるが、ソクラテスを語り手とし続けたプラトンへの対抗から、彼の仲間たちが強烈な反ソクラテスに傾いていった様も想像できる。

エピクロス派も、強力な反ソクラテスの立場をとっていたことが知られている。エピクロスは、自らと同じ「快楽」を原理とするキュレネ派に対抗していた。その対抗意識が、アリスティッポスの師ソクラテスへの批判的な態度に現われた可能性も考えられる。エピクロス派の歴史をつうじて、ソクラテスはいかがわしい「ソフィスト」として扱われ続けたようである。

しかし、ソクラテスの哲学は、生前彼と直《じか》に接した仲間たちが執筆した「ソクラテス文学」をつうじて、後世の哲学者たちに受け継がれ、拡がっていった。ローマ時代、後一～二世紀のストア派哲学者エピクテトスも、ソクラテスの記憶を範とする一人であった。

「今ソクラテスは死んでしまっているが、その記憶は、彼がまだ生きている時に為したり語ったりしたことに劣らず、いや、それ以上にも、人々にとって有益なのである。」

（『人生談義』4・1・169）

ソクラテスという人物をめぐって生まれた知的運動は、生き生きとした対話篇を数多く生み出した。

ソクラテスとは何者か？　ソクラテスの哲学や生とは何だったのか？

そこで問われ、それぞれの著者によって呈示され対抗的に展開された「ソクラテス」像は、西洋の歴史をつうじて「哲学者」のモデルとなり、私たちにとって哲学的生への刺激であり続ける。

第四章 ソクラテス裁判をめぐる攻防

ソクラテスの弟子たち。クセノフォン像（上、在カイロ）とアンティステネス像（下、前三世紀後半フュロマコス作品のコピー、ヴァチカン蔵）

ソクラテスをめぐる言論の展開は、彼の死後アテナイに起こった論争に起因する。では、ソクラテス裁判に関して、どのような批判が提起され、弟子たちはそれにどのように応えていったのか？

裁判の数年後、ソフィストのポリュクラテスは『ソクラテスの告発』というパンフレットを著し、彼の罪を厳しく糾弾した。その告発に対して、クセノフォンは著作で直接応答し、プラトンは対話篇をつうじて問題の本質に迫っていく。彼らの応酬はソクラテスと政治との関係、具体的には、寡頭政権の首領クリティアスへの教育を焦点とする。

クセノフォンとプラトンは『ソクラテスの弁明』という同名の著作を公刊し、師の弁護を行なった。それはソクラテス裁判の謎を解明し、そこにソクラテス哲学の「真実」を見ようとする営為であった。彼らは互いの言論を強く意識し、いくつかの論点を自分なりにアレンジしながら、内外の批判に応じていったのである。

†「ソクラテス文学」はいつ始まったか

ソクラテスを主要人物とする「ソクラテス文学」は、前四世紀前半に哲学の潮流をなした。しかし、「ソクラテス対話篇」が彼の死後書かれ始めたというのは、私を含む多くの研究者の推定であり、生前それが書かれていなかったという確証はない。ソクラテス文学の成立について、この点から再度検討してみよう。

アリストテレスの失われた著作『詩人について』の証言（アテナイオスによる引用、108－109頁参照）では、このジャンルの作品を最初に著した人物は「テオス出身のアレクサメノス」とされていた。だが、この名前は、プラトン対話篇をはじめ現存するどの文献でも言及されていない。

アレクサメノスという人物がソクラテスを囲む仲間の一人であったとしても、ソクラテスの晩年、とりわけ裁判や刑死の時点でアテナイにいなかったことは、ほぼ確実である。カイレフォンやアリストデモスのように、その頃にはすでに亡くなっていたのか、あるいは、故郷テオスに戻っていたのかもしれない。

研究者の中には、アレクサメノスは「対話篇」という文学ジャンルを始めただけで「ソクラテス対話篇」とは関係がないと解する者もいる。だが、この人物が初めてソクラテスを主人公にした対話篇――後に「ソクラテス文学」に発展する試作品――を著したとすると、それは前五世紀後半、つまりソクラテス存命中のことであったろう。

私たちに身近なプラトン対話篇についても、そのいくつかがソクラテスの生前に書かれていた可能性を退ける論拠はない。

実際、ディオゲネス・ラエルティオスが伝える逸話では、プラトンが『リュシス』を読み上げるのを聴いたソクラテスは、「ヘラクレスにかけて、この若者は私について、何と多くの嘘偽りを語っていることだろう」と述べたという（『哲学者列伝』3・35）。後世の創作にちがいないこの逸話の巧妙さは、ソクラテスが読んだ対話篇が『リュシス』とされた点にある。

『エウテュフロン』『弁明』『クリトン』『パイドン』など前三九九年の裁判や刑死を舞台にした作品は言うまでもなく、『ゴルギアス』『メノン』『ポリテイア』といったそれ以前に設定された対話篇も、ソクラテス裁判への明らかな暗示を含んでいる。それらがソクラテスの生前に書かれた可能性はない。

『ゴルギアス』の対話相手カリクレスは、ソクラテスがもし裁判にかけられても自身を守る力――彼によれば、弁論術――を持っていないと批判する。『メノン』では、対話の途中であのアニュトスが対話に加わり、徳の教育をめぐってソクラテスの発言に怒って退場する。『ポリテイア』の「洞窟の比喩」では、外界に出た哲学者が洞窟の中に戻ると人々に殺されるおそれが示唆されている。

ソクラテスが対話によって遂行する哲学は人々の反感を買い、やがてそれゆえに裁判にかけられ殺されることが、対話篇のところどころで仄《ほの》めかされている。したがって、これらの作品がソクラテス死後に書かれたことは明らかであり、ソクラテスが仮に生前に読んだとしたら『リュシス』などに限られるのである。

プラトン対話篇に前三九九年以前に書かれたものがあるかどうかは、作品内在的には決定できない。しかし状況からは、ソクラテスの対話を扱う対話篇のすべてが、彼の裁判と刑死に顕在的、潜在的に焦点を合わせていることが推定される。「ソクラテス文学」というジャンルは、前三九三年頃、ソフィストのポリュクラテスによる『ソクラテスの告発』というパンフレットの公刊を直接の契機として成立した、と考えられるからである。本章では、その事情を追っていこう。

ソクラテスが前三九九年に突然裁判にかけられた事情は、今日でも謎が多い。なぜこの時期に、何の前触れもなく裁判が始まったのか？　ここには当然、当時のアテナイの社会や政治的背景が予想される。

裁判の五年前、ペロポネソス戦争に敗北したアテナイでは、危機を乗りきるためスパルタを後ろ楯に寡頭政をしく「三十人政権」が成立する。当初、市民の期待と喝采をあつめた三十人政権は、やがて粛清と民主派の軍事的巻き返しにより、一年に満たずに崩壊する。アテナイでは前四〇三年には、民主政が復活したのである。

民主派は大赦令《アムネスティ》を発し、寡頭政権時の市民の行動は問わないことを約束した。表面的にはこの和解によってアテナイ内部の調和は回復されたかに見える。しかし、市民を多数殺した寡頭政権への恨みは根強く、実際、近隣のエレウシスに退いていた寡頭派の残党は、前四〇一年頃に民主派によって軍事的に鎮圧されている。戦前と同じ民主政をとり、一見平和な時代が戻ったかに見えるアテナイも、その底部には深い亀裂と緊張が横たわっていた。

前三九九年にも、そのような目に見えない圧力が時折顔をのぞかせる。今日まで伝わるアンドキデスの『秘儀について』という弁論作品も、この同じ年にくり広げられた裁判で語られたものである。保守的で宗教色の強い反動が、アテナイ社会に拡がっていた様子が窺われる。ソクラテスの告発は、そのような状況下でなされた。

ソクラテスという一奇人に向けられた裁判は、アテナイ社会の影を背負っている。裁判が思いがけず大差の死刑評決で終わり、ソクラテスが刑死すると、その影響は長くアテナイを覆うことになる。裁判は問題の終わりではなく、まさに始まりであった。ソクラテスは本当に有罪であったのか？　裁判は不当ではなかったのか？

裁判から六年ほど後、ポリュクラテスが発表した『ソクラテスの告発』（以下、『告発』と略す）は、この論争を一気に再燃させた。その著作は、告発者の一人アニュトスが裁判で「告発」をなすという形式を借りてソクラテスの罪状を並べ立て、死刑の正当性を擁護するものであった。

その作品自体は、今日まで伝承されてはいない。しかし、その存在と内容がある程度知られているのは、ポリュクラテスの議論に対する激しい反論が起こり、賛否双方の論争に火がついた状況が間接的に知られるからである。

ソクラテスを主人公とする作品が前四世紀に入って爆発的に生産されるのは、これを契機としてであったと推定される。では、弟子たちは、ソクラテスへの批判にどう応えたのか？

†クセノフォンと「告発者」

クセノフォンが著した『ソクラテスの想い出』は全四巻からなり、おそらく長い期間に書き足されて成立したものであろう。

その冒頭部は、ソクラテスへの告発に対する直截の応答となっている。「ソクラテスの告訴状を書いた人々」は、次の罪状でソクラテスを訴えていたという。

「ソクラテスは、ポリスの信ずる神々を信ぜず、別の新奇な神霊《ダイモーン》のようなものを導入することのゆえに、不正を犯している。また、若者を堕落させることのゆえに、不正を犯している。」

クセノフォンが報告するこの告訴状は、ディオゲネス・ラエルティオスが「ファボリノスが述べるところでは、今でもなお公文書保管所に保存されているとのことである」と紹介する文面とほぼ同じである(『哲学者列伝』2・40)。ソクラテスを告発した人々とは、詩人メレトス、政治家アニュトス、弁論家リュコンの三人であり、この裁判は「不敬神」という重い罪を問うものであった。しかし、クセノフォンは少し後で、こう論じ始める。

「しかし、ゼウスにかけて、告発者が言うには、彼(ソクラテス)はこう語ることで、共にいる者たちが制定された法律を蔑視するようにした。」(『想い出』1・2・9)
「しかし、告発者が言うには、ソクラテスと親しくなることで、クリティアスとアルキビアデスの二人はポリスに対して最大の悪を為したのである。」(『想い出』1・2・12)

ここで注意すべきは、クセノフォンが「告発者(ホ・カテーゴロス)」と単数形で語っている点である。十九世紀にオランダの文献学者コベートが指摘して以来、ここで取り上げられるのが、アニュトスやメレトスら実際の裁判の「告訴状を書いた人々」(複数形)ではなく、後に『ソクラテスの告発』を執筆した人物、つまりポリュクラテスを指すと推定されている。

ここで述べられる罪状は、裁判で実際に告発者が述べた内容とは考えられない。したがって、この単数形の「告発者」はポリュクラテス、あるいは彼の『告発』の語り手「アニュトス」を指す可能性が高い。

大赦令によって三十人政権への関わりが公式には問えない状況で、「クリティアスを教育した」という罪状を法廷に持ち出すことはありえない。他方で、アニュトスらが作成した告訴状に含まれる「若者を堕落させることのゆえに、不正を犯している」という一文は、付加であるかに見えて、その実、裁判の隠れた基盤を示している。その含意は、当時のアテナイ人たちには明瞭であったろう。ポリュクラテスはこの隠れた前提を正面から取り上げて、その罪状を「アニュトス」の口から告発させたのである。

ソクラテスを告発した三名のうち、法廷で代表として弁論に立ったのはメレトスであったことが、プラトン『弁明』から確認される。この無名の若者にソクラテスは面識すら持っていなかったと、『エウテュフロン』では語られている。彼はいわば操り人形として、裁判で表舞台に立ったのであろう。

その裁判を操ったのは、手工業者で保守派の政治家アニュトスであった。彼はアテナイの歴史にしばしば登場し、とりわけ、前四〇三年にペイライエウスで寡頭派を破って、トラシュブロスらと共にアテナイに華々しく帰還した、民主派の一員として有名である（アニュトスと周辺の人々については、桜井万里子『ソクラテスの隣人たち』山川出版社参照)。

アニュトスはクリティアスら寡頭派の宿敵であった。だが、ソクラテスの裁判ではその背景は伏せざるを得ない。そこで、詩人メレトスと弁論家リュコンとの三名連記で告発が行なわれたのである。裁判の数年後にポリュクラテスが発表した『告発』では、その首謀者アニュトスが本来の問題を正面から取り上げる体裁で、(すでに死刑となっている)ソクラテスを言論で攻撃したのであった。

ちなみに、この『告発』は古代後期まで残っており、それを読んだ人々の中には、これがソクラテス裁判の本当の「告発」弁論であると信じた者もいた。ファボリノスというローマの学者は『告発』の内容に、前三九三年に起こった出来事――コノンによる長壁再建――に言及するという時代錯誤を発見し、これが創作であることを証明したという(ディオゲネス・ラエルティオス『哲学者列伝』2・39)。それを根拠に、『ソクラテスの告発』というパンフレットが公刊されたのは前三九三年から遠からぬ時期と推定されている。

ポリュクラテスは、無論、前三九九年の実際の告発をそのまま著すつもりはなかったであろう。彼は、前三九〇年代後半にもくすぶり続ける「ソクラテス裁判」を主題に取り上げ、その問題性を論じ立てることで、言うなれば、ソクラテスを再び裁判にかけたのである。

現存しないポリュクラテスの『告発』が、クリティアスやアルキビアデスら悪名高い政治家たちへのソクラテスの教育を問題としていたことは確かである。後四世紀にこの題材で『ソクラテスの弁明』という弁論作品(デクラマティオ)を執筆したリバニオスは、ポリュクラテスの『告発』の論点を取り上げながら、逐一反論をくり広げている(この作品は現存する)。

彼は、アテナイの神々を敬わないという不敬神の罪、つまりソクラテス裁判の主罪状はほとんど扱っていない。これは、ポリュクラテスが「不敬神」という告発を建前のものとして無視し、「若者を堕落させる」という真の政治的理由に焦点を合わせていたことを、強く示唆する。

ポリュクラテスの『告発』が同時代の強烈な反応を招いたことは、クセノフォンの『想い出』から明瞭である。だが、ポリュクラテスが、おそらくソクラテスを批判する勢力の一人に過ぎなかったように、ソクラテスを擁護する勢力もクセノフォン一人ではなかった。今日私たちに残された作品では、『想い出』が唯一ポリュクラテスに——名前は出さないものの——答える形をとっているが、その他のソクラテス派の著作も同様の意図で公刊されていたことは、想像に難くない。

†ソフィスト・ポリュクラテス

プラトン対話篇は、対話の舞台設定をソクラテスの生前、つまり、前三九九年かそれ以前におくことで、表面的にはポリュクラテスとの無関係を装っている。しかし、前三九〇年代以降に書かれたそれらの作品が、深層ではポリュクラテスらへの応答、反論を意図していることは容易に想像される。とりわけ、裁判におけるソクラテス自身の弁明を感動的なまでの筆致で著した『ソクラテスの弁明』は、プラトンによる最大の弁護であった。前四世紀前半に生きたプラトンの同時代人たちは、そのような背景を、言わずもがなの事として了解していたのである。

実はプラトンは、一度だけ対話篇でポリュクラテスの名に言及している。『メノン』の後半で、「徳の教師はいるか」を検討していたソクラテスとメノンのところに、偶然対話に加わる人物が現われる。ソクラテスはこう紹介する。

「そして今も、メノンよ、私たちにとってよい折に、このアニュトスが傍らに腰を下ろしてくれた。彼と一緒に探究していこうではないか。一緒に探究することは、相応しいことだろう。というのは、このアニュトスは、まず、富裕で知恵のあるアンテミオンの息子なのだが、その父親が富裕になったのも、偶々《たまたま》でも、誰かが贈与してくれたからでもなく――ちょうど、最近ポリュクラテスの金を手に入れたテーバイ人イスメニアスのようにね――そうではなく、自身の知恵と配慮によって獲得したからだ。……（中略）……次に彼は、このアニュトスを立派に育てて教育した。アテナイの大衆がそう思っているようにね。少なくとも彼らは、もっとも重要な地位にアニュトスを選んでいるのだから。」
（『メノン』89E-90B）

この対話の舞台設定は、前四〇二年、つまり「三十人政権」の崩壊後、民主政の回復に尽力したアニュトスが要職についていた時期と推定されている。

徳を教える者として「ソフィスト」を挙げたり、テミストクレスやペリクレスら立派な政治家たちが自らの子弟に徳を授けられなかった事実を指摘するソクラテスに対して、アニュトスは憤激し、捨て台詞を残して退場する（94E-95A）。これは明瞭にソクラテス裁判を予示する対話篇の手法であり、歴史的な事実とは考えられない。アニュトスがソクラテス告発に至った経緯は、一度のやりとりでは到底説明できないからである。若者の教育をめぐるここでの対話は、したがって、ソクラテス裁判にとって象徴的な意味を担っている。

このアニュトスの登場――プラトン著作中でこの箇所だけ――に付された紹介で「ポリュクラテス」の名が言及されているのは、偶然であるはずがない。一緒に名が挙げられたイスメニアスは、テーバイにおける反スパルタ派の政治家であり、前三九五年にはペルシアから多額の資金を手に入れたことが知られる人物であった。

テーバイは、時に反アテナイの強硬派でありながら、前四〇四年にアテナイで親スパルタの寡頭派が政権を握ると、亡命した民主派——アニュトスやトラシュブロスら——を保護して、アテナイ奪還を援助していた。その中心人物が民主派のイスメニアスであったと言われる。アニュトスらに資金提供することになるイスメニアスの名が、ポリュクラテスとの関係で言及されるのは、作劇上の皮肉であろう。

傭兵として権力を持ったイスメニアスは、自らの信条としてアテナイ民主派を援助したというよりも、むしろ民主派からの資金を獲得することで、その機会に自らの政治勢力を伸ばそうとしたと考えられる。寡頭派に対抗するために膨大な資金を提供するのは、兄ポレマルコスを殺害された在留外国人リュシアスの例が知られている。ポリュクラテスもそのような資金提供者の一人であったとすると、『メノン』での言及の意味も理解できよう。

ポリュクラテスは、寡頭派が政権をとった前四〇四年にキュプロスに亡命したとも伝えられるが、ソクラテスとの関わりは死後に公刊する『告発』以外に確認されない。『メノン』のアニュトス登場に際してさりげなく言及される彼の名は、二度目の告発への暗示であろう。

アテナイ生まれのポリュクラテスは、境遇の変化から、やむなく金銭を取って弁論教育にあたる「ソフィスト」になったという。このことは、イソクラテスがポリュクラテス宛の形式で著した演示作品『ブシリス』で語られている。イソクラテスは、そこで、個人的には面識のないポリュクラテスの二つの作品を、厳しく批評する。

「君が『ブシリスの弁明』と『ソクラテスの告発』に少なからぬ自信を抱いているのを知っているが、私は、君が両方の言論で必要なことを大いにやり損なっていることを、君に明示しよう。」

（『ブシリス』4）

「ブシリス」とは、予言者に従って異邦人たちをゼウス神殿に犠牲として捧げた伝説のエジプト王である。ポリュクラテスは、演示作品『ブシリスの弁明』で彼の汚名を晴らそうとしたが失敗し、ソクラテスについても意図とは反対のことをなしている、とイソクラテスは指摘する。ソクラテスとアルキビアデスの「師弟関係」をめぐって、イソクラテスがポリュクラテスにどのような批判を加えたかは、次章で検討しよう。

ここで大切なことは、同時代のイソクラテスが『ソクラテスの告発』を弁論作品として取り上げ、その不適切さを批判している点である。ポリュクラテスの文体は、後世デメトリオスやハリカルナッソス出身のディオニュシオスといった文芸批評家たちに酷評されている。しかし、同時代のイソクラテスは、あくまで弁論作品としての出来について彼を批判したのである。

ポリュクラテスは、自身の民主派的信条から、政治的意図をもって亡きソクラテスの告発パンフレットを公刊した、と現代の研究者の多くは想定している。アリストテレスの証言によれば、ポリュクラテスは民主派のトラシュブロスを「三十人僭主」を倒した英雄として讃えていたという（『弁論術』2・24）。『トラシュブロス』という著作に含まれていたとされるその議論も、ポリュクラテスの民主派寄りの政治姿勢を示すものと受けとられることが多い。

しかし、弁論家たちが「演示《エピディクシス》」を目的に著す作品は、しばしば遊戯性を基調にしている。ポリュクラテスの場合も、他の作品ではその性格が顕著であった。

彼は、イソクラテスが批判した『ブシリスの弁明』の他に、『クリュタイムネストラ頌』や、おそらく『パリス頌』といった作品も著した。そこでは、ホメロス『オデュッセイア』以来貞女の鑑《かがみ》とされるペネロペイアと比べて、夫アガメムノンを謀殺したクリュタイムネストラを賞讃したり、『イリアス』の英雄ヘクトルとの比較で優柔なパリスを賞揚していたという。

伝説の人物を素材にした擬似弁論作品では、前五世紀にゴルギアスが著した『ヘレネ頌』が有名である。著者は「悪女」と非難されるヘレネの罪科を晴らすために、一見論理的と見える議論を組み立てる。だが、その締めくくりにあたり、「私はこの言論を、ヘレネにとっては頌歌として、私にとっては遊びとして書こうと思ったのだ」と語る。ブシリスやクリュタイムネストラといった悪名高い人物を弁護するポリュクラテス作品は、ゴルギアスの影響下にある。

自己の弁論能力を誇示し宣伝するために書かれる「演示作品」は、内容への真摯な考察よりも、奇抜でパラドクシカルな着想を重視する。ポリュクラテスに帰される『ネズミ頌』『小石頌』といった作品の人を小馬鹿にした標題を見ると、彼の一連の弁論作品も、そのような遊戯性の強いものではなかったかと想像される。

『ソクラテスの告発』は、同時代の政治情勢を論題とする点で性格を異にするとはいえ、同様の演示的な意図を持っていた可能性も高い。アテナイ民衆の関心をひく「ソクラテス裁判」を素材に、自己の弁論能力をアピールしたものかもしれない。その場合、ポリュクラテス自身がトラシュブロスやアニュトスらと政治的信条を共有し、それゆえにソクラテスを告発したと考える必要はなくなる。

ただ、ポリュクラテス自身の意図は何であれ、『ソクラテスの告発』の公刊が直接の引《ひ》き鉄《がね》となって、クセノフォンやプラトンの著作を始めとする「ソクラテス対話篇」が多数発表されたことは確かであろう。

彼らの反応は、かならずしもそのパンフレットを唯一の標的としたものではなかったかもしれない。前三八〇年代前半には、まだ告発者アニュトスも生存していた。ソクラテスの仲間たちは、一方でポリュクラテスやアニュトスらソクラテス告発派に団結して当たり、他方では、前章で論じたように、互いに強い対抗意識をもって著作活動にあたった。これが、時代に哲学のうねりを創り出した、「ソクラテス文学」の始まりであった。

†クセノフォンによる反論

ポリュクラテスのパンフレットに応答してソクラテス擁護の論陣を張ったのは、弟子の一人クセノフォンであった。これには、彼独自の事情があったのかもしれない。

前に紹介したように、若い軍人であったクセノフォンは、ペルシア王家の内紛に巻き込まれ、アジアで遠征軍の苦難の逃避行を指揮していた。前三九九年にソクラテスがアテナイで刑死した際、クセノフォンは異郷の地にあったのである。『アナバシス』では、勝ち気な若者クセノフォンがソクラテスの勧告を振りきってキュロスの遠征軍に参加する様が描かれる。しかし、クセノフォンが遠征に加わった背景には、そこで明示されていない負の要素もあった。

前四〇四年に三十人政権が成立した折、若いクセノフォンはおそらく騎兵として寡頭派について働いた。上層市民であった彼は、エリート主義的で反民主派的な思想を、生涯持ち続けたのである。

寡頭政下で民主派と戦った人々にも、政権崩壊後の和解によって、既往の経歴が問われることはなくなった。しかし、政治的にも心情的にも、復活した民主政下でクセノフォンが居心地の悪い思いをしたことは間違いない。彼はアジア遠征軍という好機に乗り、アテナイを脱出して自らの力を存分に発揮できる大地を選んだのである。

そのクセノフォンは、小アジアの滞在先でスパルタ王アゲシラオスの庇護を受け、その恩恵に報いるために、前三九四年コロネイアの戦いではテーバイ・アテナイ連合軍に敵対する。その罪を問われてアテナイから追放となった彼には、スパルタの配慮でペロポネソス半島に領地が与えられる。クセノフォンは以後、農業経営に従事するかたわら、精力的に著述活動にあたった。

彼は故郷アテナイへの愛着を生涯持ち続け、前三六二年に息子の一人グリュロスがアテナイ軍に加わって戦死した際には、それを誇りにしたと言われる。クセノフォン自身は、前三六九年頃には政治情勢の変化によりアテナイ復帰を許されたが、コリントスに住み続けたようである。

ソクラテス裁判という決定的な事件に立ち会うことが出来ず、ソクラテスの仲間では周縁にあったクセノフォンは、前三九三年頃、ポリュクラテスのパンフレットが公刊された時、またもやアテナイにはいなかった。彼はそれに反論する著作を公刊する形で、おそらくアテナイの外から、ソクラテス擁護の陣営に加わったのである。告発文に書き物で対抗することが、クセノフォンにとって唯一可能な手段であった。

『想い出』の中で、ソクラテスへの告発に直接応答している部分は、第一巻の最初の二章である（章立ては後世の便宜）。アニュトスらによる裁判での「告訴状」を紹介したクセノフォンは、まず「ポリスの信ずる神々を信ぜず」という主な罪状に関して、第一章でソクラテスの敬神を擁護する議論をくり広げる。

次いで第二章で、もう一つの罪状へと向かう。

「人々が、ソクラテスが若者を堕落させたということに説得されたことも、私には驚くべきことに思われる。」（『想い出』1・2・1）

そして彼は、「告発者」ポリュクラテスが明示的に論じた罪状を逐一取り上げ、反論を加えていく。

「若者を堕落させた」とのソクラテス告発に、クセノフォンはどう答えたのか？

「告発者」は、ソクラテスが危険な言論を若者たちに教えることで、ポリスの法律を蔑視させたと主張する。彼はつねづね、民主政の役人選出法をこう批判していた。船の操舵士や大工の棟梁や笛吹きといった、失敗してもそれほど害にならない場合でも籤《くじ》引きで選ぶことはないのに、大切な国政の執行人を籤引きで選ぶとは愚の骨頂であると（1・2・9）。

そのような民主政に批判的な議論は、クセノフォンやプラトンが描くソクラテス像に共通して登場する。ポリスの運営を船の操縦に喩え、水夫の多数決ではなく専門の操舵士に任せるべきとする有名な比喩は、『ポリテイア』第六巻で用いられる。二人は、アテナイでは上層階級に属し、エリート主義的な政治観を共有していた。

他方で、政治を身近な技術《テクネー》との類比で検討する語り口は、ソクラテスに相応しい。また、「正義」や「善き生」への厳しい吟味を怠らなかったソクラテスが、現実政治のあり方、つまり、当時の民主政に鋭い批判の目を向けるのも自然であったろう。このような政治論は、ソクラテスに限らず「言論の自由《パレーシア》」——皮肉なことに、その基盤は民主政にあった——を尊ぶアテナイでは、とくに問題にはならなかったはずである。

ところが告発者は、「このような言論が若者たちに既存の掟を軽んじるようにさせ、彼らを暴力的にした」と主張していた。「暴力的」とは、けっして比喩に留まる表現ではない。クリティアスとアルキビアデスの二人こそ、まさに「ポリスに対して最大の悪をなした者」とされるからである。

「クリティアスは、寡頭政下のすべての人の中でもっとも盗人的で、もっとも暴力的で、もっとも血なまぐさい者となった。また、アルキビアデスは、民主政下のすべての人の中でもっとも放蕩で、もっとも傲慢で、もっとも暴力的であった。」

（『想い出』1・2・12）

「暴力的」という形容が、二人に共通する。

告発者の照準は、何よりも、人々の心にまだ鮮やかな数年前の惨事——クリティアスら寡頭派による粛清の記憶に向けられている。ソクラテスがそのクリティアスと親しく交わり、彼に反民主政的な考えを植え付けていたとしたら、事件の元凶はソクラテスにあることになろう。

三十人政権は民主派を始め、反対する勢力を見境なく捕え、処刑していった。また、裕福な在留外国人ポレマルコス——弁論家リュシアスの兄——など、政治的利害とは関わりなく、おそらくは財産を目当てに捕えられて殺された者たちも多かった。アテナイではペロポネソス戦争の終結後に、戦時中よりも悲惨と言われる市民殺害が起こっていた。そのような「暴力」の首領が、ソクラテス告発の焦点にあった。

クセノフォンは『ギリシア史』という著作で、三十人政権の経緯をより詳細に記述している。トゥキュディデスはペロポネソス戦争の歴史を、前四一一年の出来事まで書き残し、そこで何らかの理由で筆を折った。それ以降の歴史を書き継ぐクセノフォンの歴史書は、寡頭政権の首領としてクリティアスを「悪人」の代表と描いている。

彼は無分別に殺害を欲する者であり、それは、自身が民主派によってテッサリアへ追放された仕返しでもあった。また、彼の政治は個人的な利益を求めるもので、残忍さ、個人的な憎悪、そして、卑しい金銭欲がクリティアスの行動の背後にある。こういった悪人像を、クセノフォンは強烈に印象づけようとする。

しかし、「独裁僭主《テュラノス》」として描かれるクリティアスらの三十人政権は、実際には民主政からの政治変革を望む至極真面目な政治的試みであり、元来は金銭欲や個人的利害に由来するものではなかった。クリティアスは、自身「スパルタびいき」の政治理論を展開していた。また、「三十人」によって運営された政権が、あたかもクリティアスの独裁であったかのように描くクセノフォンの劇仕立ても、状況を過度に単純化するものであった。三十人の中では、カリクレスという人物（『ゴルギアス』登場人物とは別人）がより大きな力を持っていたようである。

クリティアスは、共に政権を立ち上げた穏健派テラメネスと中途で対立し、彼を弾劾して死刑に処する。テラメネスを告発する評議会で、クリティアスは冷徹にもこう切り出す。

「評議会の諸君、もし君たちのうちで、時宜にかなった以上の数の人々が死刑に処せられていると思う者がいれば、国制の変革が為されるところでは、どこでもこういうことが生じるのだと考えていただきたい。」

（『ギリシア史』2・3・24）

『ギリシア史』は、クリティアスによる非難演説とテラメネスが三十人政権の悪を告発する演説とを、対照的かつ劇的に描いていく。寡頭政権の重要な一角を占め、内輪揉めで失脚したテラメネスを、悪と対決する英雄であるかのように描く叙述に、ソクラテス裁判とイメージを重ね合わせる読者もいる。

ちなみに、『ギリシア史』でソクラテスの名は、アルギヌサイ裁判の際の行動に関して一度言及されるだけである。クセノフォンは、前三九九年のソクラテス裁判を、あえて彼の政治史から外したのである。

†クリティアスとソクラテスの仲

さて、クセノフォンはポリュクラテスの告発に応えて、クリティアスとソクラテスの間を徹底的に切り離す戦略をとる。

「私は、あの二人がポリスに害悪を為したことは、弁明しない。だが、彼らがどのようにソクラテスと付き合うようになったかを説明したい。」（『想い出』1・2・13）

クセノフォンの弁明は、クリティアスらへの強烈な批判に転じる。彼らは、名誉欲と政治的野心をもってソクラテスに近づいたものの、所期の目的が達せられたと考えるやいなや彼のところを飛び出し、政治に転身したというのである。これらはすべて、彼らの放埒《ほうらつ》で傲慢な性格や情の薄さに由来するものであった。『想い出』の手法として、ここで印象的なエピソードが挿入される。

ある時ソクラテスは、クリティアスが若者エウテュデモスを愛し肉欲に耽《ふけ》ろうとしたのを知って、次のように言ったという。とりわけ価値あるように思われたい恋人に、乞食が物乞いするように懇願し、しかも善いことを乞うのでない場合、それは自由で立派な人物に相応しくないと。クリティアスはこの言葉に耳を貸さず、態度を改めようとしなかった。そこで、ソクラテスはエウテュデモスも含めた大勢の前で、「クリティアスは豚のような性状を持っているように思われる。ちょうど豚が石に身を擦り寄せるように、エウテュデモスに擦りつける欲求を持っている」と言った。これを根に持って、クリティアスは後年仕返しを試みたという（1・2・29-30）。

『想い出』（1・2・31）では、彼が「三十人」の一人として法律制定にあたった時、「言論の技術を教えるべからず」の一条を挿入した、と報告される。当時哲学者に向けられていた一般的な批判を、そこで用いたわけである。そのような法律が実際に導入されていたのか、また、もし導入されたとして、それが個人的な恨みからソクラテスを対象としたものであったかは、大いに疑問である。実際、この特異な法律に関して、他の歴史資料に証言はない。

　研究者の中には、言論活動の制限という発想が、寡頭派のスパルタ的風習への傾倒に由来すると推定する人もいる。市民団が圧倒的多数のヘロットとペリオイコイを支配する寡頭制のポリス・スパルタでは、鎖国により文化的な純粋さを保とうとし、アテナイとは対照的に、言論の自由を制限していた。クリティアスらアテナイの寡頭派が熱烈な「スパル夕びいき」であり、何事につけその風俗を真似していたことは有名である。民衆に多大な権力を開放し、軟弱で華美な風俗にひたるアテナイ文化への反感もあったろう。そういった傾向をもつ寡頭派が、アテナイ民主政の基盤、そして象徴である「言論の自由」を目の敵にしたとして、不思議はない。

三十人政権は、腐敗したアテナイを浄化する手始めに「シュコファンテス」と呼ばれる告訴常習者を処刑して人々の喝采を浴びたという。シュコファンテスたちは民主政の裁判制度を濫用し、相手を脅して示談に持ちこむなど裏駆け引きを行なっていた。裁判で人々を自由に操る「弁論術」は、アテナイの人々、とりわけ若者がこぞって学ぼうとしていた技術である。寡頭政権は、概して、そのような「言論の技術」に敵対的であった。

ただ、彼らが言論統制をしいたとして、それがクリティアスによるソクラテスへの個人的な報復を意図したものであるというのは、クセノフォンの解釈であろう。

クセノフォンはクリティアスの隠れた意図を、もう一つのエピソードから暴《あば》こうとする。ソクラテスは、三十人政権の施策を批判するようになった。政権が当初の政治刷新の期待を裏切り、反対派から一般の市民までを多数死刑に処し、多くの人々が不正をするように仕向けていたからである。ソクラテスはどこかでこう語った。

「牛飼いとなった人が群れを減らして劣悪にした場合、彼が悪しき牛飼いであると認めないとしたら、私には驚くべきことに思われる。だが、ポリスの代表となって市民の数を減らして劣悪にしておきながら、ポリスの悪しき代表であると考えもせず、恥じないとしたら、より驚くべきことだ。」

（『想い出』1・2・32）

これを耳にした三十人政権の首領クリティアスとカリクレスは、ソクラテスに例の法文を示し、若者たちと対話してはならないと命じた。そこでの両者のやりとりが紹介される。

「ソクラテスが二人にこう尋ねる。「もし命じられたことの何かを知らないとしたら、尋ねて構わないでしょうか。」

二人はそれをよしとした。

「では、私は法律に従うようにしてきました。ですが、知らないがゆえに法に反することを気づかずにすることがないように、このことをあなた方からはっきりと学びたいのです。

言論の技術とは、正しく語られたことを伴うものか、それとも正しくなく語られたことを伴うものか、どちらを考えてそれを避けるように命じられているのでしょうか。というのは、もし正しい言論を伴うもののことであれば、正しく語ることを避けるべきなのは明らかですし、他方、もし正しくない言論をであれば、正しく語るように努めるべきなのは明らかだからです。」

カリクレスは彼に腹を立ててこう言った。「ソクラテス、君は知らないのだから、分かりやすいように、このことをわれわれは命じる。若者たちとは一切対話しないように。」するとソクラテスは、「では、私が命じられたこと以外をする疑念がないように、何歳までの人間を若者と考えるべきか、規定してください。」

カリクレスは、「審議に加わることが認められない時期だ。まだ十分に思慮がないという理由で。すなわち、君は三十歳より若い者たちと対話してはならぬ。」

「では、もし私が何かを買う時、売り手が三十歳より若かったら、いくらで売るかを尋ねてもいけないのですか。」

「そのようなことは、よい」とカリクレスは言う。「だが、ソクラテスよ、君はどうなのかをだいたい知っていることを質問する癖がある。それらを尋ねてはならぬ。」

「もし若い人が私に質問をして、私が知っていても、答えてはいけないのですか。カリクレスがどこに住んでいるかとか、クリティアスはどこにいるかとか?」

「そんなことはよい」とカリクレスが言った。しかし、クリティアスはこう言う。

「だが、ソクラテス、靴作りとか大工とか鍛冶屋とか、そういったことは避けなければならない。彼らのことは、思うに、君によってボロボロになるまで使い古されているのだから。」

「それでは、それらに付随する事柄、つまり、正しさや敬虔さや、他のこういったことはどうでしょう。」
「ゼウスにかけて駄目だ」とカリクレスは言った。「それから牛飼いのこともだ。さもなければ、気をつけたまえ。君も牛を減らす原因とならないようにね。」
（『想い出』1・2・33−37）

この脅しにより、ソクラテスの政権批判を例の法律で封じ込めようとしたことが明らかになった、とクセノフォンは描く。

このエピソードでは、ソクラテスは寡頭派政治家に挑発的に対決した英雄として、相対的に持ち上げられている。この手法は、クセノフォンが『ギリシア史』でとった「善人テラメネス対悪人クリティアス」の対比と同じである。ソクラテスに加えられた「若者を堕落させる」という批判、とりわけポリュクラテスが明示した「僭主クリティアスを教育した」という罪状に対して、クリティアスを徹底して「悪人」に描くことが、ソクラテスを擁護するクセノフォンの戦術であった。

†「思慮深さ」の教育をめぐって

クセノフォンの議論は、素朴で正直な弁護という印象を与える。だが、そこには、彼自身の意図や思想が注意深く織り込まれている。たとえば、「告発者」ポリュクラテスが加えていた、反民主政的思想の教育という非難に対して、クセノフォンは微妙に問題をずらして応じている。

アテナイが当時採用していた民主政の制度――籤引きによる役人の選出など――を、操舵士や大工や笛吹きといった技術者との類比《アナロジー》で批判する議論を、ソクラテスはおそらく実際に展開していた。しかし、このような教えが若者の民主政蔑視を促進し「暴力的」にしたというポリュクラテスの批判に、クセノフォンはまともには応じない。

思慮の訓練に励み有益なことを教える能力を持つと信じる者は、市民を「暴力的」にすることはない。なぜなら、説得をつうじて恩恵を授ける者と、思慮を欠く暴力者とは相反するからである。クセノフォンは、このような一般論で批判をかわしている（『想い出』1・2・10－11）。

上流階級に生まれ騎士として三十人政権側で働いたクセノフォンは、エリート主義の寡頭政により共感を持ち、強い反民主政的イデオロギーを保持していた。彼の親スパルタ傾向は、実際にスパルタの庇護に入ってアテナイから追放される後半生につながっていく。そういった思想がソクラテスからの影響か否かはともかく、クセノフォンによるソクラテス弁護は、見かけの素朴さとは裏腹に、反民主政的傾向や若者への強力な影響といった危険な話題を、意識的かつ巧妙に避けるものであった。

ソクラテスによる「教育」をめぐる論争は、「思慮深さ《ソーフロシュネー》」の扱いに焦点を結ぶ。

「おそらく、人はこういった事に対して、ソクラテスは一緒にいる者たちに政治的なことを教える前に、思慮深くあることを教えるべきであった、と言うかもしれない。私はこのことに反論はしない。」

（『想い出』1・2・17）

クセノフォンはポリュクラテスらからの批判に対して、ソクラテスが自ら立派なあり方を示すことで周りの人々に善き影響を与えていた、と弁護していく。

あのクリティアスやアルキビアデスでさえ、彼と一緒にいた折には思慮深く振舞っていたのである。思慮深さは、他の徳と同様、訓練によって習得されるが、怠ることによってまた忘れられてしまう。彼らもソクラテスの側を離れてからは、もとの無思慮に戻ってしまったのである。したがって、この点でもソクラテスに責任はない。

「思慮深さ《ソーフロシュネー》」とは、「正義、知恵、勇気」と並ぶ重要な徳目である。それは、自らの欲望を制御する思慮として「節制」とも訳される。自由奔放で放埒な生涯を送ったアルキビアデスや、自己の金銭欲や権力欲のために（とクセノフォンは描く）冷酷にも人々を迫害したクリティアスは、まさに「思慮深さ」を欠く連中であった。

しかし、この論点は、クセノフォンがここで退けるほど単純で表面的な問題ではなかった。プラトンははるかに真剣で徹底した仕方で、この問題に取り組まなければならなかったのである。

クリティアスとソクラテスの関係をめぐって提起された「思慮深さ」という言葉を、当時のアテナイ人たちは生々しい現実感覚で捉えたことであろう。クリティアスらが率いるアテナイの寡頭派は、スパルタ型のエリート主義と厳格な秩序を理想として、スパルタ人の徳目である「思慮深さ」を掲げて政治に着手していたからである。彼らの実践がその正反対の結果をもたらしたことは、誰もが知っている。

すばらしい徳目を標榜しながら、無思慮の極致を現出させてしまったクリティアスらの政治とは、いったい何であったのか？　クセノフォンは、彼らがそもそも思慮深さとは無縁で、ソクラテスから学ぶこともなかったと片付ける。しかし、事の真相は、政治と哲学の根本問題に達する。

プラトンは『カルミデス』で、ソクラテスが若いカルミデス――プラトンの叔父で三十人政権の協力者となる人物――と彼の後見人クリティアスを相手に、「思慮深さとは何か」をめぐって交わす対話を描く。そこでクリティアスは、自らが「思慮深い」人間として自己を知り、他の諸知識を支配する術を知っている、と信じている。ソクラテスはクリティアスを吟味し論駁することで、実際彼は自己の不知というあり方を自覚せず――つまり、自己自身を知らず――それゆえ思慮深さを欠いている様を暴いていく。

クリティアスが実践した三十人政権の過ちは、自己の欲望のために政治を曲げるといった低次元のものではない。「思慮深さ」をもって真面目にアテナイに「正義」を実現しようとしたある政治家が、誤った理念《イデオロギー》に基づいて政治に着手したために最悪の結果を招く。プラトン『カルミデス』は、真相をそう抉《えぐ》って見せる。

その対話篇でプラトンは、ソクラテスが若くて傲慢なクリティアスを論理によって追いつめ、自己の「無知」（不知の無自覚）という真実を突きつける様を描く。プラトンは、このように「思慮深さ」をめぐる根本的なソクラテス弁護を提供していくのであった。

他方でクセノフォンは、『想い出』でポリュクラテスの「告発」に応じた後、ソクラテスの「思慮深さ」を実地に示すという、次の試みに移る。

「では、彼は行為によっては自身がどのような人であるかを示すことで、また対話を交わすことによって、一緒にいた者たちを益してもいたと私に思われるので、これらのことで私が記憶している限りのことを、書き記そう。」（『想い出』1・3・1）

その著作の主要部では、クセノフォンが記憶するさまざまなエピソード、ソクラテスが仲間たちと交わした対話を次々に紹介していく。それは、プラトンとは異なる、クセノフォン流の応答であった。

†プラトン『弁明』の「真実」

前三九九年の裁判を描くプラトンの『ソクラテスの弁明』は、その迫真性と高邁《こうまい》な哲学によって、時代を越えて人々に深い印象を刻んできた（光文社古典新訳文庫の拙訳・解説参照）。ソクラテスが一人称で「アテナイの皆さん」に語りかける言論は、告発された側が裁判で行なう「弁明《アポロギア》」の形式に則ったものである。

この作品は、あまりの迫真さゆえに、しばしばソクラテスが実際の裁判で行なった弁明そのもの、あるいは、その忠実な記録であると誤解されてきた。しかし、私たちは今や「ソクラテス文学」がどのような状況と意図で著作され、人々がそれらをどのようなものと了解して読んでいたかを知っている。プラトンによる『ソクラテスの弁明』も、まさにソクラテスを主人公とした一つの「ソクラテス的言論」に他ならない。私たちは、前四世紀のアテナイ人たちと同じように、この作品を読まなければならない。

『弁明』は、ソクラテス死後に起こった論争の中で、彼のメッセージを人々に訴えかける著者プラトン自身の解釈である。そこでは基本的に、史実の記録や再現は意図されておらず、ソクラテス批判者たちや他のソクラテス文学の著者たちに向けた、言論に対する言論での対抗が目論まれている。この作品は、何よりもまずそのような「創作（フィクション）」として了解されなければ、そこに込められた真のメッセージは読み解けない。

それではなぜ、これまで多くの人々がプラトンの『弁明』を歴史の忠実な記録や再現と受けとってきたのか？　いくつかの理由が挙げられる。

第一に、『弁明』の二箇所（34A、38B）で、プラトン自身が師ソクラテスの裁判に列席してその言動を直接聴いていたことが、はっきり言明されている。その彼が真実を報告することは疑いがない、との想定がなされている。

第二に、五百人にものぼるアテナイ市民が裁判員として裁判に臨席し、直接ソクラテスの言葉を聴いていた。そうである以上、もしプラトンが真実でないことを書いたら、人々はすぐ誤りに気付き、批判したことであろう。

第三に、あれほど優れた言論は、ソクラテス自身が語った哲学にこそ相応しい、という信念である。これらの論拠を検討してみよう。

第一に、歴史とは事実を忠実に記録することであり、それこそが学問的価値を有するという前提は、十九世紀以降に支配的となった実証主義的歴史学の態度である。その見方からは、プラトンの『弁明』は価値がある、したがってそれは創作ではありえず、歴史という真実であると推論される。しかし、古代ギリシア人は、客観的に記録される「歴史」を至上の価値と捉えてはいなかった。彼らにとって「歴史の真実」は、別の形をとる。単なる事実の報告を絶対視する態度は、『弁明』を読むにあたっては明白な時代錯誤である。

第二に、多くの市民が傍聴していたがゆえに、プラトンが「嘘」を書いたはずがない、という議論は素朴に過ぎる。当時の状況は、むしろ次のようであったろう。ソクラテス裁判は人々の関心の的となり、そこで彼が何を語ったかは、ある程度皆が知っていた。とすると、それをそのまま著作にすることではなく、人々の共通の前提の上に各人が独自の解釈を作品に著すことこそが、意味を持ったはずである。

他方で、伝聞での状況報告や印象論が流布するなかで、弟子たちがその「真実」を伝えようとしたことも確かである。プラトン一人ではなく、クセノフォンも含めた複数の人々が、『ソクラテスの弁明』といった著作を世に問うていたのである。それらは独自の視点と解釈を提供し、一つの出来事をそれぞれ異なった相貌で描き出していた。

最後に、あれだけ深遠で感動的な「哲学」を語る以上、プラトンの描くソクラテスは真実であるに違いないという信念は、それが歴史的記録や再現であることを含意しない。プラトンにとってソクラテスの「真実」とは、ソクラテス刑死後に彼が考え抜いたソクラテス哲学の真相であった。

プラトン『弁明』の性格をめぐる論争において、私は「創作《フィクション》」とする立場をとる。くり返されてきたこの争点に、現在ではヴラストスが主導した「歴史的ソクラテス」復元という課題が、米英の学界を中心に優勢となっている。

たとえば、トマス・ブリックハウスとニコラス・スミスの研究書『裁かれたソクラテス』（米澤茂、三嶋輝夫訳、東海大学出版会）は「虚構論」と「正確論」とを検討して、結局ヴラストスの立場である後者を採る。そこでブリックハウスとスミスは『弁明』を、「ソクラテス文学」のジャンルが成立する以前、つまりポリュクラテスの『告発』によって惹起された論争で誇張された「ソクラテス像」が蔓延する以前の、正確な歴史像を提供するものと捉える。

彼らは、一方で『弁明』の執筆年代は決定できないと慎重な態度を示しながら、実際には、それが裁判後二～三年のうちに執筆されたという研究者たちの想定を受け入れている。はたして、その想定は妥当か？

彼らの議論は、裁判で実際の弁明を聴いたプラトンが、記憶の新鮮なうちにそれを書き残そうとした、との想定に依拠している。だが「記憶が新鮮なうちに」とは、何を意味するのか？　強烈な印象がそのまま「真実の記憶」であるとは限らない。印象はしばしばあまりに強烈であり、それを受けた本人でさえその意味や全体を摑みかねることが多い。あるいは、精神的衝撃ゆえに、印象を冷静に取り出すことさえ難しいことも多い。

ナチスによる虐殺や、日本軍の凄惨な戦場は、戦後すぐ人々に知られたわけではない。当事者たちがようやく「真実」を語り出したのは、長い年月が過ぎて、あるいは一九八〇年代や九〇年代になってからであった。人々は自分たちが身に受けた印象をようやく整理し、正面から見据え、それを「記憶」として語り始めたのである。

出来事のすぐ後でなければ「記憶」が新鮮さを失うといった想定は、現実の重みを無視した、あまりに素朴な理屈に過ぎない。「記憶」は、時の経過を必要とする。言葉にして示すことで、人は出来事を整理し衝撃をやわらげて自分の経験として理解していく。それは「真実」として一人ひとりの心の中に、言葉として結晶していくのである。

ソクラテス裁判の後、プラトンはエウクレイデスを頼ってメガラに避難したと言われる。その機会にキュレネ（現・リビア）やエジプトにも足を運んだ、という伝承もある。アテナイを離れた動機には政治的な理由があったとしても、その後しばらくプラトンが立ち直り難いショックを感じていたことは、容易に想像がつく。

プラトンにとっても、「ソクラテス裁判とは何か？」をくり返し問い、自らのソクラテス理解を「記憶」として確立するには、大きな苦しみと時の癒しが必要であったろう。

私はこういった理由から、『弁明』が結晶するには十年あまりの時がかかったこと、具体的には、おそらくポリュクラテスの挑発に触発されて、初めて「ソクラテスの記憶」を作品として世に問うたと推定している。『弁明』に素朴に「歴史的ソクラテス」を見る論者たちは、事柄の本質を根本的に捉え損なっている。

プラトンの『弁明』が「創作」であると言うことは、ソクラテスが前三九九年の裁判の演台で実際に語ったことの記録ではないという意味であって、これが「真実」ではないという意味ではない。それでは、まさに「真実」である「創作」とはどのようなものか？

ここで一つ参照したいのは、ソクラテスと同時代にペロポネソス戦争の真実を冷静に分析したトゥキュディデス『戦史』の手法である。トゥキュディデスは自身アテナイの将軍であったが、事情によりアテナイを離れ、そこでアテナイとスパルタが全ギリシアを巻き込んでくり広げた三十年近くの悲惨な内戦を見つめ、そのありさまを執筆し続けた。

彼の著作は学問的な歴史記述の模範として、今日でも高く評価されている。しかし、その冷徹な叙述のところどころに、不思議な場面が挿入されている。節目節目で将軍や有力者が与えた「演説」が、報告——つまり間接的な叙述——ではなく、一人称による語りかけで収められているのである。

その中でもっとも有名なのが、ペリクレスが戦争初年にアテナイ人戦死者に向けて行なった「葬送演説」である（第二巻）。アテナイ民主政を誇り、そのために生命を捧げた兵士や家族たちを讃える感動的な演説は、現代とは違い、テープレコーダに記録されたり筆録されたものではない。いかに印象的な演説であれ、著者が一言一句を正確に記憶していたとは考えられない。

トゥキュディデスは他の多くの場面でも、彼自身が立ち会ってはいない「演説」を、語りかけの形で記述している。その意図を、著者はこう表明している。

「それぞれの人が言論で言ったことについては——戦争を開始しようとする時であれ、すでにその中にある場合であれ——私自身が聴いた場合でも、他所《よそ》から私に伝えてくれる人がいた場合でも、語られたことをまさに精確に思い出すことは困難である。各々の人がその都度直面する事柄について、最大限相応しいことを語ったであろうと私に思われる仕方で、しかし、真に語られたことの全知見にできるだけ近く従いながら、そのような語り口にしている。」

（『戦史』1・22・1）

トゥキュディデスとプラトンでは、立場も目的も異なる。しかし、トゥキュディデスほどの歴史家が、あえて「創作」を導入しながら、むしろそこに積極的意義を見ている点は重要である。決定的な転機となる政治家や将軍たちの演説、やりとりは、簡素で間違いの少ない報告の形式ではなく、臨場感に満ちた生き生きした語りかけで提示される。彼はそこに、歴史の真実を託したのである。プラトンが『弁明』でソクラテスに語らせているのも、同様の「真実」ではなかったか。

プラトン『弁明』の冒頭、ソクラテスは、告発者がたいへん説得的な弁論を与えたが、「しかし真実は、あの人たちは、いわば何一つ語りませんでした」と断定する（17A）。「真実を語ること」が弁論者の徳であり、正義を判定することが裁判員の徳である。そして、ソクラテスはこう宣言する。

「あなた方は、私から真実のすべてを聞くことになります。」

（『弁明』17B）

相手が提示したもっともらしい議論に真実は含まれず、これから自分が語ることこそが真実である。こういった語り口は、弁論（レトリック）でしばしば使われる対比の手法である。演台に立つものは誰でも、相手を攻撃して自らの真実を訴える。

では、ソクラテスは「真実」という言葉で、そういった常套《じょうとう》のテクニックを駆使していたのか。そもそも「全真実」とは大袈裟《おおげさ》であり、そのような大言壮語は眉につばをつけて聴くべきであろうか。ソクラテスの大胆とも思われる発言は、何に由来するのか？

ソクラテスは、自らに向けられた告発には二種類あると語り、より重大で根が深い「古くからの告発」をまず取り上げる。「ソクラテスという知恵のある男がいて、天空のことを思弁し、地下のものすべてを探り出して、弱論を強弁するのだ」（18B-C）。これは、誰とも特定できない多くの人々によって、アテナイの人々に子供の頃から吹き込まれていた非難である。

漠然とした「知者ソクラテス」への非難を取り上げて、それを退けることは、裁判では通常ほとんど意味をなさないことであろう。むしろ、被告に与えられた限られた弁明の時間を、一般的な議論で無駄に費やしているとの印象を与えるかもしれない。しかし、ソクラテスにとって、まさにここに「真実」がある。

友人カイレフォンがデルフォイに赴いて授かった、「ソクラテスより知恵ある者はだれもいない」という神託に接して、彼はそれを批判的に吟味すべく、世間で「知者」と思われている人々のもとへと赴く。そこでソクラテスが見出したのは、善や美や正といった大切なことについて、本当は知らないにもかかわらず「知っている」と思いこんでいる人々の「無知《アマテイア》」であった。

対照的に、ソクラテスは自らが「知らない」と思っているだけに、他の人々より「人間的な知恵」において勝るかもしれない。神は謎かけされていた。そのような「人間的な知恵」など、神の真の知恵に比したら無に過ぎない。

しかし、ソクラテスによって吟味され無知を暴かれた人々は、人前で恥を曝され、何よりも自尊心を傷つけられて、ソクラテスを憎む。真実を暴き、真実を語り続けたソクラテスは、それゆえに人々の憎悪によって裁判に引き出されたのである。

「アテナイの皆さん、今まで述べてきたことが真実であり、皆さんにすこしも隠し立てせず、ためらうことなくお話しています。しかしながら私は、まさにこのこと、つまり真実を話すということで憎まれているのだということを、よく知っています。そして私が憎まれているというまさにそのことが、私が真実を語っていることの証拠でもあり、そして、私への中傷とはまさにこういうもので、これが告発の原因であるということの証拠でもあるのです。」

（『弁明』24A-B）

ソクラテスが明け透けに語る「真実」が、裁判の場で生殺与奪を握るアテナイの裁判員たちの神経を逆なでし、彼らを興奮と憤激に向かわせる。ソクラテスはしばしば、「皆さん、どうか騒がないで下さい」と議場に呼びかける。自らを「知者」と呼ぶ神託を紹介し、世間で尊敬される知者たち、そして何よりも裁判に臨席する人々すべてを「無知」として告発するソクラテスに、人々は有罪、そして死刑の評決を下すのである。

しかし、まさにこの死刑判決こそが、ソクラテスが「私が憎まれること」と呼んだ事態の最後で最大の生起であり、それ自体が「私が真実を語っていることの証拠」となるのである。ソクラテスは「真実を語ることで人々に憎まれる」という真実を、法廷に現出させる。こうして、この『弁明』そのものが全体として「真実のすべて」の開示となった。

私たちの生き方を挑発し、反発させ、そうして嫌でもより善き生の吟味へと魂の目を向けかえさせるソクラテスの言論。プラトンが迫力をもって描くソクラテスの「真実」が、ここにある。この作品はこうして、ソクラテスを死刑にしたアテナイ人たち、いや、救いようのない現実――それは私たち自身をも含む――へのプラトンの「告発」と見なされる。

†クセノフォン『弁明』の応答

『ソクラテスの弁明』と題する著作は、クセノフォンによっても書かれている。プラトン作と比べてかなり小規模なその『弁明』は、冒頭で他の著者たちへの対抗をこう宣言する。

「さて、このこと（裁判での弁明と最期）については、他の人々も書いているが、彼らは皆ソクラテスの大言壮語《メガレーゴリア》を捉えている。このことゆえに、ソクラテスが本当にそのように語ったことは、明らかである。だが、彼自身には生よりも死が望ましいと思われていたことを、他の人々は明らかにしていない。それゆえ、彼の大言壮語が思慮を欠くものに見えてしまうのである。」（『弁明』1）

ここで、クセノフォンより前に、すでに複数の人々がソクラテスの裁判について書いていることが証言されている。その中には、間違いなくプラトンの『弁明』、その「大言壮語」も含まれるであろう。だが、他にもそういった作品がいくつも流布していたのである。クセノフォンは、すでに公刊されていたそれらの著作に不満を抱き、自らそういった作品を執筆した。ここには、ソクラテス文学間の対抗意識が明瞭に示されている。ちなみに、この著作は、前三八〇年代前半にはまだ生きていたアニュトスの死に言及していることから、それ以降に書かれたものであることは確実である。

裁判当時アテナイを離れていたクセノフォンは、友人ヘルモゲネスからの信頼できる情報として、ソクラテスが裁判でとった行動の真意を説明していく。裁判前にソクラテスが、なぜ法廷での弁明を準備しないかをヘルモゲネスに語るやりとりは、『想い出』最終章でもくり返されている。クセノフォンは、ヘルモゲネスから個人的に得た情報を、他の作家たちの説明と相違するオリジナルな論点として盛り込んだに違いない。

クセノフォンの『弁明』には、プラトンの『弁明』と同じ主題を扱いながら、いくつか決定的に異なった内容があることが指摘されている。その相違は意図的であり、おそらく、先に発表されたプラトン作への対抗として工夫されたひねりであったろう。

クセノフォンのソクラテスは、裁判の場でやはり「アポロン神託」のことを裁判員たちに語っている。その逸話が導入されるのは、不敬神の罪への反論という文脈である。自身に「神霊（ダイモーン）の声」が聞こえるという経験を、予言者や占い者が受けるのと同じ神のお告げであるとした上で、ソクラテスは自分が神に特別に愛されていた証拠として、アポロンから授かった神託を披露するのである。

カイレフォンがデルフォイで得たという「ソクラテスよりも自由で、より正しく、より思慮深い人間はいない」との神託は、すでにプラトン版と異なっている。プラトンの『弁明』において神託事件の焦点は、「不知の自覚」、すなわち、善や美について人間がおかれている知のあり方に向けられていた。それに対してクセノフォン版では、神託はソクラテスの人柄に重点をおいており、厳しい「不知」の自覚とは縁遠いものとなっている。

しかも、その神託の内容を人々に向かって紹介するソクラテスは、謙虚どころか、傲慢な知者に見える。金銭欲のない自分ほど「自由な」人間はおらず、自分の持ち物に満足して他人のものを求めない自分ほど「正しい」人間はいない。ソクラテスは、こう大言壮語する。

「また、私は語られた言語を理解し始めた時から、善きことをできる限り探究し学ぶことを、けっしてなおざりにしなかったのです。その私を「知恵ある人」と呼ばないのが、もっともなことでしょうか。」（『弁明』16）

ソクラテスは自信を持って自らが「もっとも知恵ある者である」と語って、裁判員たちの騒擾《そうじょう》と憤激をひき起こしている。クセノフォンによれば、その行為には、老齢を迎えて生を永らえるよりも「美しき死」を選ぶという、ソクラテスの意図があった。クセノフォンは、プラトンが『弁明』で中心的な役割を与えた「アポロン神託事件」を独自にアレンジし、自分の解釈に沿ったものへと作り替えている。

ソクラテスは、裁判員にあえて死刑を宣告するように仕向けた。それは、今や死ぬ時であるという彼の信念に由来する。

「このように認識していたことは、刑が評決される際に、より明瞭となった。まず、彼が刑罰を申し出るように命じられた時、自ら刑罰を申し出ることもせず、友人たちがそうすることも許さずに、刑罰を申し出ることは不正を為したことに同意することである、とも語ったのである。」（『弁明』23）

この裁判では「アゴーン・ティーメートス」という手続きが取られていた。それは、有罪か無罪かを決める最初の評決がまずなされ、もし有罪になると、次に原告と被告がそれぞれ刑罰を提案して、その選択をめぐって第二の評決がなされるという形式である。

プラトンの『弁明』では、「死刑」を求刑した告発者たちに対して、ソクラテスは、自分は国家によって感謝され「プリュタネイオンの会堂で食事に与る権利」があると言い放った後（36B–37A）、裁判に列席したプラトンらの説得に促されて、最終的には「三〇ムナの罰金」を申し出ている（38B）。結果として、そのようなソクラテスの態度がアテナイ人たちの態度を硬化させ、一層の反発を招いて、前にも増した票数で死刑が決定される。

しかし、事情はどうあれ、「罰金」という刑罰の提案を申し出たことは、自身の有罪に同意したことになりはしないか？　もし真実に無罪を主張し続けるのであれば、あくまで刑罰の申し出を拒否すべきではなかったか？　このような正論をソクラテスに語らせることで、クセノフォンはプラトン『弁明』の叙述を、誤った態度として暗に否定しているのである。

クセノフォンの言い分は正しい。しかし、アテナイの裁判制度では有罪決定後に刑罰を申し出ないということは手続き上ありえず、そのような行為は裁判そのものを破壊してしまう。いくらソクラテスでも、そこまでの態度は取らなかったはずである。

プラトンは法廷で慌ててソクラテスのもとに駆けより、何とか「三〇ムナの罰金」を提案させる自身の姿を『弁明』に描き込んでいる。これは疑いなく実際に起こったことであろう。この点ではプラトンが事実を、クセノフォンは虚構を描いていると見なされる。

プラトンが描いたソクラテスの実際の行動を、裁判に不在であったクセノフォンは、実際には語られなかった正論によってソクラテスに退けさせる。このような手法が、ソクラテス文学の約束事に即した、クセノフォン独自の「真実」提示であった。

†サラミス人レオン逮捕事件

ソクラテス裁判をめぐる言論は「政治」を一つの争点としていた。最後に、ソクラテス裁判に暗い陰を落とす「三十人政権」との関わりを、再びプラトン『弁明』を中心に探っていこう。

クリティアスやカルミデスがソクラテスを囲む人々の一員であったことは、紛れもない事実であり、「若者を堕落させる」、つまり、政治・思想上の悪影響という嫌疑は深刻であった。クセノフォンのように、クリティアスとソクラテスの仲を真っ向から否定する論理は——ある程度の事実の裏付けはあったにせよ——かならずしもアテナイの人々を納得させはしなかったであろう。そこで、ソクラテスの政治との関わりは、三十人政権下で起こったある事件に焦点を結ぶ。サラミス人のレオンという人物をめぐる出来事である。

プラトンの『弁明』には、同時代の読者には明瞭な、三十人政権に関する言及が込められている。まず、ソクラテスに知者の吟味を促したアポロン神託は、熱烈な弟子カイレフォンが授かったものであった。

「カイレフォンをたぶん憶えておられるでしょう。若い頃から私の友人であり、あなた方民衆にとっては同志としてあの亡命を共に経験し、皆さんと共に帰還した一人です。」（『弁明』20E-21A）

このさりげない紹介は、民主派が優位をしめる裁判員たちの信頼を得るためのものであったろう。親しい仲間で今は亡きカイレフォンは、寡頭政権下のアテナイから亡命し、民主派として凱旋した一人であった。ソクラテスによる短いコメントは、彼を寡頭政権の一派とする批判、あるいは疑いに対して、一つの明確な反証を告げるものであった。

他方で、ソクラテスは、公的な政治活動にはあえて関わらなかったと述べる。彼は自らを「アテナイに付けられたアブ」に喩える。私的な対話において多くの人々の無知を暴き、魂の配慮を促すことで国家に大きな善をなしてきた。それはまさに、「デルフォイの神託」に由来する神の使命であった。だが、政治への参与には、ダイモーンの声が強く反対していたと言う。

「真実を語っても、どうか私に怒りを向けないでください。皆さんや民衆に対して正当に異議を唱え、ポリスで多くの不正や違法行為が生じるのを阻止して生き残ることができるような人間は、だれもいないのです。いやむしろ、本当に正義のために戦う人は、もし短時間でも生き残りたければ、公人としてではなく私人として活動する必要があるのです。」（『弁明』31E-32A）

この弁明がどれほどの説得力を持ったのか？　しかし、ソクラテスは言葉だけでなく、実際の行動として二つの例を示す。

ペロポネソス戦争末期の前四〇六年、たまたま評議会の世話役に当たっていたソクラテスのもとに、アルギヌサイ海戦の事後裁判が持ち込まれた。勝利したアテナイ軍の将軍たちは、海に投げ出されていた兵士を救出する前に、折からの暴風雨で多くの犠牲者を出してしまう。身内や仲間を失ったアテナイ人たちは、憤りから、将軍たちを一人ずつ個別の裁判にかけるという法律を無視して、一括して裁判にかけようとする。

その日に世話役をつとめていたソクラテスは、自らの危険を顧みずにその動議に断固反対した。しかし、違法な裁判は、結局は彼の反対にもかかわらず翌日決行され、八名の将軍に死刑が宣告される（二名は亡命）。ソクラテスのこの行動は、いざという時には正義を貫き法を守り通す生き方を示している。

『弁明』が提示するもう一つの例が、サラミス人レオンに関する事件であった。

「寡頭政が生れると、あの三十人が今度は私を他の四人と共に円形会堂に呼び出して、サラミスの人レオンを、死刑にするためサラミスから連行するようにと命令しました。……（中略）……私たちが円形会堂から出てくると、他の四人はサラミスへと向かいレオンを連行したのですが、私はそこを立ち去ると家に戻ったのです。もしあの政権がすぐに崩壊しなかったら、私は多分そのことゆえに死刑にされていたでしょう。そしてこれらのことについては、多くの証人が皆さんに証言してくれるでしょう。」

（『弁明』32C-E）

この事件は、ソクラテス裁判に決定的な意味を持つ。三十人政権の命令に背《そむ》いて危うく死刑にされそうになるほどの人は、反寡頭派と見なされるからである。サラミス人レオンという人物の不当逮捕に絡む一件は、プラトン『弁明』の読者にとって、ソクラテスの正義を証明する決定的な事例と思われよう。しかし、事態はそう単純ではなかった。

三十人政権側の意図は、できるだけ多くの市民を彼らの政治行動（あるいは、犯罪）に加担させることにあった。寡頭政権下でなおアテナイに留まる市民たち、つまり、亡命して反抗する民主派ではない人々に、いわば政権への忠誠を試す踏み絵をさせていたのである。ソクラテスにはその意図がよくわかっていた。そういった状況は、民主政復活から何年もたつアテナイの人々に、なお忌わしい記憶として残っていた。この点では、ソクラテスの正義に瑕疵《かし》はないかに見える。

自伝的な『第七書簡』でも、プラトンはこの事件を引き合いにソクラテスを擁護している。クリティアスやカルミデスら身内が政権の中枢に入ったプラトンは、当初寡頭政権に期待を寄せるが、短期間のうちに彼らの悪を悟る。


「他のこともありましたが、彼らはとりわけ私の親しい年長の友人ソクラテスを――私はその人を、当時の人々の中でもっとも正しい人であると言ってなんら恥じることはありません――そのソクラテスを、ある市民の元へ、その人を死刑にするために無理矢理連れてくるようにと、他の者たちと共に送り込もうとしたのです。それは思いますに、望むと望まないにかかわらず、その事柄を彼らと共有するようにと意図したからです。しかし、ソクラテスは従いませんでした。不敬虔な仕事を彼らと協働するよりも、あえてあらゆる危険を冒すことを選んだのです。」
（『第七書簡』324D－325A）

書簡の記述からは、プラトンはとりわけこの事件に衝撃を受け、最終的に三十人政権を見限ったことが窺われる。

クセノフォンも『想い出』で、アルギヌサイ裁判と共に、レオン逮捕事件を「正義」の例に取り上げる。

「三十人政権が何か法律に反することを彼に命じた時も、彼はそれに従わなかった。というのは、若者たちと対話してはならないと彼らが禁止した時もそうだが、また彼らが、彼と他の数名の市民に、ある人物を死刑にするため連行してくることを命じた時にも、彼一人が、法律に反することが命じられているとの理由で、その命令に従わなかったのである。」
（『想い出』4・4・3）

クセノフォンはここで、プラトン『弁明』を意識しつつ、若者との対話禁止の一件（同書1・2）にも言及している。『想い出』第四巻は比較的遅く執筆されたものと想定されている。ソクラテス文学の間テクスト的関係を示す好例である。

レオン事件が当時のアテナイで広く知られた出来事であったことは、多くの資料から窺われる。三十人政権は一年にも満たない執政下に、千五百人とも見積られる市民や非市民を殺害したという。その中には有力市民もいれば、弁論家リュシアスの兄ポレマルコスのように、不当に殺害された例もある。リュシアスは、その様子を自らが告発の演台に立ったと言われる弁論『エラトステネス告発』で生々しく描いている。それほど多数が粛清された状況で、なぜレオン事件だけがことさらに言い立てられるのであろうか。

一つには、レオンという人物がアテナイの大物政治家で、その逮捕が格別に人々の関心を引いたことが考えられる。

前四一二〜前四一一年に、サモス島を拠点にエーゲ海で軍事活動していたレオンという将軍が、トゥキュディデスに報告されている。彼はアテナイで起こった四百人寡頭派の政変に反対する、民主派寄りの人物であった。レオンはノティオンの海戦後に、アルキビアデスに代わって選出された十名の将軍の一人でもあったが、アルギヌサイの海戦には加わっていない（したがって、例の裁判にはかけられていない）。そのような経歴を持つレオンが、三十人政権によって狙われた可能性も十分に考えられる。

また、彼がいたサラミス島は、三十人政権がエレウシスと並んで反対派の拠点と見なし弾圧を加えた場所である。リュシアスの二つの弁論作品では、サラミスやエレウシスから多くの人々が連行され、酷《ひど》い目に遭ったことが語られている（『エラトステネス告発』52、『アゴラトス告発』44）。後の歴史家、シチリア出身のディオドロスも、政権後期にエレウシスとサラミスの市民たちが亡命者寄りの立場をとった咎《とが》で弾圧された事件を報告している（『歴史の図書館』14・32・4）。サラミスという地名がそのような政治的な意味を持つとしたら、そこに派遣されて民主派寄りの政治家を逮捕してくるという役割は、寡頭派政権への重大な加担を意味したことになる。

しかし、ソクラテスが拘束を命じられた「レオン」を、よく知られた将軍と見なす同定は確実性を欠く。サラミスの政治的重要性も、特定の人物が際立って取り上げられる説明としては十分ではない。「サラミス人レオン」の逮捕は、むしろプラトンやクセノフォンらのソクラテスをめぐる言論のなかで取り上げられ、それを通じて一般にも有名になっていったのではないか。

レオン逮捕事件に関してもう一つ重要な言及が、クセノフォン『ギリシア史』にある。三十人の一員でありながらやがて仲違いし、クリティアスによって裁判にかけられ粛清された政治家テラメネスが、彼を批判する演説でこう発言している。

「しかし、この人たちが善き立派な人々を逮捕し始めた時、それから私も彼らと反対のことを認識し始めたのである。つまり、サラミス人レオンが――彼は立派な人物で十分に有能と思われており、何一つ不正は行なっていなかったが――死刑にされた時、彼と似た境遇の人々が怯えるであろうし、この国制に反対する人々も怯えるであろうと、私は知っていたのだ。」

（『ギリシア史』2・3・38-39）

テラメネスはレオンを、他の二人、ニキアスの息子ニケラトスとアンティフォン（不詳）と並べて論じる。これは、三十人政権の悪事を数え挙げることで、自らの離反を正当化しようとする演説である。だが、もし穏健派に属したテラメネスが粛清された裁判で、実際に「レオン逮捕事件」が悪事として言及されたとすると、事件は比較的早い段階で、つまり、クリティアスが政権基盤を強化していた時期に起こったことになる。

歴史家ピーター・クレンツは錯綜する諸資料を検討して、テラメネス裁判を前四〇三年の二月頃、つまり政権中期に位置づけている（政権崩壊はその年の四月から五月に起こった）。クセノフォンの描写を文字どおりにとると、プラトンが『弁明』でソクラテスに語らせたことは誇張か、意図的な隠蔽《いんぺい》を含むことになる。

ソクラテスに身の危険はすぐには迫らなかった。「もしあの政権がすぐに崩壊しなかったら、私は多分そのことゆえに死刑にされていたでしょう」という反実仮想の表現は、事態の急変という偽りの印象を読者に与えている。「すぐに」とは、政権後半の数カ月を意味することになるからである。

クセノフォンの言及は、プラトンの『弁明』に重大な疑義を投げかける。三十人政権は、ソクラテスの不服従を黙認したのではないか。彼らがソクラテスの反抗を深刻に受けとめて敵と見なしていたら、いつでもただちに処罰する時間はあったのである。しかし、ソクラテスは、結局何の咎めも受けなかった。かつての師ソクラテスがとった風変わりな行動を、クリティアスが黙過した可能性は否定できない。プラトンやクセノフォンの意図とは逆に、レオン事件の顚末《てんまつ》は、師弟の絆が生きていた証拠とも解釈される。

無論、クセノフォンのテラメネス演説の方が創作である可能性も高い。『ギリシア史』は、クリティアスとテラメネスを「悪人対善人」の類型で描くつよい意図を持つ。また、テラメネスが告発する悪事のうち、ニケラトス殺害は明らかに彼の処刑後の事件であると、今日では認められている。

もし創作であるとしても、著者クセノフォンはこの事件をテラメネスに語らせることで、ソクラテスの正義を読者に思い起こさせようとしたのであろう。しかし、その試みは、プラトン『弁明』と照らし合わせた場合に、ソクラテス弁護の綻《ほころ》びを露呈することになる。

この事件は、偶然アンドキデスの弁論でも言及されている。ソクラテス裁判と同じ年に、不敬罪で告発され裁判に引き出されたアンドキデスは、自らの潔白を弁明した後、逆に告発者たちの所行を断罪する。

「さらに、そこにいるメレトスは、皆さん全員が御存じのように、三十人のもとでレオンを逮捕したのです。そして、レオンは裁判も受けずに殺されたのです。」

（『秘儀について』94）

ここで非難される「メレトス」なるアンドキデス告発者の一人は、もしかしたらソクラテスを告発したあの人物かもしれない。古代ギリシアで同名は珍しくない（したがって混同や混乱も多い。アンドキデスのこの弁論作品でも、他に二人の「メレトス」が登場する）。ただ、ここであえて想像を逞しくすると、三十人政権に命じられてある人物を逮捕するよう強いられた若者が、その命令に背いて一人帰ってしまったソクラテスに、恨みを抱いた可能性も否定はできない。

実際、レオン逮捕劇に加わった「メレトス」は、アンドキデス裁判では不敬罪の告発人となっているのであり、別の裁判に告発者として名を列ねても不思議はない。ソクラテスは、自身の告発者メレトスが無名の若者であり、面識はないと述べている（『エウテュフロン』2B）。あるいは、さっさと帰宅した彼は、サラミスまでやむなく逮捕に向かった他の四名のことなど気にも留めなかったのかもしれない。

いずれにせよ、ソクラテスはクリティアスらの命令に従わなかったが、積極的にレオンを助けはしなかった。彼以外の四名（メレトスという人物を含む）が命令に従ったため、レオンは死刑となったからである。ソクラテスの拒否は、自分だけ不正を避けたとは認められても、通常の意味で「正義」を為したようには見えない。

三十人政権下のアテナイに留まり無事に市民として生活していたソクラテスは、公的政治に関わらなかったと言い訳は出来なかった。政権に弾圧された人々やその身内、いったんは亡命して政権側を打ち破った民主派の人々にとって、ソクラテスのような市民は三十人政権の「悪」への協力者に他ならなかったのである。また、寡頭派に共感する人々にとっても、どちらにも加担しないという「正義」をきめこむソクラテスは、苦々しい存在であったろう。

レオン逮捕事件は、プラトンやクセノフォンらソクラテスの徒にとっては、彼の「正義」を証明する格好の出来事に映ったのかもしれない。しかし、事柄の本質は、彼らの思惑を超えて、より深刻な実相を抉り出している。

ソクラテス裁判が政治問題として生々しかった頃、レオン逮捕事件への言及に対する人々の反応は複雑であったろう。だが、「ソクラテス」の言い分に反感を持つ証人たちが次第に減り、ソクラテス文学がこのエピソードを彼の「正義」としてくり返すにつれ、それは歴史の文脈を離れて伝説化し、一つの美談となっていく。ソクラテス文学の自律的な展開が、ソクラテスの姿を隠蔽する役割を果たしたのかもしれない。

だが、レオン逮捕事件に接する私たち読者は、かすかな違和感を覚えずにはいられない。ソクラテス文学は、少なくともこの点では、ソクラテスを弁護しきれなかったかに見える。

第五章

アルキビアデスの誘惑

J.L. ジェローム作「アスパシアの館にアルキビアデスを探しにきたソクラテス」（1861 年、個人蔵）。有名な人物を配した設定は、まったくの虚構アルキビアデスの堕落は、はたしてソクラテスの責任か？　これは、ポリュクラテスの告発が喚起したもう一つの問いであった。

ペロポネソス戦争後半にアテナイを先導し、裏切り、また混乱させたこの魅惑的な政治家は、若い頃からソクラテスと親しく交わっていた。では、二人の関係とは、どのようなものであったのか？　毀誉褒貶《きよほうへん》や伝説に彩られた人物アルキビアデスは、ソクラテス文学における共通の話題であった。おそらく直接の面識はなかった若い弟子たち、クセノフォン、プラトン、アイスキネスらが、自由な想像力によって彼とソクラテスとの出会いや関わりを描いていく。

アルキビアデスとの関係は、ソクラテス弁護という枠を超えて、ソクラテスが人々と関わる「対話」の本質を開示していく。「愛（エロース）」を強調するアイスキネス、政治と哲学の葛藤を投影させるプラトン。彼らは独自の視点からアルキビアデス問題を捉え、それをつうじて「哲学者ソクラテス」を言論に結晶させていったのである。

† アルキビアデスをめぐって

ソクラテスへの告発に付加されていた「若者を堕落させる」という罪状は、実際には、悪名高い二人の政治家、クリティアスとアルキビアデスを念頭においたものであった。これは、ポリュクラテスが『告発』で暴いた裏の事情である。当時のアテナイ人たちは、多かれ少なかれこういった見方を暗黙のうちに共有していたであろう。

ペロポネソス戦争終結時に民主政を転覆したクリティアスは、すでに亡き身でありながら、復活した民主政にとって陰の敵であった。彼ら寡頭派を「僭主《テュラノス》」と呼んでその悪人イメージを増幅させたのは、他ならぬポリュクラテスであったと推定される。しかし、クリティアスは、スパルタを範としたオリガルキア（少数者支配政・寡頭政）――彼ら自身は「優秀者支配政《アリストクラティア》」と呼んだ――を理念とし、非合法的な僭主とけっして同等に扱われるべきではない。

彼らの政治を「僭主政」に準《なぞら》えたのは、クセノフォン『ギリシア史』の叙述手法でもあった。この点では、ソクラテス評価で真っ向から対立したクセノフォンは、密かにポリュクラテスのレトリックを引き継いでいたのである。

ソクラテス問題がアテナイで大きな論争をひき起こしていた前三九〇〜前三八〇年代には、「クリティアス」評価が政治問題として再燃していた可能性もある。クリティアスに対して、彫像を祀って讃美したポリス――間違いなく、少数支配政をとったポリスであろう――があったと伝えられる。民主政下で沈黙を強いられた親寡頭政派が、何らかの政治的復権を目指していた可能性もある。

だが、アテナイではクリティアスら三十人政権への否定的な評価は揺るがなかった。当初はその政治姿勢に大きな期待を寄せていたプラトンですら、政権が次第に傾斜していった不法な逮捕や粛清を「大いなる悪」として嫌悪した(『第七書簡』参照)。クリティアスに関する言論は、まず彼の政治的な害悪(好意的に見積もって、失敗)を認めた上で、その原因をめぐって応酬されたものであった。

これに対して、もう一人の政治家アルキビアデスの場合、事情は複雑である。アテナイだけでなく、全ギリシアとペルシアまで巻きこむ混乱をひき起こしたこの政治家は、人物行状の点で、生前だけでなく死後にもまったく相反する評価の的であり続けたからである。アルキビアデスこそがアテナイを破滅に陥れた僭主的政治家であったと非難する者もあれば、彼こそが救国の英雄であったと惜しむ者もあった。

ポリュクラテスによる『ソクラテスの告発』を、イソクラテスはこう手厳しく批判していた。

「また、君はソクラテスを告発しようと試みながら、ちょうど賞讃しようと望む者がするように、アルキビアデスを彼に弟子として与えている。彼がソクラテスによって教育を受けたなどということは誰一人見知っていないのに。アルキビアデスが他の人々を遥かに凌《しの》いでいることは、誰もが同意するであろう。それゆえ、もし亡くなっている人たちが語られたことについて考慮する能力があるとしたら、ソクラテスはこの告発に対して、彼を誉め讃えることを習いとする連中の誰にも劣らず、君に感謝することであろう。」

（『ブシリス』5-6）

イソクラテスはゴルギアスの流れを汲む弁論家で、プラトンは『パイドロス』の末尾（278E-279B）でソクラテスに、若くて有望な弁論作家として将来を期待する発言をさせている。プラトンの同時代人で強力なライバルであったイソクラテスのコメントは、重要な証言である。しかし、『ブシリス』という演示作品の序部でのこの言及は、二重に私たちを困惑させる。

まず第一に、彼が明確にソクラテスとアルキビアデスの師弟関係を否定している点が注目される。ここでイソクラテスが退けるのが、二人の交際一般ではなく「弟子、教育」というつよい関係であると考えることは妥当であろう。しかし、その場合、ポリュクラテスが批判し、プラトンらの作品でくり返し描かれるアルキビアデスとの交流を、私たちはどう理解すべきなのか。

第二に、イソクラテスが下すアルキビアデスへの好意的な評価に、まず驚かされる。ポリュクラテスに対する皮肉は、アルキビアデスを当代随一の人物として賞讃するイソクラテス自身の見方に由来している。ポリュクラテスの告発意図とは真っ向から対立するこのような見方が、すくなくとも何らか受けいれられる土壌が、前四世紀前半のアテナイには存在したのであろう。さもなければ、イソクラテスの辛口の批評はまったく意味をなさない。

ここで言及される「ソクラテスを賞め讃えることを習いとする連中」とは、私たちが問題とする「ソクラテス文学」の著者たちに他ならない。すでにそういった親ソクラテス派が言論活動をする中で、ソクラテスとアルキビアデスとの関係は、事実認識を始めとして、評価をめぐって相対立する論争の焦点となっていたのである。

古典期ギリシアを代表する自由人アルキビアデスを、同時代の人々、また後世の人々はどう捉えていたのか。その生涯や逸話については、ローマ帝政初期に書かれたプルタルコス『英雄伝』に、まとまった「アルキビアデス伝」がある。まず、その著作を中心に、アルキビアデスをめぐる言説、とりわけソクラテスとの関係を検討していこう。

†アルキビアデスの伝記と逸話

後一世紀半ばにギリシアで生まれ、二世紀初めにかけてローマで活躍したプルタルコスは、中期プラトン派の哲学を学び、デルフォイの最高神官も務めた当代随一の知識人であった。彼は『モラリア（倫理論集）』を始めとする広汎な著作活動の中で、『英雄伝』の名で広く知られる一連の伝記を執筆した。『対比列伝』とも呼ばれるこの著作は、ギリシア史とローマ史からそれぞれ相似た生涯を送った人物を対にして伝記を著し、比較対照から倫理的教訓を汲み取ろうとする試みである。前四五〇年頃に生をうけ前四〇三年に暗殺されたアルキビアデスは、ローマ初期のコリオラヌスという人物と並べられている。コリオラヌスもまた祖国を裏切り、敵方に身を投じた政治家であった。

古代には他にいくつもの「アルキビアデス伝」が書かれていた。前一世紀のローマではコルネリウス・ネポスがラテン語で「アルキビアデス伝」を著している。

「クリニアスの子、アテナイ人アルキビアデス。自然はこの人において何を為し得るか試したように見える。というのは、彼の記憶を著述したすべての人々の間で、悪徳においても美徳においても、彼を凌ぐ者はいなかったという見方が確立しているからである。」

（ネポス『英雄伝』アルキビアデス伝1）

ネポスの簡素な伝記と比べると、しばらく後にギリシア語で書かれたプルタルコス「アルキビアデス伝」は、はるかに充実して華がある。プルタルコスは、トゥキュディデス『戦史』とクセノフォン『ギリシア史』を基本としながらも、さらに多くの資料を渉猟して、不整合がある場合には自らの判断でまとめている。多彩な逸話からは、一人の魅力的な人物の生涯が紡ぎ出される。

著者プルタルコスは、伝記の始めで、同時代のニキアス、トラシュブロス、テラメネスら多くの政治家たちと比べて、アルキビアデスは資料的に恵まれていると述べている。

「ソクラテスが彼に対して示した好意や人情がその評判に少なからず貢献した、と言えば、上手《うま》く語られたことになる。」（『アルキビアデス伝』1・2）

実際、前五世紀の著名人のほとんどは、母親の名さえ知られていないのに比べて、アルキビアデスの場合は、母デイノマケに加えて、乳母アミュクレアや家庭教師ゾフュロスといった名まで伝わっている。

アルキビアデスについて詳細を伝えたのは、ソクラテスの徒が著した「ソクラテス文学」であった。実際、「ゾフュロス」の名はプラトン『アルキビアデス1』（122B）で言及され、「アミュクレア」はアンティステネスの『アルキビアデス』で語られていたことが、断片から推定されている。それゆえ、アルキビアデスの評判がソクラテスとの個人的交わりに拠っている、とプルタルコスは説明したのである。

美少年アルキビアデスに思いを寄せる多くの人々が――この時代は同性愛、とりわけ少年愛が社会的に認められていたことは改めて言うまでもない――次々とつれなく袖にされていった様は、格好の噂話となった。プルタルコスは、あのアニュトスがサディスティックにあしらわれる逸話を紹介している。

アルキビアデスに胸を焦がすアニュトスは、ある時彼を食事会に招いた。しかし、アルキビアデスは招待を断った上、酔った仲間たちとその会場に押しかける。だが、戸口から中には入らず、食卓の上に並んだ金銀の酒杯を見て、奴隷にその半分を自宅へとかっさらわせる。この悪戯《いたずら》に苦情を訴える他の客に向かって、主人アニュトスは、アルキビアデスが親切にも半分を残していってくれたと答える(『アルキビアデス伝』4・5)。

この逸話が誰に由来するのかは不明である。しかし、これがソクラテスとの関係で創作されたことは疑いない。プルタルコスは、アルキビアデスが一人、心を許し、いつも共に過ごしたソクラテスとの対比で、アニュトスの例を紹介しているのである。アニュトスが恋の恨みからソクラテスに憎しみを抱き、後年裁判で訴えるといった、安っぽい痴話喧嘩にされていくわけである。

アルキビアデスにまつわる逸話は、さまざまな装飾が加えられながら、ソクラテスとの関係を一つの焦点にして展開されていた。前四世紀前半には多くのソクラテス対話篇が、アルキビアデスを創作によって描いていた。しかし、それは哲学者たちだけの関心事ではなかった。

トゥキュディデスの『戦史』も、アルキビアデスの活動を大きく取り上げる。シチリア遠征を頂点とする彼の政治遍歴が、前四二〇年以降のアテナイを大きく左右するからである。『戦史』後半の焦点はアルキビアデスに当てられていると言っても、けっして過言ではない。トゥキュディデスを引き継いで『ギリシア史』を執筆したクセノフォンも、亡命後のアルキビアデスの行動を、彼の死まで報告する。

また、同時代の弁論作品も、アルキビアデスをしばしば取り上げている。前四一一年に処刑された寡頭派政治家で弁論家のアンティフォンは、『アルキビアデス告発』という作品を残したという。プルタルコスの時代まで伝承されていたその弁論から、若き日の逸話が紹介されている。もしそれが真作であればアルキビアデスの生前に書かれていたことになるが、後世の誰かが模擬弁論として執筆し、有名な弁論家の名に帰したものであったかもしれない。

私たちは実際、そのような経緯でアンドキデスに帰されてきた『アルキビアデス告発』という弁論作品を持っている。そういった作品は、おそらく前四世紀半ば、つまりアルキビアデスの死のかなり後に、彼が弁論作品の格好の題材として用いられていたことを示している。

プルタルコスの伝記は、アルキビアデスをめぐる多様な言論を用いて、自ら評価を加えつつ統一像にまとめあげようとしている。アルキビアデスに対して、プルタルコスは概して好意的に見える。それは、彼がとりわけ重視したプラトン対話篇からの影響かもしれない。

この伝記における混乱は、著者プルタルコスの責任というよりも、彼が集めた資料がとてつもなく多様な逸話から成っていたことによる。さらに遡《さかのぼ》れば、アルキビアデスについては、彼の生前にもアテナイの巷間《こうかん》で実にさまざまな逸話が語られ、すでに伝説の人物と化していた。その第一の要因は、この人物の圧倒的な魅力にあったと考えて間違いない。

母方はアテナイ名門アルクマイオン家、父クレイニアスが戦死した後には、一族のペリクレスが後見人となる。少年時代から、生意気で機転のきいた逸話には事欠かない。美貌と立派な体軀に恵まれ、家柄、財産、賢さとあらゆる資質に恵まれた少年アルキビアデスは、街の噂の的であった。

彼の少しろれつの回らない弁舌も愛嬌《あいきょう》として、人々には魅力と映っていたらしい。〝R〟を〝L〟と発音してしまう癖を、アリストファネスは喜劇でからかっている。だが人前での弁論の魅力は、後に政治家として民衆を左右する有力な武器となる。

アルキビアデスはまた、図抜けた能力と同時に、大きな野心や快楽への耽溺《たんでき》といった人間的な性格を示す。酒を飲んでの悪ふざけや、金銭にまつわるトラブル、また女性関係も派手であった。当時のギリシアでは認められていた同性愛でも、奔放な行動で目立っていた。他方で、武勇にも優れ、戦場では数々の功績を挙げている。

彼の行動は奇矯で、つねに人目を引くものであった。ある時、彼は飼っていた姿形の見事な犬のしっぽを切り落とした。そのことで人々が騒ぎ立てている、と友人が咎めると、事な犬のしっぽを切り落とした。

「思ったとおりだよ。アテナイの連中が、私についてもっとひどい悪事をしゃべらないように、このことに現《うつつ》をぬかしてくれているのが、私の望むところなのさ。」

（『アルキビアデス伝』9）

また、競技用の馬を数多く所持し、前四一六年にはオリュンピアの競技会に一度に七頭もの馬を出場させ、一等、二等、四等をさらったという。この逸話は、トゥキュディデスの『戦史』（6・16）では、アルキビアデス自身が民会演説で語ったことになっている。この勝利にはエウリピデスも祝勝歌を贈ったという。一等から三等までを独占したという誇張つきであった。

アテナイ人だけでなく全ギリシア人の度肝《どぎも》を抜く奇抜で派手な行動を、「このように彼について評判が不確定なのは、その本性の変則性ゆえである」とプルタルコスは評している（16・6）。民衆のうちには、彼の魅力の虜《とりこ》になり熱狂的に支持する者たちが数多く現われる。アルキビアデスの活動はたえず人々の予測を裏切り、それゆえに「僭主」になろうとしていると恐れられてもいた。

アリストファネスは『蛙』で、アルキビアデスへの両義的な評価を語っている。この喜劇は、前四〇五年のレナイア祭で上演されたもので、直前に亡くなった悲劇詩人エウリピデスを登場させ、大悲劇詩人アイスキュロスと冥府で勝負させるという趣向の諷刺であった。その終盤に、ディオニュソス神が二人の審判を務める。

「**ディオニュソス**　お前たちのどちらか、われわれのポリスに有益なことを忠告してくれる者を、私は一緒に連れていこうと思う。最初に、アルキビアデスに関して、各々がどんな意見を抱いているのか？　ポリスは難産に苦しんでいるのだから。
エウリピデス　では、ポリスは彼についてどんな意見を持っているのでしょう？
ディオニュソス　どんな意見だと。彼を愛し、憎み、しかも保持しておきたいと願っている。だが、お前たちが彼について考えていることを言え。
エウリピデス　祖国に益を与えるのに遅く、大きな害をなすのに速いようなやつ、自身には利をかせぎ、ポリスには役立たずの市民を、私は嫌いです。
ディオニュソス　いいぞ、ポセイドン！　では、お前は、どんな意見を持っているのか？

アイスキュロス　ポリスの中でライオンなど養わないのが一番だ。だが、いったん飼い育てた以上、そのやり方に逆らわないのがよかろう。」（『蛙』一四二〇―三二）

アリストファネスがこの劇でアルキビアデスを話題に上せた時、アテナイは亡命中の彼を再度呼び戻して将軍に任ずるか否かで大論争を抱えていた。喜劇のこの場面は、その二心を諷刺しているのである。この劇の数年前に、同じ喜劇詩人は『トリファレス』という劇でもアルキビアデスを攻撃したと伝えられる（中身は伝わっていない）。

イソクラテスは後に、アルキビアデスの息子のために『競技戦車の四頭馬について』という弁論作品を書き、そこで父親の行動を擁護している。リュシアスは反対に、同名の息子を告発する二つの弁論『アルキビアデスの戦列離脱告発』『アルキビアデスの兵役忌避告発』を著し、故人である父親の行状を糾弾することで息子の有罪を印象づけようとしている。著者は、スパルタ人や「三十人」に怒りを抱く人々は、責任が被告の父親にあると考えるべきである、とまで語る。イソクラテスとリュシアスの弁論には、アルキビアデス評価をめぐる対抗関係が推定されている。

また、前四世紀半ばの政治家で弁論家のデモステネスも、前三四七年頃（プラトンが死去した頃）に執筆した『メイディアス告発』（143-150）で、アルキビアデスに言及している。

その弁論は、大ディオニュシア祭で合唱隊奉仕役を務めていたデモステネスに、長年の宿敵メイディアスが人前で殴打を加えた事件を取り上げ、国家の祭への侮辱として告発しようとしたものである（実際の裁判が行なわれたかは疑問であり、事前に示談が成立していた可能性が高い）。

デモステネスはメイディアスをアルキビアデスと比較し、アルキビアデスほど貢献のあった政治家ですら「ヒュブリス（傲慢）」によって追放されたのであるから、メイディアスはよりいっそう、国家の敵として断罪されるべきであると主張する。合唱隊奉仕役タウレアスを殴りつけた逸話が伝えられるアルキビアデスは、ここではメイディアスを貶《おとし》めるための引き立て役であった。

アルキビアデスは、死後も何かと人々の口の端《は》にのぼる政治家であった。

†その波瀾の生涯

天性と境遇に恵まれた若いアルキビアデスが次第に頭角を現わし、アテナイの歴史に登場するのは、ペロポネソス戦争半ばのことである。

スパルタとの長引く戦争は、前四二五年ピュロスの戦いでの奇跡的な勝利の後、将軍ニキアスの指導のもと和平への道に転じていた。前四二一年に成立した「ニキアスの平和」は、戦乱にうんざりした市民に歓迎された。これに反対し、和平条約破棄を望む一派の中心人物として歴史に登場するのが、アルキビアデスであった。トゥキュディデスは『戦史』で、後半部の主役となるアルキビアデスをこう登場させる。

「その男は当時、他のポリスでならまだ若いとされる年であったが、先祖の功績ゆえに敬意を払われていた。」
（『戦史』5・43）

当時まだ二十代の終わりで政治に野心を燃やしていたアルキビアデスは、温厚な人柄で将軍として人望の篤いニキアスへの対抗心から、和平のぶち壊しを画策する。アルキビアデスは、自分が接待するスパルタからの使節を言葉巧みに欺き、民会での和平条約締結をご破算にしてしまう。そのうえ、自身関係の深いポリス・アルゴスに積極的に介入して、スパルタから離反させる。これによってニキアスの平和は崩壊し、ペロポネソス戦争は後半戦に突入する。この状況を克明に記述したトゥキュディデスの『戦史』で、この若者は次第に主役に躍り出る。

アルキビアデスはこの頃、シチリアへの遠征を企て始める。しかし、その意図は、ギリシア本土とあまり関係の深くないこの島自体に向けられてはいなかった。シチリアに続いてカルタゴやリビアを征服し、そうしてイタリア、ペロポネソスを包囲して全ギリシアを支配下に置くという、壮大な野心に導かれてのことであった。

アテナイ人たちはこの遠征計画を熱心に支持した。ただ、若いアルキビアデスだけに任せることはせず、冷静で実績のあるニキアスと猛将ラマコスを一緒に将軍に任命して、軍船と兵隊を整えた。ところが、いざ出航という前夜になって異様な事件が勃発する。アテナイ各所に立つヘルメス神の石像（道祖神か地蔵菩薩のような像）が、一夜にして首を落とされたのである。

人々は何か政治的な陰謀があるのではと疑心暗鬼に陥り、その首謀者としてアルキビアデスの名が取りざたされる。彼の政敵たちはこの事件の責任でアルキビアデスを裁判にかけようとするが、目前に迫るシチリア遠征への人々の意気込みに気押され、遠征軍は三人の将軍に率いられて出立する。ペロポネソス戦争の転機と言われる、前四一五年のシチリア遠征の始まりである。

いったんはアルキビアデスの罪を問わずに遠征軍を送りだしたアテナイでは、政敵たちが勢力を盛りかえし、彼を遠征から呼び戻して裁判にかけるという決定を下す。南イタリアで戦果を収めていた遠征軍から、アルキビアデスはアテナイへと召還される。しかし、戻れば裁判で死罪となることが必定と悟った彼は、途上トゥリオイで失踪する。アテナイでは欠席裁判により、エレウシスの秘儀冒瀆の罪で死刑判決が下される。

アルキビアデスは敵方であるスパルタに近づき、身柄の保障と引きかえに、スパルタが戦争で勝利するための秘策を伝授する。祖国から酷い仕打ちを受けたアルキビアデスは、躊躇いなく敵方に走り、もっとも効果的な復讐を遂げるのである。

中心となる将軍を欠いたシチリアのアテナイ軍は、スパルタ側の援軍を得たシラクサに打ち破られ、慎重ではあるが迷信深く、撤退の時機を逸したニキアス以下、全軍が壊滅してしまう。ペロポネソス戦争の帰趨を方向づける、決定的な敗戦となったのである。

また、アルキビアデスは、アテナイ郊外のデケレイアという要衝にスパルタ軍が常駐の砦を築くという策を授けていた。喉元に刃を突きつけられる形となったアテナイは、以後、狭い市域に常時立てこもることを余儀無くされ、国力や軍事力は目に見えて弱体化してしまう。アテナイは、不明瞭な事件とそれに便乗した政争によって、シチリアでの勝利を失っただけでなく、今や存亡の危機に立たされることになったのである。

スパルタの庇護の下に入ったアルキビアデスは、アテナイでの豪華で退廃的な生活とはうって変わった「スパルタ風の」質実剛毅な毎日を送り、人々を驚かせる。しかし、外見は変化しても中身は変わらない。スパルタ王アギスが軍事活動で留守の間に、王妃ティマイアを誘惑して子供までもうけてしまう。


「だが、彼は、横柄にもこう語った。こんなことを為したのは、傲慢さからでも、快楽に負けたためでもなく、自分から生まれたものがラケダイモン人たちの王となるためであると。」

（プルタルコス『アルキビアデス伝』23・7）

この一件はやがてアギス王に知られ、決定的な怒りを買う。その頃イオニア地方を背かせる画策によってアテナイに大打撃を与えていたアルキビアデスへの妬みもあり、彼への暗殺指令が出される。アルキビアデスは今度はペルシアに逃げ込み、イオニア地方の総督であったティッサフェルネスに近づき、彼に取り入る。アルキビアデスが今度はペルシアに与えた策は、スパルタとアテナイを共に弱らせるという作戦であった。ティッサフェルネスは後にクセノフォンらペルシア遠征軍の宿敵となる『アナバシス』の主要人物である。

その頃、戦況不利が長引いていたアテナイでは、かつてアルキビアデスに死刑を宣告して追い出してしまった行為を悔やむ民衆感情が高まっていた。東エーゲ海のサモス島に逗留していたアテナイ海軍では、一部で小アジアにいるアルキビアデスと気脈を通じる動きも出て、表と裏での駆け引きが続く。

その状況下、前四一一年にアテナイでは、寡頭派が一時権力を掌握する「四百人政権」の政変未遂事件が起こった。その年、アルキビアデス召還の決議が民会を通過する。その提案を為したのは、旧友クリティアスであった。

しかし、アルキビアデスはただちにアテナイに帰還はせず、艦隊を率いてアビュドス沖でスパルタ軍を破るなどして、戦果を挙げることに集中する。対スパルタの情勢を慮《おもんぱか》ったティッサフェルネスが彼を監禁状態におくと、抜け出して恥をかかせる。そして、キュジコスやカルケドン、ビザンティオンといったヘレスポントスからマルマラ海沿岸の街々を次々に攻略し、一気にアテナイ優位へと勢力地図を塗り替えてしまう。その軍事活動で協力して活躍した一人が、テラメネスであった。

華々しい成果を重ねたアルキビアデスは、数年ぶりに故郷に戻りたい気分に襲われていた。彼のアテナイ帰還についてはいくつかの逸話が伝わるが、プルタルコスは、アルキビアデスの内心の不安を、思いがけぬ出迎えとくっきり対比させる。

「いや、彼はおそるおそる港に入ったのである。そして、いったん港に入っても、甲板に立って、従兄のエウリュプトレモスがいるのを見、さらに友人や身内の一団が待ち構えて歓迎の呼びかけをしてくるのを見るまでは、三段櫂船から下りようとはしなかった。しかし、ついに足を降ろすと、人々は出くわした他の将軍たちには見向きもせず、彼の方へ一斉に走りよって叫び声をあげた。歓喜で迎え、より添ってつき従いながら、近寄った者は花輪を捧げ、近くに寄れない者は遠くから眺めていた。また、年長者たちは若者たちに指差して教えた。」

(『アルキビアデス伝』32・3‐4)

前四〇七年の帰還は、たった三カ月ではあったが、華々しい凱旋となった。そこでも彼は圧巻のパフォーマンスを繰り広げる。スパルタ軍によって阻止されていたアテナイからエレウシスへの街道を、堂々と行進して大切な宗教儀式を遂行したのである。もしスパルタ軍が見過ごせば彼らの面目はつぶれるが、他方で、もし神聖な行進に攻撃を仕掛けてきたとしても、アテナイ人たちの目前で華々しく撃破する計算があった。敵方は手も足も出せないまま、行進は感動的に遂行される。将軍として厳かで神聖な行進を導いたアルキビアデスに、彼の信奉者たちは「聖なる僧侶」とか「秘儀を先導する者」という呼び名を与えて喝采した。

しかし、過剰に盛り上がったアルキビアデス崇拝の民衆感情は、彼を最後の悲劇に追いやる。将軍として常勝を期待された英雄には、資金を手に入れる地道な活動を冷静に評価してくれる味方はいなかった。戦果がはかばかしく挙がらないばかりか、部下の失態で軍船を失った彼は、反対派から再度告発を受けて将軍職を解かれてしまう。

アルキビアデスは、自分に怒りや憎しみの鉾先を向けたアテナイ民衆から離れ、自らの傭兵による独自の軍事活動をくり広げる。その最中、アテナイの将軍たちはアイゴスポタモイの海戦で決定的な敗北を喫し、全艦隊を失う。アルキビアデスが事前に適切な戦略的忠告を与えたにもかかわらず、将軍たちに無視されていたのである。アテナイは、前四〇四年、ついにスパルタに全面降伏する。

敵対するスパルタからの報復を恐れたアルキビアデスは、ペルシア王を頼るべく、フリュギアにいた総督ファルナバゾスの下に逗留する。アテナイではペロポネソス戦争敗戦後、スパルタのリュサンドロスの後ろ楯でクリティアスら三十人が政権をとっていた。市民の間では、英雄アルキビアデスがスパルタや寡頭派を打ち破ってアテナイを再建してくれるとの期待が膨らむ。クリティアスやスパルタ側は、この危険人物をそのまま生かしておくわけにはいかなかった。

リュサンドロスから使いを受けたファルナバゾスは暗殺者を送り込み、ペルシア人たちが遠くから雨のように降らせる槍と矢によって、さしもの豪傑もついに倒れる。

その暗殺について、プルタルコスはこうつけ加える。

「ある人々は、アルキビアデスの最期について、これらの点では同意しているものの、その原因はファルナバゾスでもリュサンドロスでもラケダイモン人たちでもなく、アルキビアデスその人にあった、と言っている。彼は、ある名家の娘を堕落させた上、自分と同棲させた。娘の兄弟たちはこの傲慢さに我慢できず、夜中、その時アルキビアデスが暮らしていた家を燃やし、火の中から飛び出してきた彼を――先に述べた仕方で――射たおしたのであると。」

（『アルキビアデス伝』39・5）

プルタルコスが伝記を締めくくるこの異聞は、最期までも真面目かおふざけか煙に巻く、アルキビアデスという人物の生き方を象徴している。

ローマの伝記作家ネポスは、アルキビアデスが最後にペルシア王アルタクセルクセスに近づこうとした理由をつけ加えている。彼は王弟キュロスが反乱を起こそうとしていたことをすでに知っており、その情報を王に提供することで取り入ろうとしたのであると（『英雄伝』アルキビアデス伝9）。

これは明らかに、後世の人々がその後の歴史経過からアルキビアデスに帰した伝説である。キュロスの遠征については、参加したクセノフォン『アナバシス』から詳細が分かるが、加わった軍隊は土壇場までその真の目的を知らなかった。多くがその場で殺され、生き残った者たちも長く辛酸をなめるこの裏切りを、アルキビアデスが数年前に関知していたはずはなかろう。

あらゆる勢力を手玉にとる彼の能力が、歴史的な想像力をかき立てたに違いない。古代の伝記、いや歴史書も、今日なら小説と呼ぶべき自由な創作を多くとり入れ書かれている。アルキビアデスはその格好の題材であった。キュロス遠征の生き残りとなるクセノフォンは、アルキビアデス暗殺の騒ぎがすでに収まっていた小アジアを往還することになるのである。

アルキビアデスの波瀾の生涯をめぐって、話が深入りしてしまった。豊かな歴史や逸話の世界からいったん身を引いて、この不思議な魅力をもつ人物とソクラテスの関係に焦点を当てよう。

†クセノフォンのアルキビアデス批判

イソクラテスの否定的な発言（212―214頁）を除いて、アルキビアデスはしばしばソクラテスと強く結びつけられてきた。祖国アテナイを始めとする全ギリシア、そしてペルシアまで翻弄した政治家アルキビアデスが、およそ政治の表舞台とは縁のないソクラテスとの関係で論じられるのは、不思議なことに思われる。

ポテイダイアやデリオンで戦闘に共に加わり、ソクラテスがアルキビアデスの身を守ったり、逆にアルキビアデスがソクラテスを保護したといった話は、プラトン対話篇などが伝えている。それは、ギリシアにおける年長者と若者の間の典型的な（同性愛的）関係であった。アテナイでもスパルタでも、このような個人的関係が軍隊や共同体の絆として奨励されていた。

だが、家柄も性格も異なるこの二人が、なぜ固い絆で結ばれていたのか？　二人が直接の関係を保持したのは、アルキビアデスがアテナイを脱出する前四一五年までのことである。それは、プラトンやクセノフォンら前四二〇年代生まれの若い世代が、直接には経験をもたない時代の付き合いであった。したがって、アルキビアデスとソクラテスの関係は、主に「ソクラテス文学」の内部で自律的に展開した話題と考えられる。

ソクラテスについて多くのエピソードを集めたクセノフォンの『想い出』中心部には、

不思議なことに、アルキビアデスは一度も登場しない（彼の息子への言及はある）。『弁明』『饗宴』『家政論』といった他のソクラテス対話篇でも、彼の名が言及されることはない。

クセノフォンがアルキビアデスを取り上げるのは、ポリュクラテスの告発に応答する『想い出』第一巻二章においてだけである。そこでは、クリティアスの場合と同様に、ソクラテスとの関係を断ち切る方向で、師の弁明が試みられる。

「また、アルキビアデスは、民主政下のすべての人の中でもっとも放蕩で、もっとも傲慢で、もっとも暴力的であった。私は、あの二人がポリスに害悪を為したことを、弁護はしない。」

（『想い出』1・2・12－13）

アルキビアデスは、その美貌ゆえに社交界で婦人たちに追い回され、権力ゆえに有力者たちから甘やかされ、また、民衆からは絶大な栄誉を勝ち取っていた。易々《やすやす》と優勝した競技選手が練習を怠るように、アルキビアデスも自己訓練を蔑《ないがし》ろにした。そのうえ、ソクラテスを疎《うと》んじ、その下を離れてからは傲慢になったのである、とクセノフォンは論じる。

クセノフォンはこのような一般的な批判の後で、アルキビアデスについて一つの逸話を報告する。少し長いが、そのまま紹介しよう。

「アルキビアデスは、二十歳になる前に、自身の後見人でありポリスの第一人者であったペリクレスと、法律について次のような対話を交わしたと語られている。

「私に言って下さい、ペリクレスさん。法律とは何か、あなたは私に教えることができますか?」と彼は言った。

「もちろんだよ」とペリクレスが言った。

「では、神々にかけて、教えて下さい」とアルキビアデスが言う。「私は人が法律を守っていると誉められるのを聞きますが、法律とは何かを知らない人がそんな賞讃を正しく得られるはずはない、と思うのです。」

「いや、君が望んでいるのは難しい事柄ではないよ、アルキビアデスよ」とペリクレス。「君は法律とは何かを知りたいのだね。法律とはすべて、多数者が集い承認し制定したものであり、為すべきことと為さざるべきことを宣言したものだよ。」

「では、為すべきことを善きことと考えてでしょうか、悪しきことと考えてでしょうか?」

「ゼウスの神にかけて、若者よ、善きことであり、悪しきことだと考えてではない。」

「ですが、もし、寡頭政の場合のように、多数者でなく少数者が集って、何を為すべきか制定したとしたら、それは何なのでしょう?」

「ポリスで権力をもつものが熟慮して何を為すべきか制定すれば、それはすべて法律と呼ばれるのだ」と彼は言う。

「ではもし僭主がポリスの権力を握っていて、市民たちに何を為すべきか制定したとして、それも法律なのですか?」

「何であれ僭主が統治して制定する限り、それも法律と呼ばれる」と彼は言う。

「では、暴力や不法とは何でしょう、ペリクレスさん?」とアルキビアデスは言う。「それは、強い者が弱い者を、説得ではなく暴力によって、何であれ彼に善いと思われることを強制する場合ではないでしょうか?」

「私にはそう思われるよ」とペリクレスは言う。

「それでは、僭主が市民たちを説得せずに制定して為すことを強制したら、不法ではないでしょうか?」

「私にはそう思われる」とペリクレス。「僭主が説得せずに制定したものが法律であるということは、撤回しよう。」

「では、少数者が多数者を説得せず、力が勝ることで制定した限りのものを、私たちは暴力と呼びませんか?」

「説得せずに人に為すように強制する限りのものはすべて、制定されていようがいまいが、法律というよりむしろ暴力である、と私には思われる」とペリクレスが言った。

「それでは、多数者が全体として財をもつ者たちに対して権力をもち、説得せずに制定する限りのものは、法律というよりむしろ暴力ではないでしょうか?」

「まったく、アルキビアデスよ」とペリクレスは言う。「私たちも君の年頃には、こんなことに才気を揮ったものだよ。それは、私たちも、いま君も訓練していると私に思われるようなことを訓練し、知恵を巡らしていたからだ。」

するとアルキビアデスは言った。「ああ、ペリクレスさん。あなたがこの主題について、ご自身もっとも才気優れていた頃に、一緒に過ごしたかったものですね!」

(『想い出』1・2・40-46)


この対話が交わされたと想定される前四三〇年代、ペリクレスは将軍としてアテナイの権力を握る絶頂にあった。その覇権を全ギリシアに及ぼすべくスパルタに戦いを挑むのは、すぐ後のことである。身内とはいえ、そのペリクレスに挑戦し、言論でやりこめてしまうアルキビアデスは、まさに才気煥発な少年に見える。やや傲慢に感じられる口調と、力や不法さえ志向するかのような論の運びは、後の生き方を象徴している。

しかし、この一場のやりとりを、クセノフォンはなぜ『想い出』に採録したのか? 改めてそう問うと、不思議なことに気づく。伝説に彩られたこの人物には、エピソードはいくらでもあったはずである。その中でクセノフォンは、自らが生まれる前に設定されたこのやりとりを——実際に交わされたのか、逸話であるかは問わない——あえてここに選んだのである。

ペリクレスとの対話は、アルキビアデスにまつわるソクラテス批判を退ける決定的な文脈に置かれている。ちょうどクリティアスとソクラテスの仲違《なかたが》いを劇的なやりとりから描いたように、アルキビアデスがいかにソクラテスから離反したかが論証されるべき場所である。にもかかわらず、クセノフォンが選んだエピソードは、ソクラテスには何の関わりもないようにも見える。いや、このエピソードは、ややもすると正反対の効果をもたらしかねない危険なものであった。

若いアルキビアデスが駆使する議論は、きわめて「ソクラテス的」にも見える。もし彼がこういった詭弁ともとれる議論の手法をソクラテスとの交わりから習得していたとしたら、まさにポリュクラテスが言い立てたような悪しき教育、つまり「若者を堕落させる」証拠となるのではないか？　何の説明もなく提示されたペリクレスとの対話は、慎重な解釈を要求する。

アルキビアデスがペリクレスに投げかけた問い、「法律とは何か？」は、ソクラテスが徳について常日頃、人々に向けていた哲学の問いかけである。また、彼が最初に持ちだす疑問、「何であるかを知らない人は、それを持っているとは言えない」は、ソクラテスがやはり諸徳の議論において表明する哲学の前提である。つまり、徳ある人となるためには「徳とは何か」を言論によって探究し、それを知らなければならない。アルキビアデスは、このようなソクラテス的探究の基本型を、ここでそのまま「法律」に適用している。一問一答により相手の同意を確保しながら、その間に生じた矛盾から相手の当初の主張を覆す。これが、ソクラテスが用いた「論駁《エレンコス》」であり、アルキビアデスはその手法をすっかりマスターしている。また、「多数者、少数者、僭主」と、議論を少しずつずらしながら相手を追い込むやり方も、帰納法《エパゴーゲー》や類比を多用したソクラテスの論法を想起させる。アルキビアデスの意図は、この対話からは分からない。民主政における「法律」も、実際には多数者が少数者に課す強制に過ぎない、といった政治的な含意かもしれない。この議論には、そういった不道徳的な現実主義の側面もある。あるいは、名望ある政治家をやり込めて能力を誇示したかっただけかもしれない。いずれにせよ、鋭利な議論は破壊的に用いられ、ポリスの良俗秩序に相応しくない対話であることは明らかである。

老練な政治家ペリクレスは、この論駁を若さゆえと受け流しているが、「才気を揮う」とか「知恵を巡らす」といった表現は、言論だけを操るソフィスト的な教育を強く連想させる。もっとも、ペリクレス自身もプロタゴラスと親しく、ソフィスト流の弁論術を学んだとの言い伝えがあり、この点では同罪かもしれない。いずれにせよ、才能に溢れた若者の末恐ろしさが、このエピソードに垣間《かいま》見《み》られる。

クセノフォンはアルキビアデスに関して、ソクラテスが登場さえしないこの逸話を私たちに投げ出している。しかし、このような対話が交わされた年頃に、彼はソクラテスと親しく交わり、その強い影響を受けていることが知られていた。とすると、ペリクレスとの対話は、何らかソクラテスとの関係に対する「弁明」となっているはずである。「ソクラテス的」な議論を駆使して、反道徳的な言論で政治指導者をやりこめる若者。この姿は、ソクラテスからの悪影響ではなく、むしろソクラテスの影響をいかに悪く用いたかを示すためのものではないか。もしそうであるとすると、アルキビアデスはソクラテスと無関係なのではなく、その教育を曲げて受け取った例として提示されていることになる。

プラトンの『弁明』(23C-D)でも、ソクラテスは自分を真似た若者たちについて語っていた。世間の知者たちの「無知」を暴くソクラテスの姿を見た若者たちが、その論駁を面白がって真似し、かえってあらぬ憎しみをソクラテスに向ける結果を招いていたと。クセノフォンも、そのような悪しき若者の一人としてアルキビアデスを描いているのであろう。

習得した論鋒が鋭ければ鋭いほど、その武器を濫用する危険は大きい。才能溢れるアルキビアデスは、ソクラテスから精神を学ばずに言論という道具だけ手に入れ、それを当代一流の「知者」ペリクレスに向けているのである。

クセノフォンは、先のエピソードにこう続ける。

「そこで彼ら(クリティアスとアルキビアデス)は、政治をなす人々に勝《まさ》ったと思うとすぐに、もはやソクラテスの下に近寄らなくなった。それは、ソクラテスを好いていなかった上に、とりわけ、近づいたら彼らの過ちを論駁されて嫌な思いをするからであった。そして、彼らは政治へと向かったが、そもそもそのために、ソクラテスにも近づいたのであった。」（『想い出』1・2・47）

クセノフォンの批判において――クリティアスの場合と同様――アルキビアデスはただ突き放され、ソクラテスとの隔たりだけが強調される。クリティアスが結局ソクラテスに憎しみを向けたように、アルキビアデスも少しの愛情も抱かずに、ソクラテスからの教えを政治的野心のため利用したのだと。読者はそんな印象を与えられる。

しかし、この二人の間にそれほど淡い交わりしかなかったら、そもそも大きな論争の火種とはならなかったのではないか。アテナイを代表するソクラテスとアルキビアデスの出会いと絆は、より深いところ、つまり、魂と魂の間にあったと考えられる。

†アイスキネスの「エロース」

ソクラテスの仲間たちのうち、アンティステネス、エウクレイデス、アイスキネスは『アルキビアデス』と題する対話篇を公刊したという。そこでは当然、ソクラテスとアルキビアデスが対話の主役となっていたであろう。後で見るように、プラトン著作集にも、

『アルキビアデス』という対話篇が二つ残されている。また、パイドンやエウクレイデスらのいくつかの対話篇も、彼を登場させていた模様である。

ソクラテスを主人公とする対話篇、「ソクラテス文学」が、アルキビアデスほどしばしば共通に取り上げる人物はいない。イソクラテスが否定したソクラテスとアルキビアデスの「師弟関係」は――根拠の強弱にかかわらず――ソクラテス文学をつうじて増幅され、典型的なトピックとして広まっていたのである。

ソクラテスの仲間たちは、いったい何を描こうとして、アルキビアデスを好んで取り上げたのか？　その事情は、アイスキネスの『アルキビアデス』から推測することができる。

この作品自体は失われてしまったが、後世の引用をつうじて、全体の筋に加えていくつかの重要な場面が再現可能となっている。一九九〇年にイタリアのジァンナントーニによって編集された断片集『ソクラテスとソクラテス派遺文集』（ＳＳＲと略）には、この対話篇について大小十四の証言が収められている。

対話篇冒頭には、デメトリオスが引用する次の一文があったと推定されている。

「私たちは、リュケイオンの座席――審査員たちがそこで競技を取り仕切る所――に腰を下ろしていた。」（ＳＳＲ　VI A　43）

簡潔で印象的な語り出しに、この作品の文学性が窺われる。この一行から、すでに多くのことがわかる。

一人称の語りは、ソクラテス自身が過去の出来事を報告する間接対話篇の形式を表わしている。プラトン対話篇では、『カルミデス』『ポリテイア』がこの形式の典型である。年輩のアンティステネスが書いた『アルキビアデス』はおそらく直接対話篇であったと推定され、新たな形式の採用にアイスキネスの工夫が見られる。対話篇の導入部に彼の文学的才能が発揮されていたことは、ディオゲネス・ラエルティオスの次の証言から確認される。

「それらのうち「頭を欠いた」と呼ばれるものは、しまりがなく、ソクラテス的な緊張力を示していない。」（『哲学者列伝』2・60）

「頭を欠いた」とは、導入部を持たない作品、つまり直接対話篇を指すのであろう。対照的に『アルキビアデス』は、導入部を持つ作品として評価されていたことが窺われる。アイスキネスが採用したソクラテス一人称による語りは、古代において彼の多くの対話篇が「ソクラテスのものを自分のものと偽ったのであり、クサンティッペから手に入れた」という中傷さえ生んでいたことが、同報告から知られる。

さて、対話の舞台は、アテナイ城壁外東の神域で、競技場があるリュケイオンであった。一世紀後にアリストテレスが自らの学園を開いた場所であり、近年考古学発掘がすすんでいる。ソクラテスはよく、そこで若者たちと対話を交わしながら時を過ごしたという。プラトン『エウテュフロン』の冒頭では、珍しくバシレウスの役所の近くにいたソクラテスに対して、エウテュフロンは「リュケイオンのいつもの場所を離れて」いることに驚きを示している。『リュシス』の対話も、ソクラテスがリュケイオンに向かう途上、若者たちに誘われた体育場で交わされる。

体育場や競技場に腰を降ろして有為な若者たちと対話する様子は、『カルミデス』の印象的な序幕が想起される。『エウテュデモス』でのソフィストたちとのやりとりは、まさにそのリュケイオンを会場としており、『饗宴』で、夜通しの対話を終えたソクラテスは、翌朝いつものようにリュケイオンに赴く。

この場所はソクラテス文学には馴染みの舞台であった。アイスキネスの作品では、そのリュケイオンで、ソクラテスがまだ年若いアルキビアデスと対話を交わす。競技場で、おそらく裸体で訓練に励んでいたその少年は、評判の美しい体軀をひときわ際立たせていたことであろう。

エジプトのオクシュリンコスから出土したパピルスの断片からは、ソクラテスがアルキビアデスに語ったと思われる次の一節が復元されている。

「「君は、君自身の両親に対して、ちょうどテミストクレスが彼の両親に対して振舞ったと語られるように、振舞うのかね。」

「口を慎んで下さい、ソクラテスさん！」と彼は言った。

「では、人間は音楽に通じるようになる前には音楽的でないのが必然であると、君には思われないか。また、馬術に通じるようになる前には馬術的でないと。」

「私は、以前には音楽的でなく、馬術的でないのが必然だと思われます。」」


（SSR VI A 48）


ソクラテスはアルキビアデスに対して、いつもの類比による議論を仕掛けている。アルキビアデスはまだ年も若いのに、自分には充分な資質があり、教育や訓練なしでも政治の舞台で活動できると自惚《うぬぼ》れていた。その際に、偉大な政治家テミストクレスに対抗心を抱き、この人物を超えるという野心を持っていたのである。テミストクレスも若い時には、親に勘当されるほど行状の悪い青年であったと伝えられる。ソクラテスは、自己鍛錬を積み立派な人間になる努力をしない限り、家柄も天性も哀れさを解消できないと諭していったのであろう。

ここからは、後二世紀の弁論家アエリウス・アリスティデスによる引用が残っている。

ソクラテス文学の断片のうち最長のものであり、アイスキネスの文章の格好の例なので、やや長いがそのまま紹介しよう。

「私は、彼がテミストクレスに対して嫉妬を抱いているのに気づいたので、(こう言った。)

「さて、君はテミストクレスの人生をあえて攻撃したが、君が非難することが相応しいと判断したのがどのような人だったのか、考えてみたまえ。どこから太陽がのぼり、どこに沈むと思うかい?」

「いや、そんなことを知るのは何も難しくはありませんよ、ソクラテスさん。」

「では、君はもう、こういうことに心を向けたことがあるかね。アジアと呼ばれる土地があり、それは太陽が動く範囲を占めるが、一人の人によって治められているということを。」

「それは無論、ペルシア大王のことです」と彼は言った。

「では、君は知っているね。テミストクレスは、ここアテナイでもラケダイモン人たちの所でも指揮を執ったが、もしこの二つのポリスを従えたら、容易に他のギリシア人たちも自身に聞き従うだろうと考えてのことだった。そしてアテナイ人たちに、国土を空けさせてサラミスへと逃亡するように、恐れを抱かせた。彼らはテミストクレスを将軍に選出し、自分たちの持ち物なら、彼が望むものは何であれ用いることを任せたのだ。さらに、彼がアテナイ人たちのために熟慮してくれることが、彼らにとって救いの大いなる希望だった。

そして、軍船や歩兵や財宝の量でギリシア人たちの物が大いに遅れをとり、大王の物が優《まさ》っていたことのゆえに、テミストクレスが一緒にいた人々を落胆させることはなかった。いや、彼は、もし助言することにおいて大王が彼より優れているのでなければ、他のすべてのことが――それほど多量であっても――彼を大いに益することはないと知っていたのだ。そして、彼はこのことにも気づいていた。すなわち、どちらかの軍勢の軍備を司る人たちが徳においてより優れた人間であるならば、まさにそちらの軍備もより強力なものとなるのが常であることを。

それゆえ大王は、自分よりも優れた男に出会ったその日に、自身の財宝がより脆弱であると感じたのだ。このテミストクレスは、かくも多くの大王の軍をいとも簡単に手玉に取ったので、大王を海戦で打ち破った時には、アテナイ人たちを説得して、大王が架けた橋を破壊することを望んだ。だが、説得できなかったので、ポリスが決定したのとは反対のことを大王に通知したのだ。すなわち、アテナイ人たちは橋を壊すことを命じたのだが、彼は反対し、大王と彼と共にある者たちとを救おうと試みたと。その結果、私たちや他のギリシア人たちがテミストクレスを救済の原因と考えただけでなく、大王その人も——人間たちの中でまさに彼一人によって戦争で破られたのだが——彼によって救われたと考えた。

テミストクレスはペルシア大王に、これほどまで思慮の点で優っていた。それゆえ、彼がポリスから追放された折には、彼によって助けられた恩恵に報いようと、大王は他の多くの贈物に加えてマグネシア全体の支配権を贈ったのだ。その結果、追放された彼は、ポリスに留まった立派で善いと評判であった多くのアテナイ人たちよりも多くのものを持ったのだ。

では、その時テミストクレス以外の誰が、もっとも偉大なことを為し得る原因を正しく持ちえただろうか。彼こそは、将軍としてギリシア人を率いて、太陽が昇る所から太陽が沈む所までを統治する人を従えたのだから。心しておきなさい、アルキビアデスよ」と私は言った。

「このような彼にとって、これほどの知識も、ポリスによって追放されたり権利を剝奪されることから身を守るに十分ではなく、不十分であったことを。

では、劣った人々や自分自身をまったく配慮しない人にとってはどうだ、と君は思うかね？　もし小さなことでも成し遂げることができるとしたら、驚きではないか。そして私を責めないでくれ、アルキビアデスよ」と私は言った。「もし私が彼が為したすべてのことの知識を彼に帰しながら、これらの成果の原因が幸運ではないと私が考えるとしても、幸運や神の業に対して風変わりで神に反した態度を取っているとして。

大いに、私は君に、私と反対のことを考える者こそが神に反するものだ、と示すことができる。その逆ではなくね。彼らは、劣悪な人にも有用な人にも幸運は等しく生じるが、立派で善き人々には――より敬虔であるのに――神々からはより善いものがもたらされることがない、と思っているのだから。」

（SSR VIA 49-50）

アテナイ人たちを説得して海軍を増強させ、サラミスの海戦でペルシア軍を撃退したのが、救国の英雄テミストクレスであった。彼は後にアテナイから追放され、かつての敵国ペルシアの庇護下に入る。その事情をソクラテスはアルキビアデスに思い出させている。テミストクレスがあれだけの実績を挙げたのは、長い間の自己修養と周到な準備があったからである。その事実を指摘することで、ソクラテスは生意気な若者の自信をくじき、彼がテミストクレスにはまだ遠く及ばないことを諭す。

ここでは「助言する能力」や「思慮」に優《すぐ》れることが、莫大な富や軍事力を持つことよりはるかに優ることが指摘される。ソクラテスはそのためには、「自分自身の配慮」が重要であることを説いたはずである。引用箇所でも、「徳において優れる」ことの優位が、テミストクレスに寄せて強調されている。

ただ、テミストクレスの業績への言及は両義的である。彼はペルシア戦争では大きな勝利を収めたが、その後は国内政治に失敗して、亡命を余儀なくされる。ペルシア大王に取り入った節操のない行動も、ここで言及されている。彼の成功は、たんなる幸運ではなく、修練の賜物であった。他方でこの例は、アルキビアデスに対して、テミストクレスの優秀さと同時に不十分さを強調する意味があった。

「(アルキビアデスは)力を落とし頭を膝におき、「テミストクレスにもすぐには準備は出来ませんでした」と叫んだ。」 (SSR VI A 51)

この話をきっかけに、ソクラテスはアルキビアデスを改心させる。キケロの『トゥスクルム荘対談集』での引用(ラテン語)を見てみよう。

「ソクラテスはアルキビアデスに、彼が一人前の人間ではない、また、高い地位に生まれたアルキビアデスと誰であれ荷物持ちとの間に何の相違もない、と言った。」 (SSR VI A 47)

この厳しい指摘に、アルキビアデスは愕然《がくぜん》とする。彼は突然泣き崩れて、徳への改心を訴える。

「アルキビアデスは打ちひしがれ、涙を流してソクラテスに嘆願した。自分に徳を授け、汚辱を追い払ってくれるようにと。」（SSR VIA 52）

これはキケロによるパラフレーズである。原文が残っていれば、もっと迫力ある描写であったろう。我の強いアルキビアデスはソクラテスの教えの下で、ついに正しい徳の道に向けて研鑽を積むことになった。

ソクラテスはこの対話を、次のように総括する。再びアリスティデスからの引用である。

「もし彼を益したのが何かの技術《テクネー》によると考えたとしたら、私は大いなる愚かさの罪で私自身を責めたことだろう。しかし実際、アルキビアデスの場合、これが私に与えられたのは、神の配慮《ティア・モイラ》によると私は考えていた。そして、それは何ら驚くに値しないことだった。」

「というのは、病気の人々のなかでも、多くは人間の技術によって健康になり、別の人々は神の配慮によってそうなるからだ。人間の技術による場合は、医者によって治療され、神の配慮による場合は、欲求が彼らを有益なことへと導く。彼らに有益となる時には、嘔吐することを欲し、労苦を重ねることが有益となる時には、狩猟することを欲するのだ。」

「私は、まさに愛していたアルキビアデスへの愛《エロース》ゆえに、バッカスの信女たちと何ら変わらない状態に陥っていた。つまり、バッカスの信女たちは神憑《かみが》かりになると、他の人々がそこからは水すら汲み出せない井戸から、蜜や乳を引き出すのだ。私の場合も、人に教えて益するような学識を何も知ってはいないが、にもかかわらず、私は彼と一緒にいると、愛することによって彼をより善い人にすることができると思ったのだ。」

（ＳＳＲ　VIA　53）

対話篇はここで閉じていたという。

「人を善くする技術」とは、ソフィストが標榜した職業である。若者はそれに惹かれてソフィストの下に集う。しかし、ソクラテスはそのような技術は持たないと公言し、それに代わって「神の配慮」に原因を帰する。それは「愛《エロース》」の意であった。ただ、この主題がそれ以上哲学的に展開されている様子はない。第三章で紹介した『アスパシア』では、「愛に関する事柄」をアスパシアに託し、徳の教育を説いていたことが想起される。

ソクラテスと少年アルキビアデスの親密な関係は、アテナイ人たちの間でも一般に「愛」と捉えられていたかもしれない。しかし、その間柄を徳への修練、哲学への誘いとして位置づけるのは、まさにソクラテス文学の真骨頂であった。この特殊な関係を一般化して、哲学とは「愛」を仲立ちとすると論じていくのが、他ならぬプラトンの対話篇である。

†プラトンの『アルキビアデス』

プラトンは対話篇に、アルキビアデスをどう登場させているのか。彼の名を冠した二つの対話篇を除くと、『プロタゴラス』と『饗宴』の二篇に、脇役として姿を現わしている。前四三二年頃、ペロポネソス戦争前のアテナイ盛期を舞台に、ソクラテスがソフィストたちを相手に丁々発止の議論をくり広げるのが『プロタゴラス』である。この対話篇では、冒頭からアルキビアデスの名が言及される。

ある友人がソクラテスに、またアルキビアデスの青春を追い掛けていたのではと尋ねる。ソクラテスはそれに応じて、彼はソクラテスのために大いに弁じてくれたが、彼のことさえ気にならない出来事があったとして、プロタゴラスらとの対話を報告する（309A-D）。

カリアス邸に居留するプロタゴラス、ヒッピアス、プロディコスの周りには、彼らの講義を聴こうと熱心な若者たちが付き従っている。その邸内に、若いクリティアスとアルキビアデスが一緒に入ってきた。高名なソフィスト・プロタゴラスは、議論が厳しい局面に入ると次第に喧嘩腰になり、ソクラテスが要求する一問一答の対話を拒絶しようとする。ソクラテスが対話を切り上げて退場しようとする素振りを見せると、カリアスらが引き止め、それぞれが自分の好きな仕方で話せば良いと提案する。そこにアルキビアデスが口を挟み、ソクラテスを援護する。プロタゴラスが問答でもソクラテスと対抗するつもりならば、そのルールに従うべきであると（336B-D）。続いてクリティアスが発言し、プロディコスとヒッピアスも加わり、二人を討論の場に引き戻す。

この華やかな一場は、知的な刺激と興奮の他に、様々な人間関係を宿している。前四五〇年頃に生まれたアルキビアデスは、設定上は十八歳くらいであろう。もうすっかり鬚も生え始めて、「少年」から「男子」になっている。カリアス邸につれ立って入ってきたクリティアスは、やや年長で、時にアルキビアデスと政治的に協調し、最後には暗殺を命じた仲間である。プロタゴラスとソクラテスそれぞれの肩をもつカリアスとアルキビアデスの間に入り、実質上ソクラテスに有利に事を運ぶクリティアスは、後年の政治手腕を既に発揮してみせる。

アルキビアデスは、この邸宅の主人カリアスの妹ヒッパレテと結婚するが、その後も遊蕩をやめず彼女を散々に蔑ろにしたことが、プルタルコスに伝えられる（『アルキビアデス伝』8）。『プロタゴラス』冒頭のやりとりからは、この頃、若さの盛りにあったアルキビアデスを、ソクラテスは追い回していたと周りの評判となっていたことが知られる。そこに至る事情は、プラトンの名で伝えられる『アルキビアデス1』が描写している。

プラトン著作集には、二つの『アルキビアデス』篇が含まれている。区別のため伝統的に『アルキビアデス1』『アルキビアデス2』と呼ばれるこれらの対話篇は、それぞれ「人間本性について」「祈願について」という副題をもつ。これらが十九世紀以降「偽作」と疑われたことについては、後で検討しよう。

『アルキビアデス1』は、ソクラテスが少年アルキビアデスと二人きりで交わす対話である。多くの人がアルキビアデスを諦めて去ってしまった後に、それまでじっと彼を見守ってきたソクラテスが満を持して近づく。最高の素質と境遇をもつこの貴公子には誰も必要ではなく、それゆえ恋人を寄せつけない、ソクラテスはそう観察していた。それに対してアルキビアデスは、実は自分からもソクラテスに尋ねてみたかったと答える。何を望んで、彼のことをいつも配慮してくれていたのか？

この対話設定は、ソクラテスと少年アルキビアデスの出会いを描いている。類似の場面を取り上げたアイスキネスの作品と比べて、初めての対話という状況が際立たされており、より劇的と言えるかもしれない。

ソクラテスはこの少年が胸に抱く政治への大いなる野心を的確に表現し、その生き方のためにはソクラテスの助けを必要としている、と気を惹く。彼はそこで、例の一問一答の対話を展開する。政治家としてアテナイ人たちに助言するためには、その知識が必要であり、それは学習するか、自ら探究するかせずには手にすることが出来ない。にもかかわらず、アルキビアデスはこれまで、ポリスに助言する「正、不正」の知識を手に入れたはずはない。彼は次第に、自身の無知をつきつけられる。

ソクラテスは、アルキビアデスの後見人で権力者ペリクレスについて検討し、さらにペルシア大王やスパルタ王についてその影響力を語っていく。アルキビアデスはどのような「配慮」を為すべきか? ソクラテスと議論し、ついに、自分がもっとも恥ずかしい状態にいることに気づいていなかったと告白する。

「**アルキビアデス**　いや、神々にかけて、ソクラテス、私自身も何を言ったらよいか、分かりません。おそらく、前にも私自身がもっとも恥ずかしい状態にあることに、気づいていなかったのでしょう。

ソクラテス　いや、勇気を出すべきだ。もし君が五十歳にもなってこの状態に気づいたのなら、君には自身を配慮することは難しかったろう。だが今、君の年齢はこのことに気づくべき時だ。」

（『アルキビアデス1』127D-E）

ここで「自身を配慮すること」が主題となり、どのようにすればそれが可能となるかが論議されていく。自己の配慮こそが自己知、つまり魂を知ることである。アルキビアデスは、自分が「奴隷のような状態」にあることによく気づいている、と表白する（135C）。アルキビアデスの高慢と、それを対話によってうち崩し、哲学へと誘うソクラテス。

「自身の配慮」を勧めるこの対話篇は、有為な若者の心を転向させるという意味で、アイスキネスの『アルキビアデス』と同じモチーフをもつ。

この対話篇は、古代ではプラトン哲学の入門書として重視され、新プラトン主義哲学者たちが註釈を著した。その中で、プロクロスとオリュンピオドロスの註釈書が現代まで残っている。また、無名の新プラトン主義者による『プラトン哲学序説』は、プラトン対話篇の読むべき順序を『アルキビアデス1』から始めている。おそらくイアンブリコスに由来するこのリストでは、この対話篇が、プラトン哲学に接近する入り口として勧められたのである。

伝統的にそれほど重視されてきたこの対話篇に「偽作」の疑いをかけたのは、ドイツの文献学者たちである。十九世紀初めにプラトンの全作品をドイツ語に翻訳し、現代の本格的な研究を切り開いたフリードリッヒ・シュライエルマッハーは、この作品について「非常に重要性を欠き貧困で、その程度に応じて、私たちはプラトンに帰することは出来ない」と宣言した。その権威の下、現在に至るまで、『アルキビアデス1』をプラトンの哲学から追放するか、完全に無視する態度が続いている。

そこでは、プラトンの他の対話篇との相違や、反対に、極似した議論が「偽作」の証拠として挙げられてきた。極端に批判的なドイツ文献学の「真偽論争」の犠牲といってよい。ただ、たとえこれがプラトン自身の手によるものでないとしても、その哲学を熟知した弟子の手によることは間違いない。

プラトン作と伝承されてきたもう一つの作品『アルキビアデス2』は、十九世紀以来やはり偽作と疑われ、今日でも多くの学者はそう信じている。発言にアナクロニズムが見られるなど疑わしい点もあるが、文体や内容の上からは決定できない。ただ、『アルキビアデス1』とは異なり、この作品には古代においてすでに、クセノフォンに帰されるとの推定が提出されていた（アテナイオス『食卓の賢人たち』11・506C）。『アルキビアデス2』は、真偽問題はともかく、内容の上でも研究者にまったく無視されてきた、不運な作品である。

その対話篇で、神殿に赴くアルキビアデスに出会ったソクラテスは、思慮を欠く祈願が不幸を招くことを諭す。大切なのは、神に供物を捧げて祈ることでなく、もっとも善きことについての知なのである。「祈願について」というこの主題は、後に神々を冒瀆する罪で訴えられるアルキビアデスの若き日の対話として、なかなか意味深長である。

また、高揚した様子で祈願に向かうこの少年は、ソクラテスが暗示するように、アテナイの僭主になったり、ギリシア全土や他の国々を支配するといった野望を抱いて、願掛けをしようとしていたのであろう。だが、願ったことのために生命を失ったり、大きな害悪を被るケースもあり得る。たとえば、将軍職を手中にしても、やがて追放されて命を取られてしまう例も多い。やはりシチリア派遣軍の将軍に選ばれながら、まさにそのような例となってしまうアルキビアデス自身の後半生が想起される。

神々は贈物や犠牲にではなく、祈る人の魂、つまり、敬虔さや正しさに目を向けられる。アルキビアデスは祈願を延期して、ソクラテスに感謝の花冠を捧げ、対話は幕を閉じる。魂への配慮や徳の探究という本篇の方向は、プラトンの他の対話篇と軌を一にする。

才能と自信に満ち、政治への野心に溢れた若いアルキビアデスは、アイスキネスとプラトンの三つの『アルキビアデス』すべてで、ソクラテスによって知への探究に促され、自己反省へと導かれている。「哲学の勧め（プロトレプティコス）」が、アルキビアデスという典型に仮託され、ソクラテス対話篇に姿をとったのである。

ソクラテスの前で改心を語り、彼の下で精進を続ける旨を宣言したこの少年は、その後どうなってしまったのか？　その人生の頂点が、プラトン『饗宴』の最後の場面に描かれる。

†プラトン『饗宴』の挑戦

プラトンの最高傑作にも数えられる『饗宴』は、前四一六年に悲劇コンクールで優勝したアガトンの祝賀会を舞台とする。彼の邸に招かれた人々は、シュンポシオン（饗宴）の遊興として「愛《エロース》」を称讃する演説を順に披瀝する。パイドロス、パウサニアス、医師エリュクシマコス、喜劇詩人アリストファネス、そして主人アガトンがそれぞれ趣向を凝らした演説を語った後、ソクラテスは「ディオティマ」という女性との対話を紹介する。デイオティマは、エロースを美への憧れと位置づけ、神秘的な上昇としての恋の道を説く。
ソクラテスが喝采のうちに話を終えると、玄関から酔いどれたちの騒ぎが聞こえてくる。酩酊したアルキビアデスが笛吹き女らを従えて乱入してきたのである。美しいアガトンの傍らに腰を下ろした彼は、隣にいるソクラテスを目にして、飛び上がって驚く。

「おおヘラクレスよ！　これは何としたことだ。ソクラテスではないか、この人は。またぼくを待ちぶせして、ここに横たわっていたのだね。あなたはけっしていないだろうと思った場所で、よく突然出現したものだったが、ちょうどそんな風にね。」

（『饗宴』213B－C）

ソクラテスにとって、アルキビアデスへの愛《エロース》は抜き差しならない事態に陥っているという。他の人に目をやったり対話しようとすると、アルキビアデスは嫉妬の狂気に荒れ狂うのであると。ソクラテスはアガトンに和解の仲介を頼む。「ぼくと貴方に和解はありません」と語るアルキビアデスは、やがてソクラテス讃美の演説を始める。
ソクラテスはシレノスの像に似ている（シレノスとは、馬の耳をもつ山野の妖精である）。見かけは醜いが知恵者で、それをなかなか外には表わさない。ソクラテスもそのように、内部には黄金の神像を蔵している。それがわかったのは、彼との不思議な恋の駆け引きを通じてであった……。

この讃美演説をしている前四一六年に、アルキビアデスは三十代半ばで、政治的にはまさに絶頂期にあった。ニキアスの平和を葬り去った彼は、アルゴスなどペロポネソスの情勢に積極的に介入し、翌年に決行されるシチリア遠征の計画は次第に現実化しつつあった。その遠征軍の将軍に選ばれながら、直前に起こったヘルメス神像破壊事件への関与を疑われて、結果としてアテナイから追放される事情は、すでに語った。アガトンの祝勝会という対話の舞台設定は、アルキビアデスがアテナイで活躍する最後の時期であり、いわばその総括の時に当たっていた。

若い頃からソクラテスの魅力に強く惹き付けられながら、そこから離れて政治で活躍するこの人物は、破滅へと突き進むその後の人生を前に、いわば凪《なぎ》の一時、ソクラテスとの関わりから自己自身を振り返るのである。後半生を亡命の身で送るアルキビアデスにとって、ソクラテスと向き合う、おそらく最後の機会となったのではないか。

予期せぬ稀な一瞬に、ソクラテスを目にして去来したものとは何であったのか？　若き日に誓った「自己を知る」という課題であったのか。

アルキビアデスにとって、ソクラテスとの関係はつねに両義的であった。誰よりも強く愛情を感じながら、そこから逃れようとする反発をつねに抱いていた。ソクラテスが説く自分自身への配慮から目を背けなければ、政治家としての自己を実現できなくなってしまうからであった。

「さらに、いまぼくは自覚しているが、もしぼくが耳を貸そうとすれば、それに打ち克つことはできず、同じ目に遭ってしまうだろう。この人はぼくにこう同意させるからだ。すなわち、ぼく自身多くを欠いているのに、自分自身を配慮せずアテナイの国事をなしているとね。そこで無理矢理、セイレンたちから逃れるように、耳を塞《ふさ》いで逃げていくのだ。そのまま私が、この人の側に座りながら年をとってしまわないようにね。

　また、人々の中でこの人にだけは、誰もぼくのうちにあるとは思わないような物、つまり、誰に対してであれ恥じるということを、経験したのだ。ぼくは、この人にだけは恥を感じるのだよ。というのは、この人が命じることをなす必要はないと反論することはできず、他方で、この人から離れると民衆から与えられる名誉に負けてしまうと、ぼくは自覚しているからだ。だから、この人から脱走し逃亡するのだが、その姿を見ると、前に同意したことを恥ずかしく感じるのだ。

　それだから、しばしば、この人が人間の世界にいるのを見なくなれば嬉しかろうと思う。だが今度は、もしそうなったら、ぼくはずっと大きな苦しみを抱えるだろうとよく知っている。だから、ぼくはこの人間をどう扱ったらよいのか、分からないのだ。」

（『饗宴』216A-C）

ソクラテスは若く美しいアルキビアデスを誘惑しておきながら、何事もなく一夜を共に過ごしたという。また、戦場において誰にも劣らずに勇敢にアルキビアデスを助けた。いつも鍛冶屋や靴屋のことなど、同じ言論を並べてばかりいるように見えて、実は「人を愚弄《ぐろう》するサテュロスの毛皮」をまとっている。

アルキビアデスはソクラテスをサテュロスのマルシュアスに喩える。ギリシア神話でマルシュアスは笛の名手であったが、音楽の神アポロンの竪琴に勝負を挑んで敗れ、生皮を剝がされたという。アポロン神に挑戦する傲慢な知者ソクラテスという自分の理解を、アルキビアデスはこの皮肉な喩えに込めたのであろう。

二人の間柄は、アガトン邸で饗宴が催された前四一六年には、すでに冷えて疎遠になっていたはずである。生涯の転機となるシチリア遠征を前にした、二十年近いソクラテスの魅惑と呪縛とを振りかえるアルキビアデス。しかし、結局、彼はソクラテスの磁力から精神的にだけでなく肉体的にも逃れて、スパルタやペルシアでも自由奔放な生き方で人々を翻弄していく。

ソクラテスへの最後のオマージュと屈折を賑やかな酒宴に描きこむプラトンは、おそらく、この人物に直接会う機会はほとんどなかったであろう。年長のアンティステネスは、アルキビアデスに自らの目で接して、男らしく教養にあふれ、美しいとの人物評を残している（アテナイオス『食卓の賢人たち』12・534C）。それに対して、前四二七年に生まれた著者にとって、シチリア遠征でアテナイを去ったこの英雄はすでに伝説の人物であったはずである。

あるいは、前四〇七年春に三カ月ほど帰還した彼の勇姿を垣間見ることがあったかもしれない。しかし、プラトンにとってアルキビアデスとの距離は、親戚として長年身近に接していたクリティアスへの視線とは、まったく異なるものであった。

また、ソクラテスにとって、クリティアスとの関係では反民主政という政治信条が問題となったのに対して、アルキビアデスとの関係では、生き方そのものへの影響が焦点となる。

プラトンが描くアルキビアデスは、他のソクラテス文学の著者たちと同様、この人間を象徴とし、伝説の衣さえ纏《まと》わせて生き生きと描く。『アルキビアデス1』やアイスキネスの『アルキビアデス』が描いた、少年アルキビアデスとソクラテスの衝撃的な出会い、哲学への改心がその後どのような経緯をたどったかを、いわば逆から映し出すのが、『饗宴』のアルキビアデス演説であった。

賢いアルキビアデスは、ソクラテスの危険をもっとも熟知したがゆえに、その磁場から逃れることで男子としての生き方につき進む。しかし、彼の魂に唯一「恥ずかしさ」を感じさせたソクラテスは、シレノスのように「謎」を宿す姿で彼につねに立ちはだかっていた。人々にたえず「恥かしくないのか」と問い勧告しつづけるソクラテスと、その声に耳をふさいで逃亡するアルキビアデス。二人の関係は、けっして見かけや打算のつきあいではなく、そこには真の「愛《エロース》」が宿っていたのかもしれない。

ソクラテスとの葛藤に彩られた前半生の最後に、最高の讃美を残して彼のもとを去るアルキビアデス。プラトンは、政治と哲学の葛藤、ソクラテスという奇跡的な存在を、アルキビアデスという希有な視点から、時の距離をおいて捉え直したのである。

第六章

「無知の知」を退けて

——日本に渡ったソクラテス

東京・中野の哲学堂にある「四聖堂」。井上円了によってソクラテスは、
孔子、釈迦、カントと共に「四聖」として祀られている

ソクラテスは、どのように日本に受け入れられてきたのか？　幕末・明治以来の西洋文明の受容は、ソクラテスを次第に「哲学」の象徴として、日本人の心に根づかせていった。

しかしその過程では、西洋の伝統と日本独自の精神性の交錯がもたらす歪みや誤りも生じていた。「無知の知」という有名な標語は、昭和初期から急速に広まり、今日でもソクラテス哲学を代表する理解となっている。しかし、プラトン対話篇にはそのような標語が登場しないばかりか、プラトンはそういった理解の危険性さえ指摘していた。西洋における屈折を受容し、無知を知る「知者」としてソクラテスを信奉する日本人の態度は、ソクラテス哲学に反するものとして、反省されなければならない。

哲学者ソクラテスは、哲学する私たちの鏡であり続ける。プラトンらの残された言論を精確に読み解き、ソクラテスにおいて「哲学者」が誕生する様を現代に甦《よみがえ》らせることが、私たち自身も真に哲学者になることなのではないか？

†明治の「ソクラテス」

二十世紀初頭の一九〇四（明治三七）年、東京中野に「哲学堂」が建立され、ソクラテスが祀られた。そこには、孔子、釈迦、ソクラテス、カントを世界哲学の代表とする「四聖堂」がおかれたのである。世界哲学は東洋（シナ、インド）と西洋（古代、近代）からなり、四聖はその各部門から選ばれていた。

この建物を造ったのは、明治の哲学者で「哲学館」（現・東洋大学）の創立者、井上円了（一八五八～一九一九）であった。一八八一～八五年に東京帝国大学で哲学を学んだ井上は、大学在学中からこの「四聖」という構想を温めていたという。一八八〇年代から九〇年代に哲学者たちの間で国粋主義の動きが起こり、井上はその中心人物として、中国、インド、西洋哲学を一つの体系に統合しようと試みた。

彼は強烈な反キリスト教の論客であり、イエス・キリストを「四聖」リストから外していることが目を引く。その理由を、井上は「哲学堂」創建宣言文で、こう説明している。

「ヤソは大宗教家である。しかれども哲学者ではない。何人の哲学史をひらきても、未だかつてヤソを一家の哲学者として取り扱いたるものを見受けぬ。これに反して釈迦のごときは宗教家にしてかつ哲学者たることは、東西共に許すところである。」

キリスト教の創始者——「神の子」と扱われてはいない——イエスは、「哲学者」でないという理由で、人類の知性の殿堂に場を与えられなかったのである。

（井上円了『哲界一瞥』）

しかし、井上が選んだ「四聖」は、かならずしも後の世代の賛同を得られなかった。昭和を代表する思想家・和辻哲郎（一八八九～一九六〇）は、一九三八（昭和一三）年に出版された著書『孔子』の第一章「人類の教師」を、次のように始めている。

「釈迦、孔子、ソクラテス、イエスの四人をあげて世界の四聖と呼ぶことは、だいぶ前から行なわれている。たぶん明治時代の我が国の学者が言い出したことであろうと思うが、その考証はここでは必要でない。とにかくこの四聖という考えには、西洋にのみ偏らずに世界の文化を広く見渡すという態度が含まれている。インド文化を釈迦で、シナ文化を孔子で、ギリシア文化をソクラテスで、またヨーロッパを征服したユダヤ文化をイエスで代表させ、そうしてこれらに等しく高い価値を認めようというのである。」

（和辻哲郎『孔子』）

ソクラテスは、こうして仏教、儒教、キリスト教の開祖たちと並べられることで、人類の精神的創始者として「聖人」扱いされていく。偉大な人物への畏敬は、やがて日本的な神への尊崇——井上の「哲学堂」にも見られる——に発展する。

ソクラテスを何らか宗教的に扱う今日までの傾向は、この「四聖」理解に遡る。これは、ソクラテスがアテナイ民衆の無知によって「死刑」に処せられたという出来事が、たとえば、イエスがユダヤの民衆によって処刑されたことと類比的に見えるからであろう。初期キリスト教でも、「別の新奇な神霊のようなものを導入する」というソクラテスへの告発は、パウロらキリスト教徒への迫害と親近的に捉えられていた。このような西洋での伝統が、日本でさらに独自に変容を受けていく様が、ソクラテス受容の特徴である。

日本における西洋文明の受容は、最初、戦国時代から安土・桃山、江戸時代初期の数十年間に起こった。十六世紀半ばから、ポルトガルとスペイン、そしてイギリスやオランダが宣教師や商人たちを送り込み、ヨーロッパの文物と共にキリスト教や思想も導入された。イエズス会の宣教師たちは中国で西洋の天文学などの書物を著し、そこに含まれるアリストテレス流の天文学は、江戸時代の日本にも紹介されていた。しかし、西洋との出会いの第一段階では、ギリシア哲学、とくにソクラテスが重要な役割を果たすことはなかった。

ギリシア哲学が日本に入ってくるのは、開国、そして明治の西洋受容の過程においてであった。幕末にオランダに派遣され、そこで法律学を学ぶ中で「フィロソフィア」の重要性に注目した西周《にしあまね》（一八二九〜九七）は、朱子学や仏教の用語でこの理念を翻訳することをあえて避けた。「希哲学」と訳され、後に「哲学」とされた「フィロソフィア」は、ギリシアに成立した西洋独自の学問であった。

この翻訳語を最初に提示した『百一新論』（一八七四〈明治七〉年）で、「哲学」は諸学を統合する根本学とされた。その著作では、「希臘ノ古哲シヨコラテス、プラト、アリストテレス」という三人の名が、西洋哲学の基本として紹介されている。西洋文明の根幹としての「哲学」とそれを誕生させたソクラテスの重要性は、西周には十分意識されていたのである。

西と共にオランダに派遣された津田眞道（一八二九〜一九〇三）も、ギリシア哲学に関心を持っていた。津田は、一八七五（明治八）年に「ショコラテス妓ト游ブ論」という論説を著し、日本の知識人たちにソクラテスの逸話を紹介し、この哲学者を擁護した（『如是我観』所収）。歴史家が伝えるという逸話は、おそらく、ソクラテスが遊女テオドテと会話を交わすクセノフォン『想い出』（3・11）を出典とするものであったろう。

しかし、西洋思想や科学の導入過程で、ソクラテスの名が頻繁《ひんぱん》に現われるのは、比較的遅い時期である。ピュタゴラスやヒッポクラテスの名は、江戸後期の蘭学者たちの間ですでに広く知られていた。一七九〇年代には彼らは「医聖」ヒッポクラテスの肖像を祀るようになっている。医学や科学技術に直接関わるギリシアの偉人については、早い時期から知られていたが、哲学の基礎を築いた人々に意識が到達するには、もうしばらく時間がかかったのである。

西周を始めとして、孔子や孟子ら東洋の聖賢との対比でソクラテスを紹介する仕方が一般的であった。ソクラテスは、とりわけ「徳は知である」という根本思想ゆえに、「知行合一」で知られる王陽明(一四七二～一五二八)と強く結びつけて理解された。一八九五(明治二八)年の「第八回文部省施行中学校師範学校高等女学校修身科教員検定試験」では、「王陽明知行一致ノ説ト「ソクラテス」知徳合一ノ説トヲ比較セヨ」という問題が出されている。

有名な新渡戸稲造の『武士道』にも、次のような記述がある。


「そのように、知識と、人生におけるその実践的な適用は同一のものと考えられていた。そして、このソクラテス的な教義は、倦むことなく「知行合一」を唱えた中国の哲学者、王陽明に、そのもっとも偉大な展開者を見出した。」

(『武士道』第二章)


一九〇〇(明治三三)年、欧米の人士に「日本の魂」を伝道するために英文で執筆されたその著書は、日本文化の基本精神を、西洋の様々な思想や逸話とたえず対比しながら紹介する。勇気や決断力を重視して「知識」をあくまで二次的なものと見なした武士道は、知を知として純粋に追求するギリシア哲学とは、ある意味で好対照をなす。しかし、ソクラテスの生き方は、武士道の精神と相通じるものとして評価されたのである。

明治の日本においてこの哲人は、すでに馴染み深い東洋の偉人、とりわけ儒教の哲人たちとの対において受容されていたのである。

明治初期には言及されることの少なかったソクラテスが、一八八〇年代半ばから大いに注目を集めていく。ソクラテスは他の思想家たちとは異なり、自らの著作を残していない。それゆえ、彼についてては、様々な「伝記」をつうじて理解が広まっていった。

基本的な資料として、「キセノフォーン」作として『ソクラテス人物養成譚』が、木村鷹太郎の翻訳で、一九〇一（明治三四）年に出版されている。『思い出』を巻の配列を変えて訳したものである。木村はその後『プラトーン全集』を日本で初めて翻訳し、一九〇三～一一（明治三六～四四）年に全五巻で出版した。定評あるベンジャミン・ジョウェットの英訳全集からの重訳で、二十八のプラトン対話篇の日本語訳を収めている。「ソクラテス」という名の哲人は、これらの著作をつうじて、日本人に急速に浸透していったのである（納富信留『プラトン　理想国の現在』慶應義塾大学出版会、第二部参照）。

†ソクラテスと「無知の知」

明治以来、東洋哲学との対で理解されたソクラテスは、やがて――井上円了の哲学堂に見られるように――西洋哲学の象徴として、もっとも有名な「哲学者」となる。クセノフォンやプラトン、さらに、それらに依拠する西洋の二次文献をつうじて伝承されたソクラテス像は、資料や観点に応じた多様性を宿命とする。日本におけるソクラテス理解は、まさにそういった多様性を受容する歴史の屈折に彩られている。

十九世紀ドイツの古典文献学が先導したギリシア哲学研究は、二十世紀初頭に一つの転換を経験する。それまで誠実な歴史家として「ソクラテス像」の基本とされたクセノフォンに強い不信が投げかけられ、それ以後、有力な研究書は一斉にプラトン重視に移った。とりわけ、世紀をまたいで三巻の浩瀚《こうかん》なソクラテス研究書を著したK・ヨエルは、クセノフォンのソクラテスが、アンティステネスの影響下にでっち上げられた虚像であると論じた。

こういったクセノフォン評価の転換は、逆に、プラトン対話篇への注目と連動する。イギリスの代表的研究者A・E・テイラーとJ・バーネットは、やはりクセノフォンを低く評価し、それに代わって、中期までのプラトン対話篇すべてが歴史的なソクラテスを表わしている、という新たな学説を提唱した。この「バーネット＝テイラー説」は結局、行き過ぎとして退けられた。しかし、今日にいたるソクラテス理解の基本、つまり、プラトン対話篇の中に「ソクラテス」の真相を探る方向が、ここに確立したのである。

十九世紀末に西洋から哲学を導入していた日本でも、そういった変化の影響を受けていたはずである。クセノフォンからプラトンへの関心の移行は木村鷹太郎にも見られたが、大きく言って、道徳の見本から本格的な哲学的思索への変化、より正確に言えば、徳についての実践的な教説から知や論理の批判的な探究への移行に対応する。明治期のソクラテスには、道徳家やある種の宗教家のようなイメージが先行し、厳密な論理やイロニーの側面はあまり強調されていない。

それに対して、昭和に入ると、プラトンの本格的な哲学の光の下で、新たなソクラテスの哲学者像が誕生する。おそらくこういった大きな流れの中で、一つの主要動向が登場したのである。今日でもソクラテス哲学の標語となっている「無知の知」という解釈である。しかし、まさにこのソクラテス像こそ、西洋からの哲学受容の屈折を反映した、大いなる「誤解」に他ならない。

プラトンの対話篇で、ソクラテスはくり返し「正しい、美しい、善い」といった大切なことを「知らない」と表明している。これは、ソクラテスの「無知の知」、あるいは「不知の知」(両者は一般に同義に用いられている)と呼ばれ、彼の哲学の核心と見なされてきた。しかも、意味する心は自明であるとして、今日では標語として、改めて吟味されることなく流布している。「不知」というソクラテス哲学の核心を、皮肉にも、これまで私たちは「知っている」と思いこんできたのである。

しかも、「無知の知」は、単なる通俗的解釈ではなく、多くのギリシア哲学の専門書で堂々と用いられてきた表現である。その御墨付きの下に、哲学史の概説書や一般の解説書、さらには、学校教科書をつうじて標語として流布し、私たち日本人の心に深く浸透してそのソクラテス像を形作ってきた。現代日本では、「無知の知」という偉大な「知」を唯一手に入れた「知者・教育者ソクラテス」が、「聖人」扱いされてきたのである。

しかし、この有名な標語は、驚くべきことに、ソクラテスの解釈としては完全な誤りである。誤解のなかにはとくに害のない類もあるが、私の信じるところでは、この誤りは哲学の始まりを妨げる大きな害悪である。「無知の知」という言葉は、ソクラテスがくり返した「不知」の自覚とは、およそ正反対に位置すると解釈されるからである。では、これほど有名な標語が、なぜ誤っていると言えるのか。私はここで、文献的な証拠、哲学的な考察、歴史的な経緯という三つの説明を提示したい。

文献的には、まず何よりも「無知の知」やそれに相当する表現が、典拠となるプラトン対話篇にまったく現われないことが示される。さらに、この表現は単に用いられないだけでなく、哲学的に不適切な把握として退けられる。プラトン『カルミデス』では、「不知の知」という形のより高次の「知」が、ソクラテス自身によって徹底的に批判されているのである。そして、最後に、この誤解がどう発生し、それがどう日本に受容されたかを、歴史的にたどってみよう。ソクラテス理解の鍵となる彼の「不知」への関わりを、長年の迷妄から救い出し、新たな哲学へと再生させること。それが、今日私たちがソクラテスと共に哲学者となることを意味するはずである。

†「不知」をめぐる表現

クセノフォンが『想い出』で描くソクラテスは、人々を教え導く有益な友人であるが、「知らない」という人間のあり方を表明することはほとんどない。

たしかに、敬神に関してソクラテスは、人間の認識を超えた「もっとも大切な事柄」については、神々のみが知っており、人間は神託をつうじて学ばなければならないと明言する（1・1・6-9）。しかし、他の箇所でソクラテスが「知らない」と表明することはなく、むしろ彼は、正しさ、敬虔、思慮といった事柄を知る者こそが立派で善き人であり、知らない者は奴隷に等しいと考えていたとされる（1・1・16）。クセノフォンのソクラテスは、プラトンが前面に出す「不知」とは縁遠い知者なのである。

対照的に、プラトンの対話篇において「不知」はソクラテス哲学の鍵となる。対話においてソクラテスは、自らは大切な事柄について「知らない」と表明しつつ、対話相手に問い尋ねていく。そのため、ソクラテスは知りながら「空とぼけ《エイローネイア》」しているのではないか、と相手に勘ぐられるほどであった（この点は後で検討する）。ソクラテスの厳しさ、皮肉、彼への憎しみは、すべてここに発していると言ってよい。では、ソクラテスは「不知」を一般的にどう捉えているのか。

「徳とは何か」を主題とする『メノン』は、初期の多くの対話篇で実践されるソクラテス的探究を、方法論的に反省している。「徳とは何か」の問いに十分な答えを与えることができない対話相手メノンは、行き詰まり《アポリア》に陥った。「知らない」ことを素直に認められない自信家のメノンは、ソフィスト的な「探究不可能論」を提起して開き直る。それに対してソクラテスは、「学ぶことは、想起することである」という想起説を導入して、幾何学を例に、探究の可能性を実演していく。

ソクラテスは、数学の教育を受けていない侍童に「一辺が二プースの正方形の二倍の面積となる正方形の一辺は何プースか?」と尋ね、対話をつうじて侍童が次第に自ら正解を見出していく過程を、メノンに示す。侍童は、最初いくつか誤った答えを与えるが、その誤りに気づいて行き詰まりに陥る。その状態に、ソクラテスはこうコメントする。

「しかし、先程はこれを知っていると思って、向こう見ずにも知っているものとして答えたが、行き詰まっているとは考えていなかった。だが今は、すでに行き詰まりにいると考えており、ちょうど知らないように、知っていると思ってもいないのだ。」

(『メノン』84A-B)

ここで対比されているのは、「知っていると思っている」か「知っていると思っていない」かの二つの認識状態である。前者は自らのあり方を認識しておらず、後者のような

「知らない」ことの自覚に至って、初めて探究の可能性が拓《ひら》ける。ここから再開された探究について、ソクラテスはメノンにこう尋ねる。

「彼が行き詰まりに陥って知らないと考え、そうして知ることを求める以前には、知らないのに知っていると思っていたこの事を、探究したり学んだりしようと試みることがあり得た、と君は思うかね。」（『メノン』84C）

探究の行き詰まりは、「知らない」という現実を突きつける。「知らないと考える」という自覚された「不知」こそが、哲学探究の基盤となるのである。ここでソクラテスが「知らないと知っている」とは語っていない点に、まず注意しておこう。

後期対話篇に近く位置づけられる『テアイテトス』の末尾でも、「不知」を自覚する意義が語られる。その対話篇では、「知識とは何か」をめぐってテアイテトスが提出する候補を、ソクラテスは「産婆術」によって吟味していく。

三つの定義がすべて退けられ、最終的に行き詰まり《アポリア》だけが残った時、ソクラテスはテアイテトスを励ます。彼は、今後、よりよい考えを身ごもることができるようになるか、もし出産するものがない場合でも、「思慮深くも、君が知らないものを、知っていると思うこともない」という点で、より探究に相応しい人となるであろうと（210B-C）。行き詰まりに終わるソクラテス的探究も、こうして「不知」を自覚させる究極の意義を担っていたのである。

探究がもたらす成果であり、かつ、探究そのものを成り立たせる基盤となるのが、「知らないことを、知らないと思う」ことであった。この「不知」の自覚は、また、生きることそのものに根本的に関わっている。

『弁明』の後半には、ソクラテスが自らの不知を表白する場面がある。哲学する生をやめない代わりに死を迎えるとしても、何も恐れることはない。

「死を恐れるということは、皆さん、知恵がないのにあると思いこむことに他ならないからです。」　（『弁明』29A）

なぜなら、誰一人「死」が何であるか、それが悪しきことか善きことかを知らないはずであるから。そのような死をあたかも最悪であるかのように恐れることは、知らないものを知っていると思う、「恥ずべき無知」に他ならない。対照的に、ソクラテス自身はこう表明する。

「ハデス（冥府）の世界のことはよく知らないので、そのとおり知らないと思っている。」

（『弁明』29B）

この不知の自覚の上に、ソクラテスは裁判で毅然とした態度をとり、死を従容《しょうよう》として迎える。ここでもソクラテスは、自らの状態を、「知らないので、そのとおり知らないと思っている」と捉え、けっして「知らないということを、知っている」と語ってはいない。プラトン対話篇における「不知」の自覚は、すべて同様に表現されている。

ソクラテス哲学の核心を表わし、また、ソクラテス的な探究を総括するこれらの箇所では、一貫して「知らないと思う、考える」という表現が用いられている。「思う、考える」は、「知る」という確固とした認識状態を意味しない。「知る」とは、つねに根拠づけられた真理の把握である。これに対して、「思う、考える」とは、主体がそう見なしているが、真理の保証がない状態である。「知る／思う」の区別こそソクラテス哲学の基本であり、両者を混同することはけっして許されない。この点を強調しておきたい。

他方で、不知の自覚がない人々は、「知らないのに、知っていると思っている」という「恥ずべき無知」にあった。ソクラテスの持つ不知の自覚と強烈に対比はされるが、両者は「思う、考える」状態にある点では共通する。

ソクラテスの不知の自覚やそれに相当する認識状態には、プラトン対話篇全体をつうじて、一貫してこのような言い回しが用いられている。つまり、日本で流布している「無知の知」という表現は、そのままの形で対話篇に登場することはなく、さらに、その原型にあたる「知らないということを、知っている」という言い方でさえ、まったく用いられてはいないのである。プラトン対話篇で示されるソクラテスの自己了解のあり方は、「無知の知」とは根本的に異なる把握である。

†アポロン神託の解釈

「知らないことを、そのとおり知らないと思う」というソクラテス哲学の核心は、あのアポロン神託への関わりにおいて開示されていた。ソクラテスがその生を賭けた哲学の営みを振り返るこの箇所こそ、多くの解説者によって誤って「無知の知」の典拠とされてきたところである。したがって、その正しい理解が必要である。

ソクラテスの「不知」は、アポロン神から授けられた神託に端を発し、それに促された探究において明瞭な形をとる。「ソクラテスよりも知ある者はいない」という神託に直面し、ソクラテスは自ら抱いていた「不知」の思いとのギャップに、疑問を持つ。

「私は、知恵ある者であるとは、自分ですこしも意識していないのだから。」

（『弁明』21B）

＊ちくま新書版では「私は、大にも小にも知ある者ではないと、自らに証すのですから。」と訳し

ていた。この否定文のとり方については光文社古典新訳文庫の解説を参照。

神託に促されたソクラテスは、世間で「知者」と思われ、自らもそう思っている人々を吟味し、彼らが善や美など大切なことについて「知」を標榜しながら、実はソクラテスと同様、知ってはいない様を明らかにする。

ソクラテスがまず吟味したある政治家は、「他の多くの人間たちに知恵ある者だと思われ、とりわけ自分自身でそう思いこんでいるが、実際はそうではない」（21C）状態にあると思われた。次に、たくさんの立派なことを語る詩人たちも、「他の事柄についても、本当は知らないのに人間の中でもっとも知恵があると思いこんでいる」（22C）ことが判明した。こういった吟味の後に、ソクラテスの吟味を真似る若者たちも、「何か知っていると思っているが、実はほとんど何一つ知りはしない人間たちを、惜しげもなくたくさん見つけ出してしまった」（23C）のである。ここで明るみに出されたのは、「実際は知らないのに、知っていると思っている」という、人々の「思いこみ《ドクサ》」に他ならない。

こういった世間の知者とは対照的に、ソクラテスは大切な事柄について「知らない」と自ら認めており、少なくともその点だけは彼らより優れていることを悟る。ソクラテスが神託の真意として理解したのは、そのような人間の「不知」を徹底して自覚すべきであるという、神のメッセージであった。

ソクラテスによる不知の自覚は、知の思いこみのうちにある人々との対比で、次のように語られる。

「たぶん、私たちのどちらもが立派で善いことを何一つ知ってはいないのだが、この人は知らないのに知っていると思っているのに対して、私のほうは、知らないので、ちょうどそのとおり、知らないと思っているのだから。」（『弁明』21D）

このほんの小さな違いが、ソクラテスを知に関してもっとも優れた者にしている。

「どうやら、なにかそのほんの小さな点で、私はこの人よりも知恵があるようだ。つまり、私は、知らないことを、知らないと思っているという点で。」（『弁明』21D）

そのような知的状態を、ソクラテスは「人間的な知恵」と呼ぶ。「本当に、この点では私は知者なのかもしれません」（20D）。ここでソクラテスは、たしかに、自らに何らか「知」を帰し、それを「人間的な知恵」と呼んでいる。しかし、その実質は、あくまでこれらが語られる文脈に即して、慎重に理解されなければならない。

『弁明』で「アポロン神託事件」が持ち出されたのは、ソクラテスに向けられた「古くからの告発」に対する弁明の文脈にあった。「地下や天上の事を探究し、弱論を強弁し、またまさにその類のことを他の人々に教えることで、余計で不正なことをしている」（19B-C）というあらぬ嫌疑が、なぜソクラテスに掛けられたのかを説明する件《くだり》である。

ソクラテスはまず、ゴルギアスやプロディコスやヒッピアスのようなソフィストとは異なり、そのような「知識」は持ってはいないと主張する。「ソフィスト」とは、元来「知識人」を意味し、その「知識」を専門に売る人々のことであった。もし専門的な知識を持っていないとすると、なぜソクラテスに妖しい知者であるという中傷が生じたのか？　その由来を説き明かすのが「アポロン神託事件」であった。

ソクラテスに「知者」という名称をもたらしたのは、その神託である。しかし、神のみが持つ真の「知」と比べると、「人間的な知恵」など「ほとんどなににも値しない」（23A）。ソクラテスに何らかの知が帰されるのは、知に対する彼のあり方を、一方では、ソフィストが標榜する「知」から、他方では、神的な真の「知」から峻別する文脈においてであった。

そうして、ソクラテスは神のメッセージを、最終的にこう解釈する。

「ちょうどこう言っておられるように。「人間たちよ、ソクラテスのように、知恵という点では真実にはなににも値しないと認識している者が、お前たちのうちでもっとも知恵ある者なのだ」と。」

（『弁明』23B）

このように、アポロン神託事件を語る文脈において、ソクラテスは自ら積極的に「知」を持っていると主張しているのではない。彼は「知者」と思われている人々と比べ、知に関してわずかに優れた状態にあることを認めているに過ぎない。この「人間的な知恵」が、知らないということを知る「知」、つまり「無知の知」であるなどとは、一言も語られていない。

ここで引用したうちの二つの文が、ソクラテスが「知らないということを、知っている」と主張しているように解釈されてきた。まず、神託を受けたソクラテスが最初に表明する「知恵ある者であるとは、自分ですこしも意識していない」（ちくま新書版では「知ある者ではないと、自らに証す」）（21B、281頁参照）という表現が、時に「知っている」と訳される。しかし、その動詞（synoida）は「自覚する、意識する」という認識のあり方を示すもので、ここでは「知ある（sophos）」という言葉と明確に区別して用いられている。

また、ソクラテスの最後の自覚を表明する「知恵という点では真実にはなににも値しないと認識している」（23B、前頁参照）という表現も、彼が自らの不知を「知っている」ことを意味すると解釈されてきた（一部の日本語訳ではそう訳されている）。しかし、「認識する、認める」と訳を付けたこの動詞は、主に観察による認識を示し、大切な事柄に関する

「知っている」や「知ある」という語彙とは、明瞭に区別され、意識的に用いられている。したがって、この二箇所を、他の多くの箇所に反して、あえて「不知を知っている」という意味に解することはできない。

ソクラテスが自らについて「人間的な知」という表現を許すのは、神の謎掛けを解明するこの文脈においてだけである。ソフィストの知と神の知という両極との違いを際立たせるこの屈折した表現を、文字どおりに受け取り、「ソクラテスは知を持っている」とか「人々よりも知恵ある者である」と一般化して解釈することは、ソクラテスの真意を根本的に損ねてしまう。まして、その「人間的な知恵」とは「不知を知る」ことであるとするのは、ソクラテスの主張の曲解に他ならない。

こうして、プラトン対話篇の諸用例と合わせて、『弁明』のアポロン神託事件に関しても、ソクラテスの不知の自覚について、「知らないということを知っている」といった表現は注意深く避けられていることが判明した。彼は、あくまでも「知らないことを、そのとおり知らないと思う」という言い方をくり返しているのである。

ソクラテスが持つのは特別な「知」ではなく、「知者」を自任する人々と同じレヴェルの「思い、考え」に過ぎない。このことは、対比される世間の「知者」たちについての表現からも確認される。彼らについて、「知らないということを、知らない」と記述されることはなく、それゆえ「不知の不知、無知の無知」などと呼ばれることも、一度もないからである（このような不用意な表現も、しばしば用いられてしまっている）。
「無知の知」といった表現がプラトン対話篇には登場しないという文献的な事実は、ギリシア哲学研究者にまったく知られていなかったわけではない。むしろ、この事実は一部の研究者によって時折指摘され、誤った標語を慎重に避ける研究者もいた。にもかかわらず、多くの専門家の間で無批判的に用いられ、その影響の下、一般の人々によってもこの表現が相変わらずそのまま語られ続けているのである。

この尋常でない事態は、その誤解がはらむ問題性がはっきりと認識されることなく、耳に心地よいキャッチフレーズに、私たちが無反省に寄り掛かってきたためとしか考えられない。しかし、このことが、ソクラテス哲学を理解する深刻な障害となっているとしたら、その罪は大きい。

†「無知の知」という誤解

では、「無知の知」は、文献的にだけでなく、哲学的にはどのような意味で不適切なのか？　この日本語が許す三つの可能な意味を、一つずつ検討しよう。

第一に、「無知の知」という表現は、普通には「無知を知る」こと、つまり、「知らない」という状態を対象とした「知」を意味するものと理解される。

ここでの「無知」（ここでは仮に「不知」と同じに用いる）は善や美などを「知らない」こ

とであり、したがって「無知の知」とは、それら大切な事柄を対象とする「知／不知」を対象とした、より高次（メタ・レヴェル）の「知」に当たるはずである。しかし、そのような知は、はたして可能であろうか？　また、仮に可能として、空虚ではないのか？「不知の知」といった高次の知は、『カルミデス』の徹底した議論をつうじて、プラトン自身によって退けられている。対話相手クリティアスは、「思慮深さ」について「他の諸々の知識の知識であり、かつそれ自体の知識」（166C）という定義を与えるが、ソクラテスは、それは「知識の知識である以上、無知識の知識でもあるはずではないか」と尋ね、同意を得る（166E）。この「無知識の知識」という表現は、一見「不知」に対するソクラテスの立場を指すようにも見える。しかし、その考えを厳しく批判し退けるのは、ソクラテスその人であった。

「このこと、つまり、知っているもの〔を知っている〕、知らないものを知らないと、知ることが可能であるかどうか、調べてみよう。」（『カルミデス』167B、〔　〕は補い）

ソクラテスは「視覚の視覚」等を例に、「知の知」という「それ自体」を対象とする再帰的な知のあり方に疑問を向け、その可能性に否定的な態度を示す。そして、仮にそのようなあり方が可能であるとしても、なお困難があると論じていく。

医術という「知」を例としよう。医者は「健康と病気」を対象とした知を持っている。しかし、クリティアスは、医者自身は結局、その知識の使い方の善し悪しを自覚しておらず、思慮深い統治者がそれらすべての技術知を統括する高次の知を持つべきであると考えている。それが彼の言う「知と不知の知」である。

ソクラテスはこの考えを批判的に検討し、そのような高次の知を持つ者は、今度は「健康と病気」といった対象との直接の関わりをいっさい持たずに、「医術と非医術」という名称だけを知ることになると論じる。知の内容にはまったく関わることなく「知／不知」にだけ関わるそのような高次の知は、仮に可能であるとしても、内容を欠く以上、無益で不毛であることが判明し、その定義は退けられる。

この論は、ソクラテスに「不知の知」を帰する見方を、決定的に退ける。そういった高次の知が仮に可能であるとしても、もはや「善や美」を対象とはしない空疎な「知」に過ぎないと認めざるをえないとは、ソクラテス自身による結論なのである。

実際この議論は、ソクラテスに対する一つの誤った捉え方を批判するものであろう。『カルミデス』は、ソクラテスと親しく交わりながらも後に袂《たもと》を分ち、アテナイに恐怖政治をしいたクリティアスを吟味し、その政治的イデオロギーの欠陥を明らかにする目的を持っていた。

若きクリティアスは、デルフォイのアポロン神殿の箴言を持ち出して「自己知」を主張するなど、ソクラテスと見紛う思想を抱きながら、根本的な点でそれを歪めて理解してしまっている。自ら「思慮深さ」を持っていると思いこみ、「自己を知る者」として政治に臨もうとするクリティアスの立場は、三十人政権の悪行をひき起こした。彼の思いこみは、不知なる者として自己を徹底して吟味するソクラテスのあり方とは、相反するものであった（納富信留「クリティアス――プラトン政治哲学の原点」『西洋古典学研究』46号参照）。

高次の知を積極的に提唱するクリティアスを論駁するこの対話は、「不知の知」を持つ者という誤ったソクラテス理解をも退けている。「無知の知」という表現を用いて悦《よろこ》んでいる時、私たちもクリティアスのような誤解のうちにあるのではないか。

第二に、「無知の知」が、高次の知ではなく、「無知（である自己）を知る」という意味でソクラテスの立場を表わすとする可能性を検討しよう。

デルフォイのアポロン神殿に捧げられた有名な「汝自らを知れ」という箴言は、しばしばソクラテス哲学の核心に位置づけられてきた。しかし、ソクラテスは「不知なる者」としてであれ、けっして「自己を知っている」と表明することはなかった。むしろ、デルフォイの箴言を神からの命令と受け取り、絶えず自己を知に関する吟味に曝すことが、ソクラテスの哲学であった。

この点でも、デルフォイの箴言を改釈しつつ、「自己知」を持つ者として自らを誤解しているクリティアスは、ソクラテスに対する一つの誤解を示す（『カルミデス』164D-165B）。

ソクラテス自身の対照的な態度は、『パイドロス』で明瞭に語られている。言論好きのパイドロスが興味をもつ当世流行《はや》りの「知恵」、つまり、ギリシア神話の伝説をあれこれアレゴリカルに解釈するソフィスト的な学問について、そんなことに関わる暇はないとして、その理由をソクラテスはこう説明する。

「デルフォイの銘文に従った「自身を知る」ということを、私はまだ出来ていないのだ。だから、このことをまだ知らないままで、自分以外の事柄を考察するなんて、私には笑うべきことに思われる。だから、こういったことは放っておいて、それらについては信じられていることに従い、いま言ったことだが、これらではなく私自身を考察しよう。」

（『パイドロス』229E-230A）

自己をまだ知らないと明言するソクラテスに「自己知」としての「無知の知」を帰すことができないのは明白である。

第三に、「無知の知」の「の」を「首都の東京」というように同格ととり、「無知という知」と理解すれば、高次の知を想定する必要はなく、『弁明』の説明にも対応すると考える人がいるかもしれない。

しかし、この「無知という知」という理解も適切ではない。「知らない」という事態は、ソクラテスに限らず、結局あらゆる人間が置かれている根源状況である。知らない状態にありながらそれを自覚していない人がほとんどであるこの世界で、「知らないこと」(=不知)をそのまま「知」と見なしてはならないことは明らかである。

以上のように、「無知の知」という曖昧な日本語は、三通りのどの意味に解釈しても、ソクラテスに対する誤解でしかないことが確認された。だが、ソクラテスによる「不知」の自覚が何らかの「知」である、という思いこみは私たちの間で根深い。何よりも、ソクラテスは人々より優れた「人間的な知恵」を持つと神から認められた者ではないか、というわけである。

しかし、ソクラテスが解釈したアポロン神託の真意は、「知あるのは神のみである」という絶対的な認容にあった。自己の不知をそのとおりに受けとるという、人間に許された知の最上のあり方が、ソクラテスの自覚である。ソクラテスはけっして自らが「知」を持つと主張しているわけではなく、まして「無知の知」などといういかがわしい知を持っていると言ってはいない。「人間的な知恵」という表現からソクラテスを「知者」と思いこむ態度は、人間は絶対的な意味で「知者」ではあり得ないという、ソクラテスの基本了解を無にするものであろう。

しかし、「無知の知」という表現に潜む最大の落し穴は、実にこの点、つまり、「無知の知」を持つソクラテスを、結局もっとも優れた「知者」であると見なしてしまうことにある。西洋哲学を導入した日本では、ソクラテスが人類の偉大な「教師」とされたが、概して教育学の文献において、そのような「無知の知」が強調されてきたことは不思議ではない。「知らない」と思いつづける姿は、おそらく「教師」像に相応しくなく、権威が必要だったのであろう。「知らない」という否定を絶えず確かめ、自覚しつづけた哲学者ソクラテスを、「無知の知者」として聖人にまつり上げてきた日本での一般理解は、哲学に対する根本的な無知を示しているのではないか。

†「不知」の自覚――その正しい理解

では、ソクラテスによる「知らないことを、そのとおり知らないと思う」という把握の意味は何か？　彼の思索に即して、解明していこう。

「知らないということを、知っている」のであれば、それは「知」の一種であろう。だが、「知らないことを、知らないと思う」ことは、あくまで「思い」の領域に留まっている。ここにあるのは、不知を高次から捉える二重の知ではなく、不知をそのとおり不知とする、一重の思いなのである。

ここでソクラテスの立場を、世間で「知者」と思われ、自らもそう思いこんでいる人々と対比する表現から検討してみよう。そのような人々は、「知らないことを、知っていると思う」状態にある。ここでは、ソクラテスも世間の知者たちも、「知らない」という知的状態は同じであり、自己の状態について「思う」という点でも同じであるが、その思いの内容だけが正反対である。つまり、ソクラテスも世間の知者たちも、人間である限り、どこまでも同じ「思い」のうちにあるが、まさにそこにおいて決定的に異なったあり方をしているのである。

ここで「知る／知らない」は、善や美という対象に関するものである。したがって、両者の「思い」の違いは、結局は、その大切な事柄に対する自己の関わり方の違いである。では、「知らないと思う」とは、どのような関わり方か？「知る／知らない」と「思い」の組み合わせは、形式上四通りがある。

A「知らないことを（そのとおり）知らないと思う」――ソクラテス
B「知らないことを（誤って）知っていると思う」――世間の知者や一般の人々
C「知っていることを（そのとおり）知っていると思う」――（専門家）、神？
D「知っていることを（誤って）知らないと思う」――（該当者なし）

Aはソクラテス、Bは世間の知者や一般の人々の立場であるが、この対比の意味を解明するために、CとDの可能性を加えてみよう。すると、AとCは「そのとおり」と捉えられる真の事態、BとDが「誤って」と捉えられる偽の事態とわかる。たとえば、「馬を馬と思う」のが真で、「馬を鹿と思う」が偽であるのと同じである。

ここで問題となる自己の「知」への関わり方を、「透明／不透明」という区別で整理してみよう。Cの者には、「知っている」という自己の状態がそのとおりに明らかとなっており、自己が知に関して透明に捉えられている。同様に、Aの者にも、「知らない」という自己の状態は透明である。それに対して、BとDの二者は、自己が「知らない／知っている」という状態にありながら、それとは異なる思いを抱いている点で、自己が自己に対して不透明であると言ってよい。

Bの者が実際には「知らない」、Dの者が「知っている」ということは、他人――たとえば、ソクラテス――が吟味をつうじて確かめた状態を外部から記述するものであって、その人自身による把握ではない。B本人は、あくまで「知っている」という自己の状態を、正しく把握しているつもりでいる。それが、自己のあり方が不透明であるという意味なのである。こうして、自己の「知／不知」について透明な関わりを持つ者が自己のあり方を自覚しており、不透明な者は自覚を欠いている、と整理できる。

私たちは形式的に四通りを列挙したが、実はDというケースは甚《はなは》だ奇妙であることに気づく。たとえば、手帳といった物の所持の場合には「(本当は)持っているのに、持っていないと思う」ことはよくある。しかし、「知る／知らない」と「持つ／持たない」との間には、根本的な相違がある。もし医学の専門家が、実際にはガンの知識を持っているのに「ガンについて知らない」と思って適切な治療を施さなかったら、それは医者としての知識を持ってはいないことになろう。そのような状態は、「知識」を持つ者である基本前提を損《そこ》なっているのである。

「知る」とは、知っていることをはっきりと自覚することで成立しており、「知っている」ことを自覚しそこなうDのケースは、そもそも「知っている」とは言えない。実践知や暗黙知、あるいは、無意識といった現代的な主題は、ここでは問題とならない。ソクラテスはつねに、「説明《ロゴス》を与える」ことを「知る」ことの必要条件としており、その条件を満たさないものは、「慣れ」ではあっても「知識」とは見なさないからである。このように、「知る」というあり方は、真と自覚を必要条件としている。

さて、善や美に関わる人間の知のあり方で、問題はAとBに絞られる。この両者は、共に「知らない」という状態にありながら、一方はそれを透明に自覚し、他方は自覚していない。前者の透明に自覚するあり方こそ、『弁明』で「自らに証す、意識する、認めている」と語られた、ソクラテスによる不知の認容なのである。

ソクラテスは『弁明』(29B)で「恥ずべき無知」を痛烈に批判していたが、それはBの不透明な思いに当たることがわかる。実はプラトンは、その「無知(アマティア)」という語を、単に「知らない」状態である「不知(アグノイア)」から明確に区別して用いていた。「不知/無知」という訳語は通常無差別に用いられているが、私は二語を異なるギリシア語に当てて区別して理解することを提案する。異なった原語に何らか異なった翻訳を当てない限り、混乱が生じることは明らかであろう。

『ソフィスト』(229C)では、ソクラテスに見紛うソフィストの技術を定義するにあたり、「不知」という類を分割して、その下位種に「知らないのに、知っていると思っている」という「無知」が含まれるとされている。「不知」と「無知」という二つの術語を区別して、後者をより恥ずべき悪とする議論は、他の対話篇にも見られる。

『法律』では、「過ち」の一つの原因である「不知」が二つに分割される。

> 「その一方は単純なもので、軽い過ちの原因と考え、他方は二重のもので、人が単に不知に取りつかれているだけでなく、知あると思いこんで、まったく知らないものについて完全に知っていると思っている無知にある場合だ。」(『法律』9・863C)

「無知」は「不知」の二重化である。何らかの自己愛から発生する無知によって「いわば何一つ知らないのに、すべてを知っていると私たちは思い、知識のないことを他人に頼ることなく、自分自身で行なって必然的に誤ってしまう」のだ(『法律』5・732A-B)。

『リュシス』では、「不知／無知」の区別の上に「哲学」のあり方が説明される。

「このように不知を持つことで悪くなってしまっている者もまた、知を愛することはない。というのは、悪しく無知なる者は誰一人、知を愛することはないから。残るのは、この悪、つまり、不知を持ってはいるが、未だそれによって不知で無知なる者となってはおらず、知らないものを知らないと考えている者である。」　（『リュシス』218A-B）

この一節では、従来の日本語訳では二語を区別しないための混乱が見られた。前の区別を使うと、Aは「不知」にありながらも「無知」にあるBとの対比では未だ最悪の状態とはなっておらず、むしろ人間に許される限りCの「(神の)知」にもっとも近いあり方である。それが、ソクラテスがあえて「人間的な知」と呼ぶものであった。「無知(ア・マティア)」とは、「学ぶ、理解する(マンタネイン)」の否定を意味する。自分が「知っている」と思いこんでしまっている者は、もう学ぶ必要はないと考え、それ以上の探究を行なわない。そのような頑固な「無知」こそ、私たちの知を愛する途を閉ざす恐るべき害悪である、とソクラテスはつねづね警告していた。師ディオティマの教えにこうある。

「無知なる者も、知を愛すること、知ある者になろうと欲することはありません。というのは、善く立派な者でも思慮ある者でもないのに、十分だと自身には思われていることと、まさにこれこそが困難な無知なのですから。欠けていると思っていない者は、それゆえ、欠けていると思っていない物を欲しはしないのです。」

（『饗宴』204A）

以上で明らかなように、人間の「知」のあり方は、「持つ／持たない」と同じ仕方で「ある／ない」と二分される単純なものではなく、「不知」という自己のあり方への関わりにおいて分化する。ソクラテス的な「不知の自覚」と、不知である自らのあり方を自覚しない「無知」が対比されている。

「不知」は絶えず「無知」へと転化しようとする。これに抗して、知への関わりにおいて自己の思いを限りなく透明にすることこそ、ソクラテスが生涯をかけた哲学の営みなのであった。

†誤解の発生と伝承

ソクラテスに帰される「無知の知」は、とりわけ日本で好んで使われてきた標語である。西洋でも伝統的に、ソクラテスに「知らないということを、知っている」といった定式が用いられることは時折あった。だが、近年ではそのような表現の不適切さが意識され、避けられるようになっている。日本における誤解の浸透は、西洋でのソクラテス解釈に由来しつつ、さらに屈折した受容の様を示している。その歴史をたどってみよう。

ソクラテスの記憶が残る前四世紀に、アリストテレスは、相手に問いかけるばかりで自ら答えることのないソクラテスの態度を、「彼は「知らない」と同意していたから」と記述している（『ソフィスト的論駁について』183b8）。プラトン対話篇に即したこのような理解は、やがて、前一世紀半ばにキケロの『アカデミカ』で、別の定式にとって代わられる。

今日不完全にしか残っていないその著作には、キケロ本人による二つのヴァージョンがあり、最初に書かれた二巻本のうち第二巻『ルクッルス』と、改訂された四巻本の『アカデミカ』のうち第一巻途中までが現存している。

キケロはその著作で、ヘレニズム期にすでに長い間展開されてきた認識をめぐる様々な立場を総括して、その前提の上に議論を組み立てている。「真理の規準」による認識可能性を唱えるストア派と、それに対抗するアカデメイア派懐疑論、その懐疑論を論駁するアスカロンのアンティオコスの議論が、登場人物たちによって代弁される。それぞれの立場を歴史的に正当化しようとする際に問題となるのは、ストア派とアカデメイア派が共通して「哲学者」のモデルとしたソクラテスによる「不知の告白」の解釈であった。

ウァロは、アンティオコスの独断論をソクラテスに遡って位置づける。

「（ソクラテスは）何も知らない、そのこと自体を除いて、と言い、彼を他の人々より優れた者にしているのは、彼らは知らないことを知っていると思っているが、彼はこの一つの事、すなわち、何も知らないということを知っている点でなのだ、と言った。」

（『アカデミカ』1・16）

この単純化された定式において、ウァロが代弁するアンティオコスの立場は、ソクラテスの「不知」から「一つの事＝不知」を例外として取り出し、それについての「知」を認めさせることで、ソクラテスを「不知を知る」と主張した一種の独断論者としている。

他方、（登場人物の）キケロは、懐疑論の経緯の説明においてソクラテスに言及する。ソクラテスを「不知の告白」に導いた「物事の不分明さ」ゆえに、アカデメイア派懐疑論の創始者アルケシラオス（前三世紀半ばのアカデメイア学頭）は、古アカデメイアやストア派の独断論と袂を分ったのである（1・44）。

「アルケシラオスは、知られ得るものが何かあることを否定し、ソクラテスが自身に残しておいたまさにその事自体をも（否定した）。」

（『アカデミカ』1・45）

先駆者ソクラテスが唯一残しておいた「知らないということを、知っている」という一点までも徹底して懐疑に付すことで、アルケシラオスはアカデメイアを懐疑論へと転換させたのである。

最初のヴァージョンでも、キケロ（登場人物）は哲学者はすべて懐疑論的であると主張して、ソクラテスの「不知」を次のように定式化していた。

「何も知られ得ない、とソクラテスに思われたことは、疑い得ない。一つの事だけ、すなわち、自分が何も知らないということを自分が知っていることを除いて、それ以上は何一つ。」（『ルクッルス』74）

ソクラテスの「不知の告白」は、同じ定式に拠りながらも、一方では独断論の一種、他方では懐疑論の起源と位置づけられるのである。

そこで取り上げられるソクラテスの立場は、ヘレニズム哲学派間の論争の文脈で、二重に単純化されてしまっている。

第一に、ソクラテスの立場が、「知る（scire：ラテン語）」という動詞を一貫して用いて説明されることで、プラトンが『弁明』で区別して語っていた「意識する、認識する」といった語のニュアンスを消して一般化され、「知らないということを、知る」と単純に定式化されている。それによって、同じ「知る」が二重に用いられることになる。

第二に、そこで問題となる「知」の対象についていっさいの限定が外され、全称否定命題として扱われている。その結果、ソクラテスは、「何も知らないという、まさにその一つの事を除いて、何も知らない」と主張したことになる。

ソクラテスは元来、善や美や正といった大切な事柄に対象を限って「知らない」と表明しており、「何も知らない」といった全称否定や、そういった懐疑主義の認識論が引きおこす「嘘つきのパラドクス」のような論理的困難とは無縁であった。しかも、懐疑論者のような「何も知られ得ない」(前出『ルクッルス』74)という不可能性についても、判断していなかった。彼はあくまで自らの探究の結果、経験から帰納的に「知らない」という事実を認めていただけなのである。

「何も知らないということを、知っている」というキケロ式のソクラテス理解は、後三〜四世紀の教父ラクタンティウスによって直接用いられ、ラテン中世に流れ込んだ。近代においても、ソクラテスの不知はもっぱらこの定式で整理されてきた。今日の欧米のギリシア哲学研究でも、このような単純で誤解を生みやすいソクラテスの説明が、時折見られるのはこの伝統であろう。

キケロの定式を受け継いだ十五世紀のニコラウス・クザーヌスは、『知ある不知』で、人間理性の超出をこう論じている。

「ソクラテスには、不知であるということを除いて、自分は何も知らない、と思われた。」

(『知ある不知』1・6)

クザーヌスはまた、『知恵に関する無学者の対話』でも「あなたの不知の知識」という表現を用いており、そのような言い方によりソクラテスを意識していたことがわかる。「知ある不知（docta ignorantia）」という概念は、神について語るために人間に何らか与えられたものとして、アウグスティヌスが最初に用いたとされる。十三世紀にはボナヴェントゥラが、闇と暗さを自覚することで神を観る方途として語り、それを擬ディオニュシオス・アレオパギテースの神秘哲学に帰している（ただし、擬ディオニュシオスにはそれに対応するギリシア語はない）。

クザーヌスは、否定神学の系譜ですでに知られていた概念を取り上げ、自らの著作の標題としたのである。この背景には、神秘主義的な新プラトン主義者たちが逆説的表現を好んで用い、そのような言い回しをマイスター・エックハルトやクザーヌスの「反対者の一致」といった否定神学の伝統が受け継いでいった経緯が想定される。

「知ある不知」は、元来ソクラテスの哲学とは独立の文脈で展開された概念であるにもかかわらず、クザーヌスの「不知」論においてソクラテス解釈の伝統と接点を持つに至ったのである。この屈折をそのままに受容したのが、近代日本の哲学研究であった。

†日本における誤解の受容

十九世紀半ばからの西洋哲学の受容において、日本のソクラテス理解はこの屈折を反映する。西洋哲学の導入につれ、ソクラテスに対する関心は明治末から大正期に増大し、ソクラテスは東洋の聖賢と並ぶ「聖人」として盛んに論じられるようになった。

近代欧語文献をつうじて紹介されたソクラテスには、キケロ的な単純化された定式が適用されてきた。欧文の哲学史の翻訳においては、「何も知っていないことを、知っている」といった紹介がしばしばなされ、それを「無知の知」と簡略化して表現している例も見られる。たとえば、一九二九（昭和四）年に邦訳出版されたフォールレンデルの『西洋哲學史』は、「知らないということを知っている」哲学者としてソクラテスを紹介している。だが、そこではまだ「無知の知」といった表現は、標語的には用いられていない。

「無知の知」が、ソクラテス哲学の本質を表わす標語として脚光を浴びた例は、私の調査では、昭和初期以前には見られない。確認された最初の例は、一九二九年六月に東北帝国大学教授の高橋里美が、ソクラテスの立場を「無知の知」と紹介している文章である。そこにはきわめて重要な特徴が観取される。

「人の知る如く、哲学は知 sophia でなくして愛知 philosophia である。ソクラテスは知の所有者をもって任じていたソフィストに対して、我はただ知を求めるものであるとして意識的に自己を彼らから区別した。真に知を求むるものは、先ず自らが何ものも根本的には知らぬことを知らねばならない。自己の何者であるかすら知らぬものでなければならぬ。これを「無知の知」docta ignorantiaというのである。それで学的高慢ではなく学的謙遜こそ哲学者の名にふさわしい態度である。」（「学と哲学」『河北新報』）

高橋はこの小論の説明を、その後の著作でもくり返し、それらの箇所でも「無知の知」という表現に「ドクタ・イグノランティア」というラテン語を当てている。ここで重要なのは、まさにその二点、すなわち、高橋がソクラテスの立場を引用符つきの「無知の知」という標語で呼び、それを明示的にクザーヌスのラテン語で説明している点である。

クザーヌスの「ドクタ・イグノランティア」は、ドイツ語、そしてそれを受けた日本語でしばしば「無知の知（das Wissen des Nichtwissens）」と訳されてきた。一九二二（大正一一）年の『岩波哲学辞典』（宮本和吉他編）では、「無知の知」の項に「ドクタ・イグノランチアの訳語」と記載されているが、その両項にソクラテスへの言及はない。この事実は、少なくとも大正のこの段階までは、クザーヌスの標語とソクラテスの標語が重ね合わされていなかった可能性を強く示唆する。

西洋近代哲学を研究していた高橋は、おそらく独語文献の影響で、ソクラテスの不知の自覚をクザーヌスの標語において理解したに違いない。そういった把握の下に、ソクラテスの立場が「無知の知」とキャッチフレーズ化され、やがて一般に流布するようになったのであろう。たとえば、高橋がドイツ哲学を教えた東北大学に学んだ教育学者・稲富栄次郎は、後にソクラテスについての多数の著作を著し、その中で「無知の知」という表現を多用している。

ソクラテスについての「知らないということを、知っている」というキケロ的な定式は、西洋から日本に流入した際に、クザーヌスに代表される否定神学と結びつけられ、「無知の知」という印象的な標語で表現された。この標語が含意する神秘主義的な否定性と、禅を連想させる簡潔な逆説性は、日本人にとりわけ好まれ定着してきたのである。

ソクラテスの「不知」は、多くの日本人に、『論語』の有名な一節を彷彿《ほうふつ》とさせる。

「子曰く。由《ゆう》よ、女《なんじ》にこれを知る事を誨《おし》えんか。これを知るをこれを知ると為し、知らざるを知らざると為す、是知るなり。」

（『論語』為政編）

ただし、ここでの孔子の言も、哲学的に分析する限りで、ソクラテスの場合と同様、「無知の知」と呼ぶことはできない。

†ソクラテスのイロニー

ソクラテスはけっして「知らない」と言って開き直ったり、そこに安住したわけではなく、生涯人々と対話し、自らが「知らない」ということを確かめ続けた。そして、その「知らない」という自覚と表明において、知を愛し求める営みに従事し続けた。他方で、その厳しい吟味が他の人々の思いこみを破壊し、その無知を暴露することで、多くの人々の憎しみを買った。これがプラトンの描く「哲学者」の本質であった。

そのような「ソクラテスの不知」が様々に誤解されたことは、単なる歴史の偶然ではない。それが「空とぼけ（イロニー）」と呼ばれ誤解される様は、すでにプラトン対話篇が見事に描いていたからである。ここでは、ソクラテスの現われの問題として、「イロニー」の本質を検討しておこう。

自らは「知らない」と表明しつつ「知者」とされる人々を訪れ、結果的に彼らの「無知」を暴くソクラテスの態度は、伝統的に「イロニー」（ギリシア語では「エイローネイア」）と呼ばれてきた。プラトンの対話篇に由来し後世に受け継がれたこの概念は、現代では、不知を装うことによる「セラピー的対話手法」とも言われている。

「ソクラテスのイロニー」とは、基本的には「本当は自分は知っているのに、知らない振りをすること」、派生的には「本当は相手が知らないということを知っているのに、相手が知っているという振りをすること」を表わすと説明される。だが、そのどちらもが、ソクラテスの「不知」に対する誤った見方に基づいている。

ソクラテスは人々からもっとも知ある者と思われているのに、自分では「知らない」と言い続けて、他の「知者たち」を徹底的に論駁する。「知らない」と言っている以上、自身はけっしてやりこめられることはない。他方で、そのように的確に論駁を行なうソクラテスは、本当は「知っている」に違いない。知っているのに「知らない」と称することで他者の無知を暴くソクラテスのやり方は、意地悪で不誠実な自己卑下ではないか。これが「イロニー」の基本理解である。

また、ソクラテスが「知者」とされる人々に近づいて吟味を行なう際、実は彼らがまったく「知者」ではないことを知りつつ、上手くおだてながら意地悪くその実態を暴いているのではないか。相手の無知を初めから知っているのに「知らない」振りをする、という派生的な「イロニー（皮肉）」も、一般に流布する見方である。

「空とぼけ」というギリシア語は、アリストテレスの倫理学において、「はったり」（アラゾネイア）の反対に位置づけられている。「はったり」とは「持っていないのに、持っているふりをすること／知らないのに、知ったかぶりをすること」であるが、その反対に「空とぼけ」とは「実は持っているのに、持っていないふりをすること／知っているのに、知らないふりをすること」を意味する。この両者は、「真摯《しんし》さ、誠実さ」という中庸徳と対比される、両極の悪徳なのである（『ニコマコス倫理学』2・7、『大道徳学』1・32等）。

一種の悪徳を意味するその単語が、英語の「アイロニー」、日本語の「皮肉」としてソクラテスに帰されてきたわけである。しかし、ソクラテスが「イロニーの人」と呼ばれるのは、それ自体人々の「無知」に根ざした誤解に他ならない。

プラトン対話篇でソクラテスに「空とぼけ」を帰すのは、論敵やソクラテスを理解しなかった弟子たちである。それまでのやりとりに怒ったトラシュマコスは、質問をくり返して自らは答えないソクラテスの態度を非難して、「これがお馴染みのソクラテスの空とぼけだ」と息巻く。ソクラテスは、そうやって人の優位に立つ「知」を持っているのだと、トラシュマコスは解説してみせる（『ポリテイア』1・337A）。また、敵対的なカリクレスは、主張の意味を問いただされ教えを乞われると、「あなたは空とぼけている」とソクラテスを批判する（『ゴルギアス』489E）。そして、不肖の弟子アルキビアデスは、酔いながら、ソクラテスが実は自身の内に——シレノス像がその内に黄金の神像を蔵するように——素晴らしい知を隠し持っていると演説する。彼はそこで、「ソクラテスは一生人々に対して空とぼけ、からかい通しているのだ」と述べる（『饗宴』216E）。

これら自意識の強い論客たちは、ソクラテスの論駁を素直に受け入れる代わりに、鋒先《ほこさき》を彼に向け換えて、ソクラテスが実は「知っている」のに「知らない」振りをして人々をやりこめている、といった批判を加えているのである。しかし、ソクラテスの立場を「空とぼけ」と見なすのは、自らの「不知」をけっして認めない究極の「無知」に他ならない。

自己が知を持っていると思いこんでいる人は、その自己をやりこめるほど強力な議論を用いるソクラテスが「知らない」などとは、到底認めることができない。ソクラテスは、自分と同等かそれ以上に「知恵ある者」であるに違いない。ソクラテスを「空とぼけ」と呼ぶ人々のこういった心理は、自分たちの「知」への自惚れから、その無知をソクラテスへの非難に転嫁しているのである。

派生的な「イロニー」も、同様の誤解である。ソクラテスが「知っている」と自認する人々と対話して彼らの「無知」を暴くことは、けっして当初からわかっていた結果ではない。アポロン神託に促されて世間の「知者」のもとに赴いた際、ソクラテスはそこで自分より知ある人間が見出されることを、真摯に期待していたはずである。

彼は「知者」を見出すかわりに、つねに他者と自己との不知を確認する結果に終わる。しかし、それはあくまで自らの経験から得られた確認に過ぎず、相手の無知を前提して相手を馬鹿にしていたのではない。ソクラテスの対話には、たしかに、意地悪に思われる言い方（皮肉）がしばしば登場するが、それは知を愛する営みの本質とは無関係なのである。「イロニー」はしばしばソクラテス自身の特徴とされ、その呼称の下でソクラテスが実は「知者」であると考えられてきた。しかし、ソクラテスは、自己について透明に「知らない」ことだけを確認し続けた。そこには何のイロニーもない。それを屈折したイロニーと捉えてしまう私たちのあり方こそが、トラシュマコスやカリクレスやアルキビアデスのように、人間としての不知のうちにありながら、ソクラテスのように自己の「不知」を認められない皮肉な姿を現わしているのである。

通常帰される「イロニー」は、ソクラテスについての誤解に基づいている。しかし、ソクラテス自身の属性ではないにしても、「イロニー」が私たち自身の「無知」を映し出す鏡の役割を果たすことは確かである。無知から逃れられない人々に「イロニー」と現われてしまうという特性こそが、ソクラテスの本質であると言えよう。ソクラテスをくり返し論じながら多様なソクラテス像を生み出し、誤解さえも受け継いできた哲学の伝統は、この鏡において自己の姿を映し出す、試練の歴史であったのかもしれない。

†哲学者の誕生

前五世紀のアテナイに生きたソクラテスは、二千四百年後の今日、はるか日本の地で、西洋哲学の始まりを告げる「哲学者」として生き続けている。

ソクラテスが一般の人々の間で馴染み深い人物となるにあたり、「悪妻クサンティッペ」とか、「太った豚よりも、痩せたソクラテスとなれ」とか、「悪法も法なり」といった表現、そして何よりも「無知の知」という、いずれも不精確な標語が大きな役割を果たしていた。哲学者は、しばしば伝説化することで神聖な風貌を獲得する。しかし、「人間」としての不知に徹したソクラテスは、そのような神格化を皮肉なものと眺めるであろう。

「悪妻」伝説は、西洋で広く流布していた。ソクラテスの妻クサンティッペの性格は、プラトン対話篇では触れられないが——『パイドン』には本人が登場する——クセノフォンには二箇所で言及がある。

ソクラテスは『想い出』(2・2)で、長男ランプロクレスの母に対する不満をなだめる。母親一般の恩恵を説くソクラテスに、息子は、「でも、こういったすべての事や、他のもっと多くの事をやってくれていても、母さんの気難しさには、誰も我慢できませんよ!」と言う。それでも、獣の野蛮さと比べればマシである。息子を愛する母親に感謝の気持ちを忘れてはならない、と父は諭す。

また、『饗宴』(2・10)では、女性の教育を説くソクラテスに、アンティステネスが、もっとも扱い難い妻クサンティッペを教育していないことを詰《なじ》る。これに対して、馬術に秀でたい者はもっとも気性の荒い馬で訓練する。彼女に我慢できれば、他のどの人間とでも容易につき合えるはずだ、とソクラテスは応じる。「悪妻」伝説はこういった典拠を持つ。しかし、多くの逸話は、後世面白可笑しく誇張されたものであろう。

J・S・ミルに由来すると言われる「痩せたソクラテス」という表現は、文献に照らせば明らかに誤りである。ソクラテスは貧乏ではあったが体格は頑丈で、シレノスに似た風貌は「痩せた」とは形容し難かったであろう。

やはりソクラテスに帰される「悪法も法なり」も、日本近辺でのみ流通するこういった不精確な理解の一つである。プラトン『クリトン』において、アテナイの法律を守って脱獄の提案を拒絶するソクラテスは、そのような表現を語らない。彼が友人クリトンに向ける論理は、より複雑で精妙である。この標語は、日本では、ローマの法学者ウルピアヌスに由来する法格言 "Dura lex, sed lex"（厳しい法でも、法である）と混淆され、流布したようである。無論、両者は含意も起源も異なる。だが、この誤った表現ゆえに、ソクラテスは「法実証主義」の起源と解されてしまっている。

他方で、このようなわかりやすい標語をつうじて、この哲学者が日本の風土に馴染んでいったことも無視できない。だが、それが誤解として「哲学」を誤って伝える面があるとしたら、今すぐにも歴史的、哲学的に検証し、私たち自身が改めるべきではなかろうか。二十世紀初めから第二次世界大戦終結まで、大日本帝国の植民地として文化的にも支配下におかれた朝鮮半島では、京城帝国大学を中心に日本から導入された西洋哲学が研究されていた。明治以来の圧倒的なドイツ哲学の影響は、ソウル大学を中心に、戦後の韓国でも長く続いている。韓国語でも、やはり「無知の知」が巷間《こうかん》に流布しているという。その誤りの遡源《そげん》が日本の哲学受容史にある以上、そこから改める必要がある。

同様に日本から韓国に広まった「悪法も法なり」という標語は、戦後の韓国軍事政権が政治的抑圧を行なう際の言い訳に用いられていたという。日本の政治でも、時折、ひどい法律が導入された後でソクラテスの権威が濫用されることがある。誤った標語は単なる誤解では済まされず、恣意的に用いられることで重大な事態を招くこともある。哲学の責任は重大である。

ソクラテスは、時代や人に応じて多様に現われる。しかし、それは、彼について何を語ってもかまわない、ということを意味しない。まず、歴史的、文献的に語り得ることと語り得ないことの区別が、明確に存在する。また、「イロニー」の場合のように、ソクラテスを語ることで浮かび上がるのは、実は語っている人自身の姿である。「汝自らを知れ」というデルフォイの標語と結びつけられてきたソクラテスこそが、私たちにとって「哲学者」という鏡なのである。

古代、中世、近代の西洋を経由したソクラテス像が、日本に受容されるにあたって多くの屈折を経験したことは確かである。誤解を伴った受容も、頭ごなしに否定されるべき事態ではない。文化や思想を受け入れるには、その風土や文化に馴染んだ形をとることも、時として必要である。ソクラテスの場合も、すでに深く根づいていた仏教や儒教に重ねて理解されたことが、日本の哲学受容において重要なステップとなった。西洋を形成した「哲学者」の記憶が、東洋の聖賢をめぐる記憶の基層に織り合わされて、これから新たな「哲学者」を誕生させるのかもしれない。

ソクラテスは、アテナイの街角で同時代の人々と対話をくり広げた。しかし、そのソクラテスが「哲学者」として私たちに受け継がれるのは、彼の死が人々を挑発し、そのうねりが哲学の奔流を生み出したからである。ソクラテスをめぐる人々の活動と多彩な言説は、哲学者ソクラテスを誕生させ、やがて時代や地域を超えて、人々を哲学者の生へと誘ってきた。その多様な可能性の渦の中心に、プラトンが強烈に打ち出した「哲学者ソクラテス」がいる。

不在のソクラテスは、哲学を行なう私たちの対話相手として現在する。不知を自覚しながら、魂を配慮して生きること。二十一世紀の私たちは今、ソクラテスをめぐる人々の輪に入っていかなければならない。

哲学は、いつ始まったのか？ 最初の哲学者は、ソクラテス——あるいは、タレスやピュタゴラス——というよりも、彼と対話し、その記憶から今、哲学を始める私たち自身でなければならない。

哲学は、つねに、今、始まる。

補　論

「ソクラテス対ソフィスト」はプラトンの創作か

ラファエロ・サンツィオ「アテナイの学堂」(1509～10年)

†「哲学者ソクラテス」という問題

ソクラテスは西洋哲学の歴史をつうじて「哲学者（フィロソフォス）」のモデルとなってきた。私たちは通常「哲学者」という語で、ソクラテスの生き方、つまり他者を吟味して知と徳の探究へと誘う生のあり方を連想する。その「哲学者ソクラテス」は、同時代の知識人で「ソフィスト」と呼ばれた人々との対極でイメージされる（納富信留『ソフィストとは誰か？』ちくま学芸文庫、第一部参照）。

ソフィストとしては、前五世紀後半に活躍したプロタゴラス、ゴルギアス、ヒッピアス、プロディコス、トラシュマコスらの名が伝統的に挙げられてきたが、彼らはみなプラトン対話篇の登場人物である。対照的に、前四世紀前半に登場した次世代ソフィストのポリュクラテス、アルキダマス、イソクラテス、リュコフロン、ブリュソンらは、プラトン対話篇で取り上げられないために、主要なソフィストとして取り扱われてこなかった。また、ソクラテスと同時代のアテナイ人アンティフォンも『メネクセノス』（236A）で軽侮を込めて言及されるだけで無視されたため、やはりソフィストとしての注目度が低い。このことは「ソフィスト」もまた、プラトン対話篇で描かれた「哲学者ソクラテス」との対極で理解されてきたことを示している。

プラトンが哲学者とソフィストとの決定的な相違をくり返し強調したのは、ソクラテスを擁護する意図による。プラトンの見方では、裁判でソクラテスに向けられた告発は誤解に基づくものであったが、その誤解の根はソフィストとの混同にあり、ソフィストこそがいかがわしい教育によって実際に若者たちに良からぬ影響を与えてきた者たちであった。プラトンにとって、ソクラテスは「善い、美しい、正しい」といった大切な事柄への不知を自覚し「空とぼけ」と言われながらも他の人々を論駁する哲学者であったが、ソフィストはその正反対の特徴を体現する人々、つまり、見かけの知を誇り、レトリックや争論という言葉のみの論駁に従事する人々であった。

だが歴史を顧みると、プロタゴラス、ヒッピアス、プロディコス、ゴルギアスらは知の発展に大いに貢献したばかりでなく、アテナイ社会に変容をもたらして同時代の人々に高く評価された知識人であった。それゆえ、私たちは前提されてきた哲学者ソクラテスとソフィストの対比を再検討する必要がある。これから示すように、もしこの対比がプラトンの創作であれば、プラトンの同時代人たちはソクラテスをかなり違った枠組みで見ていたことになる。知識人として知られたソクラテスは、他の知識人たち、つまりソフィストと呼ばれたプロタゴラスやゴルギアスや、自然学者と呼ばれるアナクサゴラスやゼノンやエンペドクレスらと異なる種類の人とは見なされていなかった可能性が高い。その場合、哲学とソフィスト術との間の緊張は、ソクラテスを新しいイメージで示すというプラトンの創作がもたらした結果になる。ここではこの仮説を、ソクラテスの弟子たちを中心とした現存資料から考察することにしよう。

ソクラテスが存命中の前五世紀には、「ソフィスト（ソフィステース）」と「哲学者（フィロソフォス）」という語は明瞭に対比されていなかった。では、前四世紀前半の状況はどうか。ここではまず、プラトン以外のソクラテス派がソフィストの問題にほとんど関心を向けていなかった様子を確認する。次に、プラトンとクセノフォンのソクラテス擁護の仕方を検討し、ソフィストとの区別を強調する前者に対して、後者が異なる仕方でソクラテスを特徴づけていることを見る。

この検討で用いる古代の証言には、取り扱いに十分な注意が必要である。それらの中にはでっち上げや標的への敵意が込められているものもあるからである。第三章で扱ったように、ソクラテスの弟子たちが著した「ソクラテス文学」にはプラトンの対話篇も含まれ、こちらも歴史的証拠として用いるには慎重さが必要である。だが、慎重に取り扱いさえすれば、それらソクラテス文学から著者たちの意図を探ることは可能であろう。

もしソクラテスを擁護するために哲学者とソフィストの区別を導入したのがプラトンであるとの見方が正しければ、古代哲学に関していくつか重要な問題を提起することになる。たとえば、ソクラテスが哲学を始めたと言われるとき、どのような意味で同時代の自然学者やソフィストと異なっていたのか。ソクラテスとソクラテス派の人々は哲学史にどう位置づけられるのか。だが、私はこれらの問いを今後の考察に委ねたい。

†ソクラテス派の人々とソフィストたち

最初に、ソクラテス派とソフィスト思潮との関係を考察しよう。ここではアリスティッポス、アンティステネス、アイスキネス、エウクレイデス、クセノフォンの五名を取り上げ、教育を職業にして授業料を取っていたか、および、弁論術や争論術を用いたか、という二点を中心に検討する。

(一) アリスティッポス

北アフリカ・キュレネ出身のアリスティッポスは、ソクラテスの弟子の中で最初に授業料を取った人物とされる。ディオゲネス・ラエルティオスの伝記はこう報告する。

「この人はソフィストとして活動していたが、ペリパトス派の哲学者でエレソス出身のファニアスが言うところでは、ソクラテスの弟子たちの中で最初に授業料を取って、師にそのお金を送った人物である。そしてある時、彼に送った二十ムナが返されたが、ソクラテスはダイモンの徴が受け取らないように促したのだと言った。この金銭授与を不快に思っていたからであった。」（ディオゲネス・ラエルティオス『哲学者列伝』2・65）

ファニアス（前三七〇年頃―前三〇〇年頃）の師であるアリストテレスも、アリスティッポスのことを「ソフィスト」と呼んでいた。

「そして、この理由から、あるソフィスト、たとえばアリスティッポスは、数学に泥を塗ったのである。」

（アリストテレス『形而上学』3・2）

この伝統で、アフロディシアスのアレクサンドロスやアスクレピオスといった古代後期のアリストテレス注釈家たちも、彼を「ソフィスト」と呼んでいる。

前四世紀末から前三世紀に活躍した喜劇詩人アレクシスも『ガラテイア』（散逸）でアリスティッポスをソフィストとして揶揄した。この喜劇はおそらくシラクサを舞台としていたが、アリスティッポスはその地の君主ディオニュシオス一世（もしかしたら二世）の元に滞在していた。その喜劇断片では、ガラテイアという女性のお付きと思われる奴隷がこう語っている。

「私のご主人は若い時分に言論に入れ込んでいて、哲学などやろうとしておりました。街にアリスティッポスという名のキュレネ出身の男がおり、人の言うところでは本物のソフィスト（知識人）でした。いや、当時はすべての人々に抜きん出た男で、放埒な生き方をしたあらゆる人士を超える男だったのです。私の主人は彼のところに一タラント払って弟子入りしました。しかしその技術を精確に学び取った訳ではありませんが、呼吸程度には摑み取りました。」

（アテナイオス『食卓の賢人たち』12・544D-F）

アリスティッポスはソフィストとして金銭を得ることに一切の恥や躊躇《ためら》いを感じてはいなかったようであり、信奉するソクラテスの生き方とは食い違うと考えてもいなかった。ディオゲネス・ラエルティオスには別の逸話もある。

「ソクラテスの弟子なのに金銭を取っているという非難に対して、彼はこう返した。「いや大いに。ソクラテスだってそうやっている。人々が彼に穀物やワインを送り届けると、ほんの少しを受け取って残りは返しているではないか。彼はアテナイ人の一流の人士を家扶にしていたが、私には銀で買ったエウテュキデスしかいないのだから」と。」

（『哲学者列伝』2・74）

彼の見方では、ソクラテスはクリトンや他の人々から生活の面倒を見てもらっており（同2・121）、自分の生き方と同じである。もっとも、他の逸話では、ソクラテスが贈り物を受け取らなかったとも報告されている（同2・24、25、31）。

アリスティッポスが金銭欲の強い人物だったことは、師ソクラテスの無欲さとの対比で、クセノフォン『ソクラテスの想い出』(1・2・60) が批判的に揶揄している。彼はまた『狩猟について』(13) で「今日のソフィスト」として批判を向けている (すぐ後で検討する)。後にアレクサンドリアのクレメンスが『教育者』(2・8・64・1) で「彼は何らかこのようなソフィスト的な言論を好んだ」と述べたように、アリスティッポスの議論は一般にソフィスト的と見なされていた。

(二) アンティステネス

アンティステネスは最初、ゴルギアスに学んだと報告されている。

「最初、彼は弁論家ゴルギアスの弟子となり、彼から弁論術の形式を学んで自分の対話篇、とりわけ『真理』と『哲学の勧め』に導入した。」

(ディオゲネス・ラエルティオス『哲学者列伝』6・1・1)

ディオゲネスは次に、彼がイストミア祭の競技会で演示弁論を行おうとして取りやめた出来事を紹介し、ソクラテスとの交わりを語る。

「しかしながら、後に彼はソクラテスの仲間に入り、自分の弟子たちにも共にソクラテスに弟子入りするように勧めるほど、彼から裨益されたのである。」

（『哲学者列伝』6・2）

ディオゲネスはここで時間的経緯に沿って叙述しているように見える。つまり、アンティステネスは当初はゴルギアスの弟子として弁論術を専門としていたが、後にソクラテスの哲学へと転向したというように。劇的ではあるが、この見方は彼の人生の他の報告には適合しない。先に挙げられていた二つの著作『真理』と『哲学の勧め（プロトレプティコス）』は、ソフィスト的な影響とソクラテスの教えとの混合である可能性が高いからである。『真理』という標題は、プロタゴラスやアンティフォンの著作名と共通する。また、『哲学の勧め』はソクラテス的にも聞こえるが、イアンブリコス著『哲学の勧め』にはアリストテレスの『哲学の勧め』からの抜粋と一緒にソフィストの誰かによる論考が収められており（イアンブリコス所収の無名ソフィスト）、このジャンルが元来強いソフィスト的、弁論術的背景を持つことが分かる。したがって、これら両作品は対話篇形式をとるにしても、弁論術に基づく著作であると推定される。

アンティステネス研究の大家デクレヴァ＝カイッシは、彼の人生を弁論術時代と哲学時代というように二つの段階に分けるべきではないと論じているが、私もその見解に賛成である。むしろ、アンティステネスは人生を通じてこれら二つの影響を並列して保持し、自分自身では何の矛盾や葛藤も感じていなかったようである。プラトン的な対立図式をここに持ち込むことは不当である。

アンティステネスの著作目録にはまた、『ソフィストについて、または人相術について』と題される作品が含まれており、ソフィストについて何か論じていたかもしれないが、その内容はいっさい知られていない。

クセノフォンは『饗宴』でアンティステネスを、カリアス邸での客の一人として登場させ、ソクラテスらと対話させている。彼がカリアスに向かって論駁的な調子で議論をして問い詰めると（4・2）、カリアスは応戦して次のように言う。

「さあ、ソフィストさん。論駁されているのは自分だと認めたまえ！」（『饗宴』4・4）

ディオゲネス・ラエルティオスはこのクセノフォンの対話篇ゆえに、アンティステネスを「手強い（デイノス）」というソフィストによく用いられる形容詞で呼んでいる（『哲学者列伝』6・1・14）。

しかしながら、もしこの推定どおりアンティステネスがソフィストであり弁論家であったとしても、だからと言って彼の教育がまやかしであるとか無意味であることにはならない。それはイソクラテスの場合と同様である。彼がそのような名称で批判されたのは、プラトンの区別に基づく名称の問題に過ぎない。

(三) アイスキネス

スフェットス区出身のアイスキネスはソクラテスに忠実な弟子の一人で、プラトンの『ソクラテスの弁明』でも裁判に臨席している様子が言及されている(33E)。だが、貧乏であったため、彼は教育に従事することで授業料をとり、時折依頼によって法廷弁論の原稿を書いてお金を稼いでいた。

「後にアテナイに戻ってからはあえてソフィストの活動はしなかった。その当時はプラトンとアリスティッポスの方が名声が高かったからである。しかし、彼は聴講者から授業料をとって、後には不正で訴えられた人々に法廷弁論の原稿を書いた。」

(ディオゲネス・ラエルティオス『哲学者列伝』2・62)

授業料をとって教育に当たることは、プラトンがソフィストとする基準の一つであった。ファヴォリノスもアイスキネス(および、ソクラテス)がそうして弁論術を教授していたと報告していた(同2・20)。彼の弁論術の才能は、古代では有名であった。

「彼が弁論術において十分に訓練を積んでいたことは、将軍ファイアクスの父親の弁明言論、および、ディオンの弁明言論から明らかである。彼はレオンティノイ出身のゴルギアスをとりわけ模倣しており、リュシアスは彼を告発して『不誠実な告訴について』と題する言論を書いた。それらから、彼が弁論家であったことは明らかである。」
（『哲学者列伝』2・63）

アンティステネス同様、アイスキネスも弁論術のスタイルをゴルギアスに学んでいたのである。

ディオゲネス・ラエルティオスが「不誠実な告訴（シュコファンティア）について」の標題で紹介しているリュシアスの弁論は、アテナイオスが「借金に関するソクラテスの徒アイスキネスへの反論」として報告する作品とおそらく同一であろう。アテナイオスはこの弁論からいくつか長い引用をしているが（『食卓の賢人たち』13・611E-612F）、それがリュシアスの真作であることは、多少の疑義はあるものの研究者の間で概ね受け入れられている。

アテナイオスの報告では、アイスキネスは金融業者からの借金が返済できずに財産没収の危機に陥り、リュシアスに金を借りにきたという。香料を製造して儲ける計画があるので、その元手に利子付きで借金を要請したのである。香料を使いさえしなかったソクラテスの弟子がその製造で儲けようするのは「ソクラテスの哲学に従った結果だ」と皮肉を交え、借りた金を返済せず利子も払わないという契約不履行をリュシアスは糾弾する。彼はそこで、ソクラテスに教育を受けたという事実から批判を展開している。

「私はアイスキネスがこんなことを言うのに説得されて、同時にこう思ったのだ。彼はソクラテスの弟子であり、正義や徳について多くの崇高な言論を語ってきたのだから、もっとも劣悪で不正な人間しか為そうと試みないことを試みたり、あえて行ったりすることはけっしてないだろうと。」

(アテナイオス『食卓の賢人たち』13・612B)

リュシアスはアイスキネスを、その生き方ゆえに「ソフィスト」と呼ぶ。アテナイオスの引用は「ソフィストの生き方とは、このようなものであった」という印象的な言葉で締めくくられる(同13・612F)。

前五世紀から前四世紀の法廷弁論では、告訴常習者を意味する「シュコファンテス」といったレッテルで相手を非難するのは普通のことであった。にもかかわらず、有名なソクラテスの弟子が「ソフィスト」と呼ばれて批判されている事実は興味深い。アテナイオスがこの逸話を紹介したのは、「哲学者」と呼ばれる人たちも実際には非哲学的な生き方をしていることを示すためであった（同13・611D）。

第二次ソフィスト思潮の弁論家アエリウス・アリスティデスは、この法廷弁論を念頭において次のように語っている。

「リュスアスはプラトンをソフィストと呼んでいないか。そしてまたアイスキネスのことも。」

（アエリウス・アリスティデス『プラトンに対して、四名の弁護』677）

他方で、プルタルコスは論考『似て非なる友について』で、プラトンがアイスキネスを「良き哲学者」として僭主ディオニュシオスに推薦したという逸話を紹介している。

「アイスキネスは、性格においてはソクラテスの仲間たちの中で誰と比べても立派な男であり、言論においては彼と交わる人々を改善する力を持っていた。だが、哲学によってあなたと親しくなろうと思っていくつもの海を越えてここまで航海してきた後で、彼は自分が無視されているのに気づいた。」

（プルタルコス『モラリア』67D-E）

だがこの逸話は、プラトンがシラクサのディオニュシオス宮廷でアイスキネスを無視していたが、アリスティッポスが僭主に紹介したというディオゲネス・ラエルティオスの逸話とは相容れない（『哲学者列伝』2・61、82−83、3・36）。

アイスキネスの著作の断片からは、ソフィストや哲学者についての明瞭な考えを見出すことはできない。だが、彼の対話篇『カリアス』が、プロディコスやアナクサゴラスらソフィストの一団を登場させていたことが知られている。

「彼の『カリアス』は、カリアスとその父親の違いを含んでおり、プロディコスやアナクサゴラスといったソフィストたちへの辛辣な揶揄を込めていた。」

（アテナイオス『食卓の賢人たち』5・220B）

アナクサゴラスは今日の哲学史では「自然学者」に数えられているが、古代においては「ソフィスト」とも呼ばれていた。この証言によれば、アイスキネスは、少なくとも自然学を探究する「哲学者」と職業として教育に当たる「ソフィスト」との間に、プラトンのような明瞭な区別をつけていなかったことは確かである。

（四）エウクレイデス

メガラ出身のエウクレイデスもソクラテスの弟子であり、プラトンとも親しかった。『テアイテトス』ではソクラテスとテアイテトスのかつての対話を紹介する役割を果たしている。彼はパルメニデスの教説を研究していたとされ、ある逸話でソクラテスはエウクレイデスをソフィストに結びつけている。

「ソクラテスはエウクレイデスが争論的な言論に熱中しているのを見て、彼にこう言った。「エウクレイデスよ、君はソフィストたちとは仲良くできるだろうが、人間たちとはけっして親しくなれないだろう」。」

（ディオゲネス・ラエルティオス『哲学者列伝』2・30）

エウクレイデスの後継者たちは「争論派」、または、問いと答えの形で議論を行うことから「問答派（ディアレクティコイ）」とも呼ばれた（同2・106）。この特徴は、プラトン対話篇に見られるように、対話に従事するソクラテスのやり方に由来するものかもしれないが、同時にエレア派、とりわけゼノンの影響が想定される。アリストテレスは失われた著作『ソフィスト』でゼノンを問答法の創始者と呼んでおり（断片65 Rose）、プラトン自身も『パルメニデス』第二部で問答法を訓練するにあたってエレア派の論法を用いていた。ソフィストの論法と哲学の議論との区別は容易ではない。エウクレイデスを後の「争論派、メガラ派、問答派」の詭弁論法から切り離しておくことは歴史的には健全な態度かもしれないが、ソクラテス派の一つがソフィスト思潮と強く関わっていることは注目に値する。

（五）クセノフォン

クセノフォンは『想い出』（1・6）での「ソフィスト・アンティフォン」の逸話を除いて、ソクラテスとソフィストの相違にはほとんど配慮を払っていない。他方で、『想い出』（1・1）では、ソクラテスが「ソフィストたち」のように「宇宙」について教えているという通常の批判に反論している。どちらの箇所もソクラテス裁判に関わる弁護を意識したものであり、この点はすぐ後で検討したい。

クセノフォンは『狩猟について』（13）で「今日のソフィスト」を批判する付論を加えている。興味深いことに、そこではソフィストと哲学者との明確な対比が示される。

「他の多くの人も、今日のソフィストで、知を愛し求めていない連中を批判しているが、彼らは言葉の上でソフィスト的議論を展開しており、思考上でではない。」

（クセノフォン『狩猟について』13・6）

このソフィストたちは、悪しき教育の責任で批判されている。

「したがって、私はソフィストたちの教えから身を守り、哲学者たちの考えを軽視しないように助言する。ソフィストたちは裕福な若者たちの狩人であるが、哲学者たちは万人に共通する友人だからである。」（『狩猟について』13・9）

この対比はプラトンで見られる見方と似ているが、より通俗的である。ソフィストは若者たちを徳へと導くと公言して多くの本を書いているが、実際には適切な教育を与えることがないと非難される。

それに対して、クセノフォン自身は「素人」であり（同13・4）ソフィストの職業とはなんの関わりもないという。彼が自分の著述を擁護する時（同13・6-8）、同時代の著者たちの間でなんらかの論争が起こっていることが推察される。一部の研究者は、この議論がアリスティッポスに向けられていると推定している。狩猟の心得を論じるにあたり、クセノフォンは苦労を愛する重要性を強調し（同12・15、13・11、14）、快楽を求める態度と対比していた（同12・12-15、13・2）。これは、クセノフォンがアンティステネスの禁欲的態度に親和性をもちつつ、アリスティッポスの快楽主義に反対する立場に立つからであると受け取られている。

『想い出』（2・1）でクセノフォンは、ソクラテスにアリスティッポス相手に有名な「ヘラクレスの選択」の物語を語らせたが、その典拠であるプロディコスを「知者（ソフォス）」と呼び「ソフィスト」と呼んではいない（同2・1・21）。また、正義をめぐるソクラテスとの論争で、ヒッピアスを「博識家（ポリュマテス）」と呼ぶが、ソフィスト扱いしていない点も同様である（同4・4・6）。

以上の考察をまとめよう。アリスティッポスとアイスキネスは教育で金銭をとり「ソフィスト」の職業で生計を立てていた。アンティステネスはゴルギアスに学び、アイスキネスも彼の弁論スタイルを習得していた。さらに、アリスティッポス、アンティステネス、エウクレイデスらが駆使した逆説や詭弁的な議論は、同時代や後世の人々からは争論的、あるいはソフィスト的と見なされていた。以上のように、ソクラテスの徒たちの活動や生き方は、必ずしもソフィストたちと異なるものと特徴づけられず、現存する書き物でもソフィストと哲学者、とりわけソクラテスとの間の区別は明瞭に提示されていない。

最後に、プラトンも彼の時代には同様の状況にあったことを忘れてはならない。すでに見たように、弁論家リュシアスはおそらくアイスキネスを訴える弁論の中でプラトンのことも「ソフィスト」と呼び、イソクラテスは『ヘレネ頌』（1）で「反論することは不可能である」という悪名高いアンティステネスの議論と並んでプラトンの「諸徳の一性」の教えをソフィスト的であると批判していた。

ソクラテスという人物をめぐるソフィストと哲学者の間の区別と対比は、プラトン以前や同時代でも、彼以外の人々には見られないものであった。このことは、プラトンがソクラテス擁護の戦略として初めて両者の区別を打ち出したという私の見方を強く支持する。

†プラトンとクセノフォンによるソクラテス弁護

哲学者とソフィストを峻別するプラトンの意図は『ソクラテスの弁明』で明瞭に観取される。プラトンはそこで、ソクラテスに一見裁判そのものと関係の薄い「古くからの告発」を最初に語らせる。それは、プラトンによるソクラテス弁護の中核をなす。すなわち、ソクラテスが不当にも告発されたのは、哲学に従事する彼の生き方が深刻な誤解に晒されたからである。重要なのは、彼を偽りの知恵をもつ人々から区別することであった。

ソクラテスをいかがわしい知者とする一般的で曖昧な非難は、長い年月をかけてアテナイの人々の想念として形成されてきたものであり、とりわけアリストファネスの喜劇『雲』が代表した。その古くからの告発は、一般的なソフィストのイメージを含んでいた。

「ソクラテスという知恵ある男がいて、天空のことを思弁し、地下のものすべてを探り出して、弱論を強弁するのだ。」（プラトン『ソクラテスの弁明』18B）

この中傷には、現代の観点からは複数の異質な要素が混じっているように見える。つまり、自然哲学、神秘宗教、無神論、ソフィストの弁論術教育などである。だが、前五世紀にはそれらのジャンルは明瞭に区別されてはおらず、いわば渾然一体として新知識を形作っていた。自然探究による伝統宗教の破壊は「太陽は燃える石である」と喝破したアナクサゴラスを典型としており、「弱論を強弁する」と表現される、劣った議論、あるいは誤った議論を優れているように見せかける弁論術の手法は、プロタゴラスを代表とする（アリストテレス『弁論術』2・24参照）。これら二つがソクラテスへの中傷の核にあった。

ソクラテスはアリストファネスが揶揄したような新知識の所持を否定する。また、彼はゴルギアス、ヒッピアス、プロディコス、エウエノス（裁判時に存命中のソフィストたち）が従事していたように、人間教育によって金銭を得る営みに従事したことも否定する。そして彼は、知者という中傷が生じた誤解の根深い原因を、デルフォイの神託事件を通じて説明する。ソクラテスが躊躇いながら認めた「人間的な知恵」とは、一方では神の真の知恵と、他方でソフィストたちの大衆受けする知恵と対比される。この二重の対比において、ソクラテスは真の知恵とは神にのみ属するものであり、人間には大切なことの知は不可能であると結論づける。その含意は、ソフィストが誇る「知恵」は偽物であり、自身が認める人間的な知恵、つまり「不知の自覚」から明確に区別されるべき点にあった。

人々に徳を教授すること、ならびにその教育に金銭を求める職業は、ソクラテスと区別される二つの基準をなす。ソクラテス裁判の元にある「若者たちを堕落させる」という告発は、ソフィストとの区別から根深い誤解として退けられる。

対照的に、クセノフォンは『ソクラテスの弁明』（以下『弁明』）でソクラテスと他の知者との違いを論じることはない。第一に、カイレフォンの要求でソクラテスに授けられたというデルフォイの神託は、プラトンとは異なった仕方で提示されている。

「かつてカイレフォンが私に関してデルフォイの神託を問い求めた時、多くの人々がいるところでアポロン神は答えられました。私よりも自由で、より正しく、より思慮深い人間は誰もいないと。」（クセノフォン『弁明』14）

この神託は三つの徳「自由、正義、思慮深さ」に言及しているが、プラトンでは「より知恵ある者はだれもいない」とされた「知恵」だけが問題になっていたのと比べて（プラトン『弁明』21A）、より一般的で広範な内容となっている。クセノフォンでは、なぜ神が彼を「思慮深い」と呼ぶのかを説明して、自身の「知恵」を自慢しさえする。

「また、私は語られた言語を理解し始めた時から、善きことをできる限り探究し学ぶことを、けっしてなおざりにしなかったのです。その私を「知恵ある者」と呼ばないのが、もっともなことでしょうか。そして、私の苦労が無駄でなかったことは、次のことが証拠になるとあなた方には思われないでしょうか。すなわち、徳を求める多くの市民たち、多くの外国人たちが、どんな人にもまして私と交際することを選んでいるということが。」

（『弁明』16-17）

この主張は、プラトンで語られる言論と直接矛盾するわけではない。だが、人々が交際を求めることはソフィストの職業が標榜する特徴であり、その点でかえって両者が混同される恐れもある。たとえばプラトンの『弁明』では、ソフィストは若者たちを「金銭を払わせた上で感謝までさせて、自分たちと交際するように仕向けることができる」（19E-20A）と語られる。クセノフォンの描くソクラテスは、自らの不知を認めることはなく、むしろ知恵や教育上の役割を自慢するように聞こえる。告発者メレトスに向かって、彼はこう言う。

「それでは、このことも君には驚くべきことと思われないだろうか。他の行為においてはもっとも優れた人々が等しい分け前に与《あずか》るだけでなく、抜きん出た栄誉を与えられるのに、私はというと、人間にとって最大の善きものである教育に関して、ある人々からはもっとも優れた者だと尊重されているのに、まさにそのことで君によって死刑で訴えられるとは。」

（『弁明』21）

プラトンが描くソクラテスはけっして他の人々を教育しているとは主張していなかった。クセノフォンの著作では『想い出』でのポリュクラテスの告発に対する弁護で、若者の教師となったことはけっしてないと語っていたが(1・2・2)、今引用した『弁明』の箇所では教育者であることを誇っている。プラトンは、ソクラテスを危険で有害な教育者、つまり「ソフィスト」とする批判を避けようとしたが、クセノフォンはソクラテスとソフィストとを区別するという戦略はとっていない。実際、彼は『弁明』で「ソフィスト」という語も「哲学者」という語も一度も使っていない。『想い出』第一巻の最初で、クセノフォンはソクラテスの生涯について一般的な弁護を与えている。ソクラテスは仲間たちに金銭への愛を戒め、彼の教示は人々自身の自由を保証する(同1・2・5-8)。「交際に金銭を要求する者たち」や「徳で金銭を稼ぐ者」といった表現は、職業的なソフィストを指示している(同1・2・6-7)。

この点は、とりわけ第一巻六章の「ソフィスト・アンティフォン」との対決が明瞭に例示する。だが、そこでの強調は他者にとって良き友であるという点に置かれている。クセノフォンはソクラテスが「若者を堕落させる」という告発とは正反対の生涯を送ってきたことを示そうとし、その文脈でソクラテスの哲学者としての生き方をアンティフォンのソフィストとしての生活と対比するのである。アンティフォンが裕福で贅沢な生活を享受するのに対して、ソクラテスは質素で貧乏な生き方に甘んじているが、それはより自由で神的な生き方であった。自慢するアンティフォンに対してソクラテスはこう応じる。

「知恵についても同様に、それを求めてやってくるどんな人にも金銭で小売する人を、知恵の売春婦として「ソフィスト」と呼んでいる。だが、何であれ善きことを教えながら、生まれの素質があると認める人を友とするのは、立派で善き市民に相応しいことだと私たちは考える。」（『想い出』1・6・13）

しかしながら、ソクラテスとアンティフォンの対比は、彼らが持つ知恵の内実や質によってではなく、人々、とりわけ若者たちと交わる社会的関係の違いによってだけ与えられている。したがって、クセノフォンによるソフィストとソクラテスの対比は、プラトンとは異なる意味を担うのである。

さらに、本書第二章でも見たように、敬虔さを擁護する議論で用いられる「ソフィスト」の語は、通常は「自然学者」と呼ばれるべき対象である。「ソクラテスは、他のほとんどの人が論じていた「万物の自然本性」について考察することも、つまり、知者（ソフィスト）たちによって「宇宙」と呼ばれるものがどのように生まれ、天空の各々がどのような必然性によって生じるかを論じることもなかった。

彼はこういった主題に思いを巡らす人々は愚かであると示そうともした。」

（『想い出』1・1・11）

自然現象について考察する学者たちは、人間の知的領域を超えた事柄を探究するものとして不敬神の非難を受けていた。だがソクラテスは、あくまで人間に許される領域に限って知を追求した。クセノフォンがソクラテスを他の知者たちと区別する仕方は、プラトンのやり方とは根本的に異なり、「哲学者／ソフィスト」という真と偽の認識状態の間の区別を導入することはなかった。その代わり、彼の対比は異なる関心に用いられた。

クセノフォンは人間の徳に関して哲学をするソクラテスを自然学者と区別するが、この見方は今日に至るソクラテス像の一つの源泉になった。前一世紀にキケロがソクラテスについて「初めて哲学を天空から呼び戻し」地上に据えたと語った時（『トゥスクルム荘対談集』5・4・10）、クセノフォンのこういった叙述を典拠としていた可能性が高い。他方で、プラトンが「哲学者」を規定する仕方とは大いに異なっていた。

プラトンは生涯を通じて対話篇で、個々の特定のソフィスト、そして「ソフィスト」という職業と生き方を批判した。『プロタゴラス』ではソクラテスをプロタゴラスらと対決させ、『テアイテトス』では彼の「人間尺度説」を粉砕した。『ヒッピアス大』と『ヒッピアス小』ではヒッピアスを、『ゴルギアス』ではゴルギアスとその弟子ポロスを、『ポリテイア』第一巻ではトラシュマコスを論駁させ、『エウテュデモス』ではエウテュデモスとディオニュソドロス兄弟の詭弁を暴いた。

プラトンは最終的に後期の『ソフィスト』で、ソフィストを哲学者の偽《にせ》の模倣者と定義する。つまり、あらゆる事柄を知っていると公言するが、実際は知らない者なのである（納富信留『ソフィストと哲学者の間』名古屋大学出版会参照）。ソフィストに対するこの厳しい批判は、基本的にはソクラテスこそが哲学者であることを示す弁護の戦略による。

しかしながら、彼の『弁明』が示唆するように、アテナイの人々は裁判において、ソクラテスと他の知識人たち、つまり自然学者や宗教家や無神論者や職業教師や弁論家らとの違いを明確に認識しておらず、状況はしばらく前にアリストファネスが描いたあり様とさほど変わってはいなかった。

だが、プラトンが前四世紀前半に古いソフィストたちの言動を対話篇に著した時には、おそらく同時代のライヴァルたちが念頭に置かれていたはずである。一方には、ゴルギアスやプロタゴラスの影響を受けた次世代のソフィストたち、イソクラテス、アルキダマス、ポリュクラテスらが活動しており、アテナイ社会で大きな知的影響を及ぼしていた。他方では、同じソクラテスの門下でありながら立場を異にしてソクラテス文学を著すソクラテス派のライヴァルたち、とりわけ敵対したとされるアンティステネスがいた。プラトンがソクラテスを「哲学者」として描き「ソフィスト」から峻別する時、これら両者、つまり哲学者や教育者を自称する職業的ソフィストと、ソクラテスを他の教師や知識人と区別しない他のソクラテス派論者たちが標的となっていた。そのように、プラトンの「哲学者／ソフィスト」対比は、自身が遂行する「哲学」をソクラテスの正しい後継者として打ち出す二重の役割を果たしたのである。

†哲学史におけるソクラテス

ソクラテスが初めから「哲学者」であり誤ってプロタゴラスのような「ソフィスト」と混同された、というわけではない。むしろ、ソクラテスが彼らソフィストとは本質的に異なることを弁証していったプラトンの著述によって、彼は初めてソフィストから峻別されたのである。ソフィストを哲学者の偽の見かけを持つ者、つまり哲学者の影として規定したのはプラトンであった。ここに「哲学者ソクラテス」が誕生した。したがって、アリストファネスであれソクラテスの他の同時代人であれ、あるいは他の弟子たちも、ソクラテスを他の知識人たちと同列に扱ったのは当然のことであった。ソクラテス弁護において、プラトンと他のソクラテス派の人々は、彼の知的活動や生き方について異なった像と解釈を与えたのである。

しかしながら、もし私が論じた通り、哲学者ソクラテスとソフィストたちの鮮明な対比がプラトンの創作であるにしても、私たちはそれを単なるでっち上げとして無視すべきではない。プラトンが両者をこの基準で区別した時、ソクラテスの個性と本質がもっとも明瞭に見出されたはずであり、それを他の人々は見逃していたとも言えるからである。あるいは、謎と魅力に満ちたソクラテスという人物について、彼が一体何者なのかを位置づける試みは多数存在し、それらが前五世紀後半と前四世紀前半に多様な仕方で追求されたということかもしれない。

二十世紀半ばにオロフ・ジゴンは、ソフィストや自然学者とソクラテス派の間に直接の知的連続性があると論じた（『ソクラテス』第四章）。その見方は基本的に正しいが、プラトンが描いたソクラテスの姿を、私たちが西洋哲学の伝統として受け継いでいることも確かである。このソクラテスこそ「哲学」の創始者であり、様々な議論や思想を生み出した数多の知識人の一人ではない。対照的に、当時隆盛を誇ったソフィストたちは「哲学」の領域から締め出され、長い哲学の歴史において追放と忘却の憂き目にあった。私たちはこの歴史を踏まえて、プラトンのソクラテスをしっかりと見ていかなければならない。

あとがき（二〇〇五年）

前著『プラトン――哲学者とは何か』（NHK出版）を上梓した後、若い読者から、その本が「プラトン」ではなく「ソクラテス」を書いているとの印象を持った、と聞いた。なるほど、と思った。たしかにその小著では、プラトンを論じるにあたり、その半分――あるいは、印象としては大半――が「ソクラテス」に費やされていた。しかし、私はあくまで「プラトン」を書いていた。プラトンと対話するためには、まさにソクラテスと向き合わなければならない。今でもそう信じている。

では反対に、もしソクラテスを論じるとしたら、どうなるのか？　プラトンが重要な役割を演じることは疑いないとしても、それはソクラテスの一面を照らし出すに過ぎないのかもしれない。他方で、ソクラテスに向き合おうとすると、前とは逆に、ソクラテスは直接登場しない可能性もある。そのような感触を具体的に展開した結果が、本書である。

ソクラテスを描くには、彼をめぐる人々の言論を見なければならない。その動きが活発であればあるほど、ソクラテス自身が生き生きと甦るはずである。彼らの間で誕生した「哲学者ソクラテス」は、長い記憶をつうじて、私たち現代人をも「哲学者」へと導いてくれる。ソクラテスとは、そのような刺激であり、生へと覚醒させる「アブ」であった。

ソクラテス派やソクラテス文学の研究は、日本でまだ本格的に着手されてはいない。いや、欧米でも状況は似ている。そのような中、この分野の専門家、L・ロセッティ教授（ペルージア大学）、F・デクレヴァ＝カイッシ教授（ミラノ大学）、Ch・カーン教授（ペンシルヴェニア大学）から貴重な資料や意見を頂戴したことが、研究への大きな励みとなった。敬愛する海外の研究者たちに感謝を表しつつ、小著がこの領域の研究からギリシア哲学への見方を刷新する端緒となることを期待したい。

本書執筆にあたっては、ギリシア文学の佐野好則氏と、ギリシア史の宮崎亮氏から有益なコメントを頂戴した。また、慶應義塾大学ゼミの鈴木生郎、植村玄輝、阿部祐介、境田健太郎、本橋満君には、原稿を一緒に検討してもらった。ここに感謝を記したい。なお、第一、三、六章には、既刊論文「ソクラテスの記憶」（哲学雑誌『記憶』有斐閣）、「ソクラテスの不知」（『思想』948号、岩波書店）の議論を改訂して用いている。

最後に、馴染みの「哲学書」とは異なる本書の企画を、数年前から熱心に勧めて下さった湯原法史氏に、心よりお礼を申し上げたい。

文庫版あとがき

本書は、二〇〇五年八月にちくま新書として上梓した『哲学者の誕生――ソクラテスをめぐる人々』を改訂し、補論「「ソクラテス対ソフィスト」はプラトンの創作か」を加えた新版である。文庫化にあたり、標題を『哲学の誕生――ソクラテスとは何者か』に改めている。新書には趣旨に沿った標題を付けたつもりだったが、著者の思いがやや先走って意図が伝わりきらなかったのではないかとの反省が残った。この機会によりストレートな表現にしたが、以前に新書版をお読みいただいた方は改題にご留意いただきたい。

新版では内容や訳文をアップデートさせると共に、一部の表記を改めている。とりわけ、ギリシア語phの音写を「パ、ピ、プ、ペ、ポ」から「ファ、フィ、フ、フェ、フォ」に直したが、「パイドン、パイドロス、ピレボス」など慣例のまま残した語もある。また、一般に『国家』と呼ばれるプラトン著作を『ポリテイア』と表記したが、その理由は拙著『プラトン　理想国の現在』を参照いただきたい。

新書刊行から十二年近くが経ち、海外ではこの分野で研究の進展が見られ、私自身も関連主題で研究を重ねてきた。改訂にあたってはできるだけ最新の成果を反映させ、議論に一層の精確さを期した。その事情を解説することで、文庫版のあとがきとしたい。

まず「初期ギリシア哲学」の研究について。第二章で論じたように、近年の学術研究では「ソクラテス以前（プレソクラティック）」という呼称を避けてこう呼ぶ慣行が定着している。ダニエル・グラハム編『初期ギリシア哲学のテクスト集』（全二巻、二〇一〇年）に引き続き、ロエブ古典叢書からアンドレ・ラクスとグレン・モスト編『初期ギリシア哲学』（全九巻、二〇一六年）が一挙に刊行され、一世紀を経てディールス・クランツ編『ソクラテス以前の哲学者断片集』に代わる断片・証言集が整備されてきた。編者のモスト教授は出版に先立つ二月、校正で忙しい時期に東京に滞在されたが、編集方針などについて直接お話を伺うことができた。

ラクス・モスト版の第八・九巻は「ソフィスト」に当てられているが、プロタゴラス、ゴルギアスに続く第三の章は「ソクラテス」で、SSRなどから証言が収められている。カーファードはかつてソクラテスをソフィスト思潮の内で扱うべきと提案したが、資料集で実際にソクラテスがソフィストの一員に入った姿を見るのは、やはり衝撃的である。ソクラテスとソフィストの研究が一体となり、新たな段階に入ることが期待される。

他方で、現在私が進めているギリシア哲学史の研究では、前五世紀半ばからアテナイで展開されたソフィストとソクラテスらの「古典期哲学」をイオニアとイタリアで発展した

「初期哲学」から区別する方針を立てており、ラクス・モスト資料集の編集理念とは異なることも記しておきたい。

ソクラテス派については、イタリアのリヴィオ・ロセッティ教授（107頁参照）を中心に国際学会「ソクラティカ」がこれまで三回開催され、私も二〇〇八年ナポリで開かれた第二回学会に参加した。そこで発表して研究書『ソクラティカ二〇〇八』（二〇一〇年）に収められた英文論文を、今回翻訳して「補論」とした。「ソクラティカ」では欧米でこの分野をリードする研究者や若手が集って研究発表や意見交換を行っているが、残念ながら日本からの参加者はこれまで私だけである。ロセッティ教授はまた、ちくま新書の内容を紹介するようにと誘ってくださり、『ソクラティカ二〇〇五』（二〇〇八年）に英語で要約論文を寄稿した。日本でのソクラテス派研究を、簡単な形ではあれ世界に紹介できたことは良かった。

この間の出版では、二つの研究論文集が特記すべきであろう。まず、ロセッティ氏の仏語論文集『ソクラテス対話篇』が二〇一一年にパリで出版された。また、クセノフォン『ソクラテスの想い出』のビュデ版希仏対訳（全三巻）を編集したカナダの研究者ルイ＝アンドレ・ドリオン氏（130頁参照）が、クセノフォンに関する論文をまとめた『別のソクラテス――クセノフォンのソクラテス著作の研究』を、二〇一三年にパリで出版した。今後はこれらの研究の上に、新たな知見を重ねていかなければならない。

英語では『ソクラテス・コンパニオン』と題する論文集が二冊、サラ・アーベル＝ラッペとラチャナ・カムテカー編で二〇〇九年にブラックウェル社から、ドナルド・モリソン編で二〇一一年にケンブリッジ大学出版会から出版されている。そこでは、後世のソクラテス受容は比較的よく取り上げられているが、「ソクラテス文学」はあまり大きな扱いは受けていない。英米圏では、プラトン対話篇からのソクラテス哲学の復元が中心課題となっている。

日本では、『哲学の歴史1』（二〇〇八年、中央公論新社）の三嶋輝夫「小ソクラテス学派」、内山勝利訳のクセノフォン『ソクラテス言行録1』（二〇一一年、京都大学学術出版会）が出たが、概してソクラテス派研究は進んでおらず、一般では古い形でのソクラテス理解が幅を利かせている状態にある。「偉人哲学者、人類の教師」という固定観念の壁は厚い。

次に、私自身の研究の進展との関係に触れたい。二〇〇五年に新書を出した後、関連するソフィストやプラトン研究との関係で新たな論点がいくつか浮かび上がってきた。

翌二〇〇六年にはオランダでの在外研究の機会をえて、長年の課題であったソフィスト研究を『ソフィストとは誰か？』（人文書院）にまとめることができた。その本は翌年にサントリー学芸賞を受け、二〇一五年にちくま学芸文庫から新版として出した。ソフィストと哲学の関係を解明にすることで、ソクラテスの位置づけ、および、それを描くプラトンの意図が明確になってきた。その成果は本書「補論」にも示されている。

本書ともっとも関係が深いのは、プラトン『ソクラテスの弁明』（光文社古典新訳文庫、二〇一二年）の出版であった。翻訳と解説執筆にあたり、ソクラテスという問題の重要性を改めて考え、「不知の自覚」に関わるテクストも再検討した。本書第六章で論じた主張は変わっていないが、翻訳は文庫版に合わせてある。

二〇一〇年八月の国際プラトン学会第九回プラトン・シンポジウム（於、慶應義塾大学）に向けて『ポリテイア』研究を集中的に行ない、その現代的意義を『プラトン　理想国の現在』（慶應義塾大学出版会、二〇一二年）にまとめた。近代日本のプラトン受容を徹底的に調べたことで、本書でのソクラテス受容の様が立体的に見えてきた。『ポリテイア』読解はまた、「超越」をめぐる現在の私の哲学的関心の基礎をなしている。

『饗宴』についても、ＮＨＫテレビ番組「１００分de名著」（二〇一三年七月）での解説にあたりテクストを出版したことが役に立った。中期対話篇では『パイドン』の翻訳と解説を光文社古典新訳文庫から出す予定で、目下準備を進めている。それらプラトン対話篇の研究は、岩波新書『プラトンとの哲学――対話篇をよむ』（二〇一六年）で一般向けにまとめた。これらはソクラテスをめぐる問題とつねに密接に結びついており、呼応しながら次第に哲学のあり方を明らかしてくれたように思う。

新書版には各種の反応をいただいたが、『ペディラヴィウム』第五八号（二〇〇五年十二月）に栗原裕次氏の書評「記憶と対話」が掲載された。「哲学について語る者は、その対象たる哲学によって逆に問い返されることになる」と始まる書評で、栗原氏は本書の内容を紹介しながらいくつか重要な疑問点を提起している。ソクラテスとソクラテス派の歴史的研究を「縦糸」、自身と読者が哲学を始めることを説く「横糸」として整理しつつ、「こうして、納富氏は本書において、一人格に研究者と哲学者が同居しうるのかという困難な課題を自らに課し、かなり際どい〈機織り作業〉に挑んでいる」とコメントする。私は『ペディラヴィウム』次号で応答論文「哲学者となること」を寄稿した。そのような哲学の対話がささやかながら成立したことを、心から喜びたい。

本書の中では「無知の知」を退ける議論がもっとも反応を生んできた。専門家からは『ソクラテスの弁明』の関連箇所をめぐる疑問点も提示されたが、私が提供した三種の論証全体を扱う批判は提出されていない。私の意図は専門分野を超えて多くの方々に理解していただき、ソクラテスをめぐる無自覚的だが深刻な誤解を避けようとする努力も広がっている。とりわけ、二〇一〇年秋には「都倫研」で高校倫理の先生方とこの問題を議論させていただいた。一旦流布し習慣化した誤解を取り除くのは困難であることを実感しているが、粘り強く正しい指摘をくり返していきたい。

ギリシア史に関わる考察や記述については、伊藤貞夫先生から多くの貴重なご指摘をいただいた。西洋古代史との接点や重なりが新たな古典学の方向を拓くことになれば何よりである。


ここで、本書をめぐって想い出す人々のことを記したい。

東京大学で指導教官だった坂部恵先生は、新書の出版に際して、哲学史の語り部の誕生をよろこぶ、というコメントをくださった。西洋哲学史を刷新させ、そこに哲学そのものの魅力を示した恩師からの言葉に、今でも心引き締まる思いがする。二〇〇九年に早くもお別れすることになるとは思っていなかった。

大学院時代から可愛がっていただいた小池澄夫氏からは、このテーマは自分でもやろうと思っていたが納富君がやってしまったので必要が無くなった、とお礼を言われた。ゴルギアスやイソクラテスの翻訳を手がけた小池さんが、その後この主題で考えを伺う間もなく、二〇一一年に逝去されたことは残念である。

慶應義塾大学での同僚中川純男さんについては、ある通信教育部生の卒業論文審査の折に、新書が机上に置かれていたのを憶えている。ソクラテスを論じたその学生に私の本を紹介して下さっていたのだ。二〇一〇年春に、長くはない闘病生活の後に逝去された。静かに見守り応援していただいたことを心に沁みて感謝している。

東大大学院の先輩にあたる神崎繁さんは、プラトンやアリストテレスを直球で論じるよりも、ニーチェやフーコーといった曲球でギリシア哲学を扱うのを得意としていた。『ニーチェ』（NHK出版）でキュニコス派メニッポスを取り上げていたのが記憶に残っているが、ソクラテス派について書くことなく昨年秋に逝去された。

神崎さんの東北大学での恩師でもあった岩田靖夫先生は、『増補　ソクラテス』（ちくま学芸文庫）でソクラテスを本格的に論じた先達である。ソクラテス哲学を論じるにあたりプラトンの視点しか認めないその姿勢は、私の研究方向とは基本的に異なる。だが、ある懇親会で「無知の知」をめぐる私の論点を説明した際に、君の言っていることは正しい、と同意して下さった。その清々しい姿を、二〇一五年にお亡くなりになった今、懐かしく想い出す。

このように綴ってくると、学生時代に英語の授業で講読したヘンリー・ジェイムズの小説「死者たちの祭壇」を思い出す。私が直接に交際した方々の記念碑だけでなく、書物を通じて接してきたソクラテスやその仲間たちについても、たくさんの墓標を書いてきた。こうして記憶を想起することで、彼らと共に「事柄そのもの」を問いつづけ、哲学者の人生を一歩でも進められるよう努めたい。

『ソフィストとは誰か?』の文庫化に引き続いて、筑摩書房の増田健史氏には大変お世話になった。かならずしも一般向けではない本書の困難な出版を熱心に勧めてくださったことに、心からお礼を申し上げたい。

自分の過去の作品を修繕して新たな装いで送り出すことは、こそばゆい嬉しさとともに、ある種のもどかしさを伴う。ただ、自分でやってきた仕事が長い時に渡って意義を持つとしたら、それは手放しで嬉しいことである。新書執筆時に所属していた慶應義塾大学から昨年春に東京大学に移籍し、今は新たなギリシア哲学史の構築を一つの課題としている。本書がその研究の礎となることを望む。

二〇一七年二月二五日　富士高原にて

納富信留

人名解説

（本書に登場する主な人物を紹介し，言及された章を［　］で表記する）

アイスキネス（BC5-4C，アテナイ・スフェットス区出身）ソクラテスの若い弟子。『アスパシア』『アルキビアデス』などのソクラテス対話篇を著す。断片が残る（G. Giannantoni ed., *Socratis et Socraticorum Reliquiae*, Napoli 所収）［②③⑤補］。

アスパシア（BC5C，ミレトス出身）ペリクレスの後妻となる才女。ソクラテスが教えを受けたとされる［③⑤］。

アテナイオス（AD2–3C，エジプト出身）知識人たちの談論を描く『食卓の賢人たち』（柳沼重剛訳，京都大学学術出版会）の著者［③④補］。

アニュトス（BC5-4C，アテナイ出身）手工業者で保守派の政治家。ソクラテスの告発者［④⑤］。

アポロドロス（BC5-4C，アテナイ・ファレロン区出身）ソクラテスの熱烈な弟子［②］。

アリスティッポス（BC5-4C，北アフリカ・キュレネ出身）ソクラテスの有力な弟子で，快楽主義を唱える。キュレネ派の祖［②③補］。

アリスティデス（AD2C，ミュシア出身）第二次ソフィスト思潮の弁論家［⑤補］。

アリストクセノス（BC4C，南イタリア・タラス出身）アリストテレスの弟子で『ハルモニア原論』（山本建郎訳，東海大学出版会）の著者。ピュタゴラス派とも関係を持ち，ソクラテスには敵対的［①③］。

アリストデモス（BC5C，アテナイ出身）ソクラテスの熱心な弟子。プラトン『饗宴』の情報提供者［②］。

アリストテレス（BC384-322，マケドニア・スタゲイラ出身）プ

ラトンのアカデメイアでの弟子。リュケイオンに学園を開き，ペリパトス派を興す（『アリストテレス全集』岩波書店）［②③④⑥補］。

アリストファネス（BC5-4C，アテナイ出身）　喜劇詩人。『雲』や『鳥』でソクラテスを揶揄（『ギリシア喜劇』ちくま文庫等）［②③⑤補］。

アルキビアデス（BC450頃-403，アテナイ出身）　政治家，ソクラテスの弟子［②③④⑤⑥］。

アレクサメノス（BC5C？，テオス出身）　アリストテレスの著作で「ソクラテス対話篇」の創始者とされる［③④］。

アンティステネス（BC5-4C，アテナイ出身）　ゴルギアスの弟子から，後にソクラテスの有力な弟子となる。『アルキビアデス』など多数の書物を著し（SSRに断片収録），プラトンとは犬猿の仲であったという［②③⑤⑥補］。

アンティフォン（BC5C，アテナイ出身）　四百人政権の政変に関わったアテナイの寡頭派政治家で，弁論家（『弁論集』高畠純夫訳，京都大学学術出版会）［⑤補］。この人物が「ソフィスト」として『真理』の著者であるか，またクセノフォン『想い出』に登場する「ソフィスト」か［③補］は，研究者の間で論争がある。

アンドキデス（BC5-4C，アテナイ出身）　不敬神罪で告発され『秘儀について』という弁論を残す（『弁論集』高畠純夫訳，京都大学学術出版会）［④⑤］。

イアンブリコス（AD3-4C，シリア出身）　神秘主義的な新プラトン主義者で，『ピュタゴラス伝』（佐藤義尚訳，国文社）を著す［①⑤補］。

イスコマコス（BC5C，アテナイ出身）　クセノフォン『家政論』でソクラテスとの対話が報告される郷士。カリアスの妻の父であろう［③］。

イスメニアス（BC5-4C，テーバイ出身）　アテナイ民主派を支援した政治家。後にスパルタに捕えられて，処刑される［④］。

イソクラテス（BC5-4C，アテナイ出身） 弁論家で教育者。プラトンのライバル（『弁論集』小池澄夫訳，京都大学学術出版会）［②④⑤補］。

井上円了（19-20C） 明治の哲学者，宗教家。「哲学堂」にソクラテスを祀る（『井上円了選集』東洋大学）［⑥］。

エウクレイデス（BC5-4C，メガラ出身） ソクラテスの弟子。プラトンと親しく，エレア派の論理学を取り入れメガラ派を興す［②③④⑤補］。

エウリピデス（BC5C，アテナイ出身） 悲劇詩人。ソクラテスとも親交があったとされる（『ギリシア悲劇』ちくま文庫等）［②⑤］。

エケクラテス（BC5-4C，フレイウス出身） フィロラオスの弟子のピュタゴラス派。プラトン『パイドン』でパイドン報告の聴き役［①②］。

エピゲネス（BC5-4C，アテナイ出身） ソクラテスの弟子［②］。

カイレフォン（BC5C，アテナイ・スフェットス区出身） ソクラテスの熱心な弟子で，デルフォイにアポロン神託を伺いに行った人物。民主派に属す［②④補］。

カリアス（BC5-4C，アテナイ出身） アテナイの富豪。ソフィストに財産を注ぎ込む。彼の邸宅はプラトン『プロタゴラス』やクセノフォン『饗宴』の舞台となる［②③⑤補］。

カリクレス（BC5C，アテナイ出身） 寡頭派政治家で三十人政権の首領［④］。このCharicles は，プラトン『ゴルギアス』の登場人物 Callicles（架空？）［③⑥］とは別人。

カリマコス（BC3C，キュレネ出身） ヘレニズム時代の学者詩人［②］。

カルミデス（BC5C，アテナイ出身） プラトンの母方の叔父。ソクラテスの弟子で，後に三十人政権に参加して戦死する［②④］。

キケロ（BC1C，ローマ） 政治家で，弁論や哲学の著作も多数残す（『キケロー選集』岩波書店）［①②③⑤⑥補］。

クサンティッペ（BC5-4C，アテナイ出身） ソクラテスの妻。後世「悪妻」伝説が広まる［⑥］。

クセノフォン（BC5-4C，アテナイ出身） 軍人で著述家。若い頃ソクラテスとも交わり，『ソクラテスの想い出』（佐々木理訳，岩波文庫，「ソクラテス言行録」内山勝利訳，京都大学学術出版会），『ソクラテスの弁明』（講談社学術文庫のプラトン『ソクラテスの弁明・クリトン』に三嶋輝夫訳），『ギリシア史』（根本英世訳，京都大学学術出版会），『アナバシス』（松平千秋訳，岩波文庫）等を執筆［②③④⑤⑥補］。

クテシッポス（BC5-4C，アテナイ・パイアニア区出身） ソクラテスの若い仲間［②］。

グラウコン（BC5-4C，アテナイ出身） プラトンの兄でソクラテスの弟子［②③］。

クリティアス（BC5C，アテナイ出身） 寡頭派「三十人政権」の首領の一人。プラトンの母の従兄で，ソクラテスとも親しかった（納富信留『プラトン』NHK 出版，第二部参照）［②④⑤⑥］。

クリトブロス（BC5-4C，アテナイ出身） クリトンの息子。クセノフォンの作品にしばしば登場［②③］。

クリトン（BC5-4C，アテナイ出身） ソクラテスと同年輩の富裕な友人［①③⑥補］。

クレオンブロトス（BC5-4C，アンブラキア出身） ソクラテスの弟子であったが，最期に立ち会わなかった［②］。

ケベス（BC5-4C，テーバイ出身） ソクラテスの弟子。プラトン『パイドン』でソクラテスに鋭く質問する［①③］。

ゴルギアス（BC5-4C，シチリア・レオンティノイ出身） 弁論家，ソフィスト（納富信留『ソフィストとは誰か？』ちくま学芸文庫参照）［②③④⑥補］。

シミアス（BC5-4C，テーバイ出身） ソクラテスの弟子。プラトン『パイドン』での対話相手［①③］。

シモン（BC5C） アテナイの靴作り職人。彼の店でソクラテスが

対話を交わしていたという。[①③]。

ソクラテス（BC469-399，アテナイ・アロペケ区出身） 本書の主役。

ゾフュロス（BC5C?） パイドン『ゾフュロス』に登場する東方から来た人相見（創作上の人物？）[①]。アルキビアデスの家庭教師は別人である［⑤]。

ソフロン（BC5C，シチリア出身） ミーモス（物真似劇）作者［③]。

ディオゲネス（BC5C，アポロニア出身）「空気」を原理とする自然学者［②]。

ディオゲネス・ラエルティオス（AD3C）『ギリシア哲学者列伝』（加来彰俊訳，岩波文庫）を著した哲学史家［①②③④⑤補]。

テミストクレス（BC6-5C，アテナイ出身） サラミスの海戦でペルシア戦争を勝利に導いた政治家。後にペルシアに亡命（仲手川良雄『テミストクレス』中央公論新社参照）［⑤]。

デモクリトス（BC5-4C，アブデラ出身） 原子論者。プラトンが強く意識していたとされる［②]。

デモステネス（BC4C，アテナイ出身） アリストテレスと同時代の政治家，弁論家（『弁論集』北嶋美雪他訳，京都大学学術出版会）［⑤]。

テラメネス（BC5C，アテナイ出身） 穏健寡頭派の政治家で，三十人政権に参加するが，後にクリティアスと対立して処刑される［④⑤]。

テルプシオン（BC5-4C，メガラ出身） ソクラテスの弟子。プラトン『テアイテトス』の対話者［②]。

トゥキュディデス（BC5C，アテナイ出身） 政治家で，ペロポネソス戦争の歴史を著す（『戦史』久保正彰訳，岩波文庫）［④⑤]。

ニキアス（BC5C，アテナイ出身） 政治家で軍人。ペロポネス戦争の半ばに「ニキアスの平和」を成立させるが，シチリア遠征で敗北し刑死。プラトン『ラケス』の対話者［②③⑤]。

ニコラウス・クザーヌス（15C） 枢機卿で，神秘主義的なキリスト教哲学者。『学識ある無知について』（山田桂三訳，平凡社）を著す［⑥］。

西周（19C） 幕末から明治に西洋文明を紹介した学者。「哲学」を造語（『西周全集』大久保利謙編，宗高書房）［⑥］。

ネポス（BC1C，北イタリア出身） キケロらと親交があった，『英雄伝』（山下太郎・上村健二訳，国文社）の著者［⑤］。

パイドン（BC5-4C，エリス出身） 戦争奴隷としてアテナイにいたが，ソクラテスによって解放され，後にエリス派を開く［①②③］。

パウサニアス（AD2C，リュディア出身？） ギリシア各地を旅行し『ギリシア案内記』（馬場恵二訳，岩波文庫）を著す［①］。

パナイティオス（BC2C，ロドス出身） ストア派の哲学者［②③］。

ピュタゴラス（BC6C，サモス出身）「哲学者」という語を最初に用いたと伝承される。イタリアに亡命して宗教的共同体を設立（チェントローネ『ピュタゴラス派』岩波書店参照）［①②］。

フィロラオス（BC5-4C，クロトン，または，タラス出身） ソクラテスと同時代のピュタゴラス派哲学者。テーバイを拠点とする［①］。

プラトン（BC427-347，アテナイ出身） ソクラテスの弟子で，多数のソクラテス対話篇を著す。アカデメイアを設立（『プラトン全集』岩波書店等）［本書全体］。

プルタルコス（プルターク，AD1-2C，カイロネイア出身） プラトン派哲学者でデルフォイの神官。『モラリア』『英雄伝』（ちくま学芸文庫，岩波文庫，京都大学学術出版会）等を執筆［⑤補］。

プロタゴラス（BC5C，アブデラ出身） 最初に「ソフィスト」を名乗った思想家，教育者［②③⑤補］。

ヘラクレイデス（BC4C，ポントス出身） プラトンのアカデメイアに学んだ哲学者。ピュタゴラス派の影響が強い［①③］。

ヘラクレイトス（BC6-5C，エフェソス出身） 箴言的な教説を書

物にした哲学者。断片が多く残されている［①②］。

ペリクレス（BC5C，アテナイ出身） アテナイ盛期の政治家で，アルキビアデスの後見人［②④⑤］。

ヘルモゲネス（BC5-4C，アテナイ出身） ソクラテスの弟子。富豪カリアスの弟だが，貧困に苦しむ。クセノフォンへの情報提供者［②③④］。

ポリュクラテス（BC5-4C，アテナイ出身）『ソクラテスの告発』などを著したソフィスト［③④⑤補］。

ポレマルコス（BC5C，アテナイの在留外国人） 実業家，リュシアスの兄。三十人政権に殺される。プラトン『ポリテイア』の対話者［②④］。

メネクセノス（BC5-4C，アテナイ出身） ソクラテスと交わった若者。クテシッポスの従弟［②］。

メレトス（BC5-4C，アテナイ出身） 若い詩人で，ソクラテス告発者の代表。アンドキデスの告発者と同一人物かもしれない［④］。

リバニオス（AD4C，アンティオキア出身）『ソクラテスの弁明』という模擬弁論作品を残す［④］。

リュコン（BC5-4C，アテナイ出身） 弁論家で，ソクラテスの告発者の一人［④］。

リュシアス（BC5-4C，アテナイの在留外国人） 弁論家で，ソクラテスとも親しかったとされる（『リュシアス弁論集』細井敦子他訳，京都大学学術出版会）［④⑤補］。

レオン（BC5C，サラミス出身） 三十人政権によって不当逮捕され処刑された人物。ペロポネソス戦争末期に活躍した将軍かもしれない［④］。

関連年表

前六世紀	585年	ミレトスのタレスが日蝕を予測
	538年頃	ピュタゴラスがサモスからイタリアに亡命
	500年頃	エフェソスでヘラクレイトスが活躍
前五世紀	490〜79年	ペルシア戦争でギリシアがペルシアに勝利
	477年	デロス同盟の成立
	469年	ソクラテス生れる
	454年	デロス同盟の金庫をアテナイに移管
	450年頃	ピュタゴラス派がクロトンで焼打ちにあう
	442〜29年	ペリクレス時代
	431〜04年	ペロポネソス戦争
	427年	プラトン生れる；ゴルギアス、アテナイ民会で演説
	423年	アリストファネス『雲』でソクラテスを揶揄
	421年	スパルタとのあいだに休戦条約（ニキアスの平和）
	416年	アガトンが悲劇で初勝利（プラトン『饗宴』の舞台）
	415〜13年	アテナイのシラクサ遠征；アルキビアデスは途中で亡命
	411年	四百人寡頭派による政変が失敗
	407年	アルキビアデスが亡命から一時帰還
	406年	アルギヌサイの海戦、その裁判でソクラテス活躍
	404年	アテナイ降伏；クリティアスら三十人政権を樹立；アルキビアデス暗殺

	403年	三十人政権崩壊、民主政回復
	401年	ペルシア王弟キュロスによる遠征にクセノフォン参加（クセノフォン『アナバシス』で叙述）
前四世紀	399年	ソクラテス裁判、処刑
	393年頃	ポリュクラテスが『ソクラテスの告発』を発表
	388年頃	プラトンの第一回シチリア行き
	387年頃	プラトンがアカデメイアに学園を開く
	384年	アリストテレス生れる
	371年	レウクトラの戦いでテーバイがスパルタを破る
	367年	プラトンの第二回シチリア行き
	361年	プラトンの第三回シチリア行き
	353年	プラトンの盟友ディオン暗殺される
	347年	プラトン死去；アカデメイアはスペウシッポスが継ぐ
	338年	カイロネイアの戦いでマケドニアのギリシア制覇
	334～23年	アレクサンドロス大王の東方遠征
	325/2年	犬儒派のディオゲネス死去
	322年	アテナイ民主政の終焉；アリストテレス死去
	307年頃	エピクロスがアテナイに学園を開く
	301年頃	ゼノンがアテナイのストアに学園を開く
前三世紀	265年頃	懐疑主義者アルケシラオスがアカデメイア学頭となる
	208/4年	ストア派の学頭クリュシッポス死去
前二世紀	155年	カルネアデスらアテナイの三哲学者がローマに派遣される

	後半	ストア派のパナイティオスがローマで活躍
前一世紀	前半	アリストテレスの講義録が再発見され、『アリストテレス著作集』に編集される
	45～44 年	キケロが哲学著作を執筆
	31 年	アクティウムの海戦、ヘレニズム時代が終わる
後一世紀	後半	プルタルコス『英雄伝』『モラリア』
後二世紀	135 年頃	ストア派のエピクテトス死去
後三世紀	前半	ディオゲネス・ラエルティオス『哲学者列伝』
	270 年	新プラトン派を開いたプロティノス死去
後四世紀	313 年	ミラノ勅令によりキリスト教が公認
後五世紀	430 年	アウグスティヌス死去
後六世紀	529 年	ユスティニアヌス帝により学園アカデメイア等が閉鎖；古代哲学が終焉

本書は二〇〇五年八月、ちくま新書として刊行された『哲学者の誕生――ソクラテスをめぐる人々』を改訂し、補論「「ソクラテス対ソフィスト」はプラトンの創作か」を加えたものである。文庫化に際し、書名を改めた。

ちくま学芸文庫

哲学《てつがく》の誕生《たんじょう》 ソクラテスとは何者《なにもの》か

二〇一七年四月十日 第一刷発行
二〇二二年十月二十日 第二刷発行

著者 納富信留（のうとみ・のぶる）
発行者 喜入冬子
発行所 株式会社 筑摩書房
東京都台東区蔵前二―五―三 〒一一一―八七五五
電話番号 〇三―五六八七―二六〇一（代表）
装幀者 安野光雅
印刷所 株式会社精興社
製本所 株式会社積信堂

ISBN978-4-480-09794-1 C0110